"十四五"职业教育国家规划教材

# 新能源汽车维护与保养

主　编　杨小刚
副主编　王　芳

北京理工大学出版社
BEIJING INSTITUTE OF TECHNOLOGY PRESS

## 内容简介

本书是天津职业技术师范大学汽车职业教育研究所组织编写的，教材采用基于工作过程的方法开发。内容以典型工作任务为载体进行组织，主要包括新能源汽车维修基础、纯电动汽车保养与维护、混合动力汽车保养与维护三个学习情境。每个情境下还包含若干项目，每个项目以实际工作任务进行导入，理论知识包含共性知识和个性知识，实践技能部分以比亚迪和丰田车型为例。为便于理实一体化教学的实施，每个学习单元配有任务工单，用于引导学生进行实践操作。

本书可供开设新能源汽车技术类专业的职业院校使用，也可以供汽车新能源技术培训机构使用，同时也可作为新能源汽车维修从业人员学习参考书。

**版权专有　侵权必究**

### 图书在版编目（CIP）数据

新能源汽车维护与保养 / 杨小刚主编. -- 北京：北京理工大学出版社，2020.7（2024.6重印）
ISBN 978-7-5682-8764-7

Ⅰ.①新… Ⅱ.①杨… Ⅲ.①新能源－汽车－车辆修理②新能源－汽车－车辆保养 Ⅳ.① U469.7

中国版本图书馆 CIP 数据核字（2020）第 132184 号

| | |
|---|---|
| **责任编辑**：孟祥雪 | **文案编辑**：孟祥雪 |
| **责任校对**：周瑞红 | **责任印制**：边心超 |

| | |
|---|---|
| **出版发行** | / 北京理工大学出版社有限责任公司 |
| **社　　址** | / 北京市丰台区四合庄路 6 号 |
| **邮　　编** | / 100070 |
| **电　　话** | /（010）68914026（教材售后服务热线） |
| | （010）68944437（课件资源服务热线） |
| **网　　址** | / http://www.bitpress.com.cn |
| **版 印 次** | / 2024 年 6 月第 1 版第 7 次印刷 |
| **印　　刷** | / 定州启航印刷有限公司 |
| **开　　本** | / 787 mm × 1092 mm　1/16 |
| **印　　张** | / 15.5 |
| **字　　数** | / 362 千字 |
| **定　　价** | / 48.00 元 |

图书出现印装质量问题，请拨打售后服务热线，负责调换

# 编写委员会

**编委会顾问**

吴全全　朱　军　王仁广　王　斌

**编委会主任**

申荣卫

**编委会成员**（按姓氏拼音排序）

包丕利　何泽刚　孔　超　台晓虹

徐利强　徐念峰　杨小刚　周　毅

# 前言

党的二十大报告提出:"推动战略性新兴产业融合集群发展,构建新一代信息技术、人工智能、生物技术、新能源、新材料、高端装备、绿色环保等一批新的增长引擎。"新能源汽车维护与保养是新能源汽车技术类专业针对新能源汽车机电维修工进行能力培养的一门专业核心课程,主要培养学生在新能源汽车保养工作岗位借助维护作业工单独立或合作完成新能源汽车保养的能力,要求学生掌握新能源汽车日常维护保养的作业项目和操作规范等专业能力。

本教材采用"以行动为导向、基于工作过程"的课程开发方法进行开发,以汽车机电维修工诊断和维修发动机电控系统的典型工作任务为载体,梳理和序化理论知识,根据学生的认知规律设计了相应学习情境和项目。

主要特点如下:以典型工作任务为载体,每个项目都有明确的学习目标;典型工作任务来源于新能源汽车机电维修工实际工作岗位,并进行了适当的教学化加工;理论知识按照典型工作任务的需求进行重新序化,理论和实践以典型工作任务为主线进行了有机融合;学习车型以比亚迪和丰田车型为主,其他车型为辅,本书全部内容均在实车上进行了验证。

本书坚持"知行合一、工学结合",设计成新型活页式教材,匹配有活页式任务工单,并配套开发教学设计、教学课件、教学录像等信息化资源。同时为适应"互联网+职业教育"发展需求,运用现代信息技术改进教学方式方法,推进虚拟工厂等网络学习空间建设和普遍应用,作者团队天津职业技术师范大学汽车职业教育研究所，整体开发了包含操作录像、VR资源、教学动画等资源在内的"汽车专业课程及教学资源库平台"专业教学资源库。

本书适合于开设汽车维修类专业的中等职业学校使用，也适用于各类培训机构使用，建议采用理实一体化的教学方式开展教学。

本书采用"校企双元"模式共同开发。天津中德应用技术大学杨小刚担任主编，青岛军民融合学院王芳担任副主编，天津职业技术师范大学李九如、龙岩技师学院李元群、永康市职业技术学校马文库和成都汽车职业技术学校张瑞民参编。

本书在编写过程中得到了天津闻达天下科技有限责任公司提供的资金、设备及技术支持，在此表示衷心的感谢！在编写过程中参考了大量国内外相关著作和文献资料，在此一并向有关作者表示感谢！

由于编者水平有限，书中难免有错漏之处，敬请读者批评指正。

编　者

# 目录

## 学习情境 1　新能源汽车维修基础 … 1

- 任务1　新能源汽车维护认知 … 2
- 任务2　5S/7S管理制度 … 17
- 任务3　车间安全与环保 … 26
- 任务4　新能源汽车维护接待 … 37
- 任务5　新车交付检查 … 53

## 学习情境 2　纯电动汽车保养与维护 … 71

- 任务1　动力电池维护与保养 … 72
- 任务2　驱动及冷却系统维护与保养 … 88
- 任务3　纯电动汽车底盘的维护与保养 … 100
- 任务4　空调系统维护与保养 … 114
- 任务5　纯电动汽车车身的维护与保养 … 124

## 学习情境 3　混合动力汽车保养与维护 … 139

- 任务1　混合动力汽车日常保养 … 140
- 任务2　混动卡罗拉发动机保养 … 154
- 任务3　混动卡罗拉底盘的保养 … 167
- 任务4　混动卡罗拉车身及空调系统保养 … 181

参考文献 … 191

# 学习情境 1

## 新能源汽车维修基础

【学习目标】

1. 能快速定位自己的工作岗位,并接受相应的管理制度约束。
2. 能识别纯电动汽车各系统组成及安装位置。
3. 能正确规范地使用车间及个人安全防护用具。
4. 能正确规范地完成纯电动汽车下、上电作业。
5. 能规范地完成纯电动汽车维修接待工作。
6. 能规范地完成新车 PDI 检查。

# 新能源汽车维护认知

## 任务导入

小王在新能源汽车某4S店实习,今天师傅接了一辆车,进行维护作业后告知小王需进行保养里程清零。你知道如何进行保养里程清零吗?

## 学习目标

1. 能明确动力电池及充电系统的安装位置及维护内容。
2. 能明确驱动及冷却系统的安装位置及维护内容。
3. 能明确纯电动汽车底盘的维护内容及特点。
4. 能明确纯电动汽车空调系统的安装位置及维护内容。
5. 能明确纯电动汽车车身的维护内容。
6. 能进行保养里程清零。

## 理论知识

汽车维护是指保持和恢复汽车的技术性能,保证汽车具有良好的使用性和可靠性;具体来说,是指定期对汽车相关部分进行检查、清洁、补给、润滑、调整或更换某些零件的预防性工作,又称汽车保养。汽车维护的目的是保持车容整洁,技术状况正常,消除隐患,预防故障发生,减缓劣化过程,延长使用周期,同时还能降低能源消耗、减少环境污染。一般说来,汽车维护作业占维修企业70%左右的工作量。

现代的汽车保养主要包含对发动机系统、变速箱系统、空调系统、冷却系统、燃油供给系统、动力转向系统等的保养。纯电动汽车的维护与传统汽车的维护略有不同,没有发动机系统、燃油供给系统的保养与维护,增加了动力电池系统、充电系统、直流电压变换器(DC/DC)等的维护与保养。总体来说,维护内容有所减少,维护费用有所下降。

## 一、汽车维护与修理的关系

汽车修理是指为恢复汽车各部分规定的技术状况和工作能力所进行的活动的总称。修理是指对汽车有形损耗的补偿,包括故障诊断、拆卸、鉴定、更换、修复、装配、磨合、试验等作业。汽车修理作业一般占维修企业 30% 的工作量。

汽车维护是一种计划预防制度,就是在汽车行驶到规定的维护周期时,必须按照规定强制进行维护。汽车维护作业必须保证维护质量,但维护作业时不准对汽车主要总成进行大拆,只有在发生故障需要解体时,才允许解体。

### 1. 汽车维护与修理的区别

(1)作业技术措施不同。维护以计划预防为主,通常采取强制实施的作业;而修理是按需要进行的作业。

(2)作业时间不同。维护通常是在车辆发生故障之前进行作业;而修理是车辆发生故障之后进行的作业。

(3)作业目的不同。维护通常是降低零部件磨损速度,预防故障发生,延长汽车使用寿命;而修理通常是修理出现故障或失去工作能力的部件、总成,恢复汽车的技术状况、工作能力,从而达到延长使用寿命的目的。

### 2. 汽车维护与修理的联系

汽车维护与汽车修理是密切相关的,在修理中有维护作业,在维护中也有修理作业。在车辆维护与保养的过程中可能会发现某一部位或零部件有发生故障或损坏的前兆,因而可以利用维护保养的时机对其进行修理。而在修理的过程中,对一些没有损坏的机件也要进行保养。

因此,汽车维护和汽车修理的关系是辩证的,在日常活动中,要处理好两者之间的关系,坚持以维护保养为主,克服"以修代保"的错误观念。

## 二、汽车维护的目的

随着现代汽车制造业的不断进步,新技术、新工艺、新材料得到广泛应用,使得汽车的性能和使用寿命都有很大提高。但无论汽车的性能多么卓越,随着行驶里程的增加,汽车零部件都会逐渐产生磨损,技术状况会不断下降,这是不可避免的。

图 1-1-1 所示为汽车零件磨损随行驶里程的变化曲线,可以看出,零件磨损分为三个阶段:

(1)磨合期($OA/Oa$ 段),由于新零件及修复件表面较为粗糙,工作时零件表面的凸起点会划破油膜,在零件表面上产生强烈的刻划、粘接等作用,同时从零件表面上脱落下来的金属及氧化物颗粒会引起严重的磨料磨损。所以该阶段的磨损速度较快,随着磨合时间的增长,零件表面质量不断提高,磨合速度相应降低。

（2）正常工作期（AB/ab段），经过磨合期的磨合，零件的表面粗糙度降低，适油性及强度增加，所以在正常工作期零件的磨损变得非常缓慢。

（3）极限磨合期（B/b点以后），磨损的不断积累，造成极限磨损期零件的配合间隙过大，油压降低，正常的润滑条件被破坏，零件之间的相互冲击也随着增加，零件的磨损急剧上升，此时如不及时进行调整或修理，会造成事故性损坏。

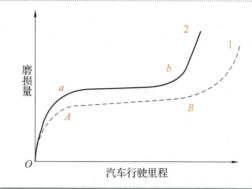

图1-1-1　汽车零件磨损随行驶里程的变化曲线
1—使用方法得当、保养适时的磨损曲线；
2—使用方法不当、保养不及时的磨损曲线

由图1-1-1中还可以看出，在相同的里程内，情况1（虚线）的磨损量就比情况2（实线）的小，其使用寿命就比情况2的长。由此可见，只有根据磨损规律制定切实可行的维护措施，才能使汽车零部件保持完好的技术状态。这便是汽车维护的意义所在。

汽车维护的目的在于保持车容整洁、车况良好，及时发现和消除故障隐患，可以有效地延长汽车的使用寿命，防止车辆早期损坏，从而达到下列要求：

（1）车辆经常处于良好的技术状况，随时可以出车；

（2）在合理使用条件下，不会因机件损坏而影响行车安全；

（3）在运行过程中，降低燃料、润滑油以及配件和轮胎的磨损；

（4）减少车辆噪声和排放污染物对环境的污染；

（5）各部总成的技术状况尽量保持均衡，以延长汽车大修间隔里程。

## 三、汽车维护的分类与周期

为规范新能源汽车维修企业的经营行为，杜绝由于维修技术不掌握、操作不规范给人民生命和财产造成的危害，上海市汽车维修行业协会于2018年3月份成立了新能源汽车维修专业委员会。新能源汽车维修专业委员会根据协会要求，在组织有关专家对新能源汽修企业调研的基础上，引用规范性文件：GB/T 4094.2—2005电动汽车操纵件指示器及信号装置的标志；GB/T 5624汽车维修术语；GB/T 18344—2001汽车维护、检测、诊断技术规范；GB/T 18384.3电动汽车安全要求 第3部分：人员触电防护；GB/T 19596电动汽车术语，制定了《新能源汽车维护技术标准》（征求意见稿）。

### 1. 新能源汽车维护的分类

在汽车的使用过程中，由于新能源汽车新旧程度、使用地区条件的不同，在各个时期对新能源汽车维护的作业项目也不同。电动汽车保养周期根据营运及非营运电动汽车的使用频率进行区分，新能源汽车维护一般可分为定期维护和非定期维护两大类。定期维护分为日常维护、一级维护和二级保养三类；非定期维护主要是指诊断维修。新能源汽车维护的种类及作业范围如表 1-1-1 所示。

表 1-1-1 新能源汽车维护的种类及作业范围

| 序号 | 维修类别 | 营运电动汽车 | 非营运电动汽车 | 技师技能要求 |
| --- | --- | --- | --- | --- |
| 1 | 日常维护 | 每个营运工作日 | — | 三类技能 |
| 2 | 一级维护 | 5 000~10 000 km 或者 1 个月 | 5 000~10 000 km 或者 6 个月 | 二类技能 |
| 3 | 二级保养 | 20 000~30 000 km 或者 6 个月 | 20 000~30 000 km 或 1 年 | 三类技能 |
| 4 | 诊断维修 | 更换高压系统总成部件（如控制模块、高压空调压缩机等）；维修仅限于蓄电池内独立部件更换（如高压蓄电池单元格）；高压系统部件外观损坏、变形严禁维修更换，应报备相应主机厂 | | 二类技能 |

\* 维护作业间隔里程/时间，以先到者为正

## 2. 日常维护

以清洁、调整和安检为主要作业内容的车辆维护作业，如表 1-1-2 所示。

表 1-1-2 车辆维护作业

| 序号 | 日常维护 | 常规系统 | 电动系统 | 备注 |
| --- | --- | --- | --- | --- |
| 1 | 清洁 | 车身（车窗等） | 高压部件相关风冷过滤网 | 如，采用压缩空气吹扫或使用工业级吸尘器除尘 |
| 2 | 调整 | 常规工作介质（油、水、电、胎压等） | 高压工作介质（制冷剂、冷却液、高压蓄电池的电量等） | |
| | | 运动部件润滑（如门窗铰链） | 电动传动系统零部件润滑 | |
| 3 | 安检 | 底盘（制动、传动、悬挂、转向等） | 驱动电机及控制器工作状态检查 | 任何高压警示，立即停用处理！（警示灯见《电动汽车常见图标》，未注项目参照产品使用说明） |
| | | 电气（灯光、照明、信号等） | 仪表指示灯检视 | |
| | | 电动机运转状态 | 动力电池中通、电动辅助系统 | |

## 3. 一级维护

（1）常规系统一级维护。

与传统汽车类似的结构、部件应按照 GB/T 18344—2001 执行一级维护。

（2）高压系统一级维护。

以清洁、润滑、紧固、调整和仪器检测为主的维护作业，应由二级技能技师执行。

高压系统一级维护项目及要求如表 1-1-3 所示。

表 1-1-3 高压系统一级维护项目及要求

| 序号 | 作业项目 | 作业项目 | 作业内容 | 技术要求 |
|---|---|---|---|---|
| 1 | 驱动电机 | 驱动电机冷却液的液位和浓度检查 | 检查驱动电机冷却液的液位和浓度，必要时添加冷却液和校准冷却液冰点 | 液位在指示刻度范围内，冰点根据厂家规定的要求操作校准 |
| 1 | 驱动电机 | 驱动电机安装支架 | 目视检查驱动电机外观与安装支架 | 驱动电机外观无裂纹、无破损，安装支架无歪斜开裂等故障现象，支架固定螺栓扭矩符合出厂标准 |
| 2 | 动力电池 | 动力电池系统（设备）冷却风道滤网 | 拆卸、清洁、检查滤网 | 清除积尘，如有损坏或达到产品说明书要求更换条件的，更换滤网 |
| 2 | 动力电池 | 动力电池系统状态 | 用专用动力电池维护设备（或外接充电），对单体电池一致性进行维护 | 动力电池系统中电池单体一致性应满足产品技术要求 |
| 2 | 动力电池 | 动力电池系统 SOC 值校准 | 采用动力电池专用诊断设备（或外接充电）对系统 SOC 值校准 | 系统 SOC 误差值小于 8% |
| 2 | 动力电池 | 动力电池安装 | 目视检查动力电池外观与安装支架 | 动力电池外观无裂纹、无破损，安装支架无歪斜、开裂等故障现象，支架固定螺栓扭矩符合出厂标准 |
| 2 | 动力电池 | 外接充电互锁 | 外接充电检查 | 当车辆与外部电路（例如：电网、外部充电器）连接时，不能通过其自身的驱动系统使车辆移动 |
| 2 | 动力电池 | 维修开关 | 手动检查维修开关 | 确保可靠安装并清理表面灰尘 |
| 3 | 高压控制系统 | 整车高压系统故障检查 | 用专用诊断仪检查车辆高压系统是否报故障，并对故障实施解除相关作业 | 高压系统无故障 |
| 3 | 高压控制系统 | 高压线束连接器紧固 | 目视检查、紧固 | 连接器接触面无过热、烧蚀等现象，紧固扭矩满足技术要求 |
| 3 | 高压控制系统 | 高压绝缘状态 | 使用绝缘表（500 V）检测高压系统输入、输出与车体之间的绝缘电阻 | 绝缘电阻 ≥ 5 MΩ |
| 3 | 高压控制系统 | 绝缘防护完整性 | 目视检查 | 高压线束绝缘防护层完整，无老化、破损。设备绝缘机脚无老化、破损、异常变形 |
| 3 | 高压控制系统 | 高压系统紧固检查 | 目视检查、紧固 | 对高压箱、电机控制器等外挂式的高压系统部件检查，固定扭矩满足技术要求 |

续表

| 序号 | 作业项目 | | 作业内容 | 技术要求 |
|---|---|---|---|---|
| 4 | 高压附件系统 | 电动空压机油面 | 目视检查 | 在刻度指示范围内 |
| | | 电动真空助力器 | 目视检查、紧固 | 各管路、接口不漏气 |
| | | 电动空压机安装紧固检查 | 目视检查、紧固 | 符合紧固扭力要求 |
| | | 电动空压机传动结构紧固检查 | 目视检查、紧固 | 符合紧固扭力要求 |
| | | 电动空压机卸荷功能检查 | 起动电动空压机工作，加压完成、停止工作后，系统自动卸荷 | 卸荷正常、无异常延时或关闭后无漏气等情况 |
| | | 电动转向泵安装紧固检查 | 目视检查、紧固 | 符合紧固扭力要求 |
| | | 充电系统（DCDC） | 功能检查、紧固 | 对低压蓄电池充电，电压符合出厂标准 |
| | | 电动空调压缩机状态检查 | 功能检查、紧固 | 空调制冷符合出厂标准，紧固扭矩符合出厂要求 |
| | | 电加热暖气系统 | 功能检查、紧固 | 暖气制热符合出厂标准，紧固扭矩符合出厂要求 |

\* 专用检测设备精度应满足有关规定。检测结果应符合国家相关技术标准或根据原厂要求

## 4. 二级维护

（1）常规系统二级维护基本作业应符合 GB/T 18344—2001 第 7.5 条规定的作业项目及要求。

（2）常规系统二级维护检测项目如表 1-1-4 所示。

表 1-1-4 常规系统二级维护检测项目

| 序号 | 检测项目 |
|---|---|
| 1 | 制动性能，检查制动力 |
| 2 | 转向轮定位，主要检查前轮定位角和转向盘自由转动量 |
| 3 | 车轮动平衡 |
| 4 | 前照灯 |
| 5 | 操纵稳定性，有无跑偏、发抖、摆头 |
| 6 | 传动轴，有无泄漏、异响、松脱、裂纹等现象 |

（3）高压系统二级维护。

高压系统二级维护基本作业项目及要求如表 1-1-5 所示。

表 1-1-5 高压系统二级维护基本作业项目及要求

| 序号 | 系统 | 项目 | 作业内容 | 技术要求 |
|---|---|---|---|---|
| 1 | 驱动电机系统 | 驱动电机 | 电机接线耳 | 无电击、烧蚀现象 |
| | | | 电机端三相线螺栓 | 无松动 |
| | | | 电机端三相线屏蔽线 | 相屏蔽线与三相线无短路，绝缘电阻≥6 MΩ |
| | | | 电机防水接插件 | 紧固，防水有效 |
| | | | 电机三相线高压电缆 | 波纹管无破损或老化 |
| | | | 电机信号线插件 | 紧固 |
| | | 电机控制器 | 逆变器输入、输出端接线耳 | 无电击、烧蚀 |
| | | | 逆变器输出端三相线螺栓 | 无松动 |
| | | | 逆变器输出端三相线屏蔽线 | 无短路，绝缘电阻≥5 MΩ |
| | | | 逆变器防水接插件 | 紧固 |
| | | | 输入端两相母线绝缘防护 | 无老化，破损，铜线裸露 |
| | | | 输入端两相母线螺栓 | 无松动 |
| | | 绝缘检查 | A 相对车体绝缘电阻（绝缘表 500 V） | ≥5 MΩ |
| | | | B 相对车体绝缘电阻（绝缘表 500 V） | ≥5 MΩ |
| | | | C 相对车体绝缘电阻（绝缘表 500 V） | ≥5 MΩ |
| | | | 逆变器正极对车体绝缘电阻（绝缘表 500 V） | ≥5 MΩ |
| | | | 逆变器负极对车体绝缘电阻（绝缘表 500 V） | ≥5 MΩ |
| | | 冷却检查 | 电机通风 | 正常 |
| | | | 电机冷却风扇 | 工作正常 |
| | | | 电机冷却液泵 | 工作正常，冷却液位在规定范围内 |
| | | | 冷却管路 | 接头无渗漏，管路无破损 |

续表

| 序号 | 系统 | 项目 | 作业内容 | 技术要求 |
|---|---|---|---|---|
| 2 | 动力电池 | 动力电池系统 | 系统连线 | 各部位线路固定可靠、整齐 |
| | | | 温度 | 温度采集数据正常 |
| | | | 单体电压 | 单体电压集数据正常，电压在规定范围内 |
| | | | 总电压 | 系统总电压在规定范围内 |
| | | 电池箱 | 冷却风扇工作状态 | 工作正常 |
| | | | 通风冷却滤网除尘 | 滤网无堵塞，箱体内无灰尘 |
| | | | 高压线束连接端紧固 | 联结牢固、可靠 |
| | | | 箱体安装固定检查 | 螺栓紧固力矩符合要求 |
| | | 绝缘检查 | 正级（输入、输出）对车体绝缘电阻（绝缘表 500 V） | ≥ 550 MΩ |
| | | | 负极（输入、输出）对车体绝缘电阻（绝缘表 500 V） | ≥ 550 MΩ |
| | | 高压配电箱 | 高压零部件工作状态 | 高压零部件工作正常 |
| | | | 绝缘电阻（绝缘表 1 000 V） | ≥ 550 MΩ |
| 3 | 高压附件系统 | 电动转向 | 工作状况 | 高压上电状态下正常工作 |
| | | | DC/AC 输入、输出电压 | 符合产品说明书要求 |
| | | 电动空压机 | 工作状况 | 高压上电状态下正常工作 |
| | | | DC/AC 输入、输出电压 | 符合产品说明书要求 |
| | | 电动真空助力器 | 工作状况 | 高压上电状态下正常工作 |
| | | | DC/AC 输入、输出电压 | 符合产品说明书要求 |
| | | 充电系统（DC/DC） | 工作状况 | 高压上电状态下正常工作 |
| | | | DC/AC 输入、输出电压 | 符合产品说明书要求 |
| | | 电动空调压缩机 | 工作状况 | 高压上电、空调制冷状态下正常工作 |
| | | 暖气制热系统 | 工作状况 | 高压上电、暖气制热状态下正常工作 |
| | | 绝缘检查 | 各附件系统的高压线束 | 连接可靠、无破损 |
| | | | 各高压系统输入、输出对车体绝缘（绝缘表 500 V） | 电阻 ≥ 5 MΩ |

## 5. 高压系统维修诊断

（1）维修诊断的目的范围。

故障诊断的目的是消除电动汽车故障，恢复正常的车辆技术状态。这些故障主要包括二级保养中发现的高压系统故障、客户报修的高压系统故障，应由一级技能技师完成诊断。诊断时应使用专用设备检测并根据需要路试。高压系统二维维护基本作业项目及要求如表1-1-6所示。

表1-1-6 高压系统二级维护基本作业项目及要求

| 序号 | 项目 | 要求 | 方法 |
| --- | --- | --- | --- |
| 1 | 驱动电机工作状态 | 仪表未报驱动电机故障 | 行驶过程中目视检查 |
| 2 | 发电机工作状态 | 仪表未报发电机故障 | 行驶过程中目视检查 |
| 3 | 动力电池工作状态 | 仪表未报动力电池故障 | 行驶过程中目视检查 |
| 4 | 外接充电状态* | 充电过程中无异常断电,充满电后,系统应自动终止 | 外接充电检视 |
| 5 | 电动转向工作状态 | 转向轻便、自如、无中断 | 行驶过程中检查 |
| 6 | 电动空压机工作状态 | 仪表指示制动气压在规定范围 | 行驶过程中目视检查 |
| 7 | DC/DC工作状态 | 仪表指示低压系统电压在规定范围 | 行驶过程中目视检查 |
| 8 | 电动真空助力器工作状态 | 制动助力正常 | 行驶过程中检查 |
| 9 | 电动空调工作状态 | 空调制冷有效 | 功能检查 |
| 10 | 暖气制热工作状态 | 暖气制热有效 | 功能检查 |

注:带"*"的项目适用于有外接充电插口的车辆

### 6. 比亚迪e5纯电动汽车的维护保养周期

比亚迪e5纯电动汽车的维护保养周期(见表1-1-7)是以汽车运行公里数(7 500 km)或者行驶月份(6个月)为参考的,分为必要时进行检查、修正或更换;恶劣工况需增加项目;更换、改变或润滑三种保养要求。根据整车驾驶性能及供应商要求,整车将在维护保养时进行软件更新。

按照比亚迪维修手册的定义,严酷使用条件是指:
(1)经常在多尘的地区行驶或经常暴露在含盐分的空气中。
(2)经常在颠簸的路面、有积水的路面或山路上行驶。
(3)在寒冷地区行驶。
(4)频繁地使用制动器、经常急刹车。
(5)经常作为牵引拖车。
(6)作为出租汽车使用。
(7)在32℃以上的温度下,在交通拥挤的市区行驶时间超过总行驶时间的50%。
(8)在30℃以上的温度下,以120 km/h以上的车速行驶时间超过总行驶时间的50%。
(9)经常超载行驶。
备注:
表中符号含义:
I = 必要时进行检查、修正或更换;**I**= 恶劣工况需增加项目;R= 更换、改变或润滑。

表 1-1-7　比亚迪 e5 纯电动汽车的维护保养周期

| 保养时间间隔 | 里程表读数或月数，以先到者为准 | | | | | | | | | | | | | | | |
|---|---|---|---|---|---|---|---|---|---|---|---|---|---|---|---|---|
| | ×1 000 mile[①]/km | 7.5/12 | 15.0/24 | 22.5/38 | 30.0/48 | 37.5/60 | 45.0/72 | 52.5/84 | 60.0/96 | 67.5/108 | 75.0/120 | 82.5/132 | 90.0/144 | 97.5/156 | 105.0/166 | 112.5/180 | 120.0/192 |
| 保养项目 | 月数 | 6 | 12 | 18 | 24 | 30 | 36 | 42 | 48 | 54 | 60 | 66 | 72 | 78 | 84 | 90 | 96 |
| 检查坚固底盘固定螺丝 | | I | I | I | I | I | I | I | I | I | I | I | I | I | I | I | I |
| 检查制动踏板和电子驻车开关 | | I | I | I | I | I | I | I | I | I | I | I | I | I | I | I | I |
| 检查制动摩擦块和制动盘 | | I | I | I | I | I | I | I | I | I | I | I | I | I | I | I | I |
| 检查制动系统管路和软管 | | I | I | I | I | I | I | I | I | I | I | I | I | I | I | I | I |
| 制动钳总成导向销 | | | I | | I | | I | | I | | I | | I | | I | | I |
| 检查转向盘、拉杆 | | I | I | I | I | I | I | I | I | I | I | I | I | I | I | I | I |
| 检查传动轴防尘罩 | | I | I | I | I | I | I | I | I | I | I | I | I | I | I | I | I |
| 检查球销和防尘罩 | | I | I | I | I | I | I | I | I | I | I | I | I | I | I | I | I |
| 检查前后悬架装置 | | I | I | I | I | I | I | I | I | I | I | I | I | I | I | I | I |
| 检查轮胎和重启压力（含 TPMS） | | I | I | I | I | I | I | I | I | I | I | I | I | I | I | I | I |
| 检查前轮定位、后轮定位 | | I | I | I | I | I | I | I | I | I | I | I | I | I | I | I | I |
| 轮胎调换 | | I | I | I | I | I | I | I | I | I | I | I | I | I | I | I | I |
| 检查车轮轴承有无游隙 | | I | I | I | I | I | I | I | I | I | I | I | I | I | I | I | I |
| 检查副水箱内冷冻液液面高度 | | I | I | I | I | I | I | I | I | I | I | I | I | I | I | I | I |
| 更换驱动电机防冻液 | 每 4 年或 100 000 km 更换长效有机酸型冷却液，以先到者为准 | | | | | | | | | | | | | | | | |
| 检查制动液 | | I | I | I | I | I | I | I | I | I | I | I | I | I | I | I | I |
| 更换制动液 | 每行驶 2 年或 40 000 km 更换一次 | | | | | | | | | | | | | | | | |
| 检查高压模块故障码（记录后清除） | | I | I | I | I | I | I | I | I | I | I | I | I | I | I | I | I |

① 1 mile=1.609 km。

续表

| 保养时间间隔 | | 里程表读数或月数，以先到者为准 | | | | | | | | | | | | | | |
|---|---|---|---|---|---|---|---|---|---|---|---|---|---|---|---|---|
| | ×1 000 mile[①]/km | 7.5/12 | 15.0/24 | 22.5/38 | 30.0/48 | 37.5/60 | 45.0/72 | 52.5/84 | 60.0/96 | 67.5/108 | 75.0/120 | 82.5/132 | 90.0/144 | 97.5/156 | 105.0/166 | 112.5/180 | 120.0/192 |
| 保养项目 | 月数 | 6 | 12 | 18 | 24 | 30 | 36 | 42 | 48 | 54 | 60 | 66 | 72 | 78 | 84 | 90 | 96 |
| 检查动力电池托盘、防撞杆 | | I | I | I | I | I | I | I | I | I | I | I | I | I | I | I | I |
| 容量测试及校正 | | 每 72 000 km 或 6 个月 | | | | | | | | | | | | | | | |
| 检查和更换变速器内的齿轮油 | | 首次更换齿轮油 24 个月或 40 000 km，后续 24 个月或 48 000 km | | | | | | | | | | | | | | | |
| 近光初始下倾度校准 | | 每隔 10 000 km 校准一次 | | | | | | | | | | | | | | | |
| 安全气囊模块及 ECU、传感器 | | 100 000 km 或 10 年更换一次 | | | | | | | | | | | | | | | |
| 检查 EPS 搭铁处是否有异物或者被烧蚀 | | I | I | I | I | I | I | I | I | I | I | I | I | I | I | I | I |
| 检查 EPS 接插件是否松动，接插件引脚是否被烧蚀 | | I | I | I | I | I | I | I | I | I | I | I | I | I | I | I | I |
| 检查 EPS ECU 外观是否被腐蚀 | | I | | | I | | | I | | | I | | | I | | | I |
| 检查整车模块是否有软件更新，有则更新 | | I | I | I | I | I | I | I | I | I | I | I | I | I | I | I | I |
| 检查高压部件是否有涉水痕迹 | | I | I | I | I | I | I | I | I | I | I | I | I | I | I | I | I |
| 检查车身损坏情况 | | 每年 | | | | | | | | | | | | | | | |
| 检查前舱盖锁及其紧固件 | | 每年 | | | | | | | | | | | | | | | |
| 备注 | | 在检查第 1 项时，如发现底盘部件有异常损坏请及时更换 | | | | | | | | | | | | | | | |

## 四、新能源汽车的维护安全

### 1. 高压安全操作原则

（1）坚持"以人为本、安全第一"的操作原则，确保人身安全与车辆安全。在制定安全防范措施的时候，要优先考虑人身安全，即使发生不可预见的事故、系统崩溃，也要保证人身安全。

（2）从系统设计到部件的选型、加工工艺、质量检验及维护操作都应严格按有关电动汽车的国家标准执行。

### 2. 人员要求

（1）新能源汽车高压操作人员必须具有相应的操作资质（如低压电工证），严禁没有操作资质的人员对新能源汽车高压系统进行操作。在操作人员上岗前必须对其进行安全操作培训，严格执行安全操作规范。

（2）操作人员上岗时不得佩戴金属饰品、饰物，如手表、戒指等，工作服衣袋内不得有金属物件，如钥匙、硬币、手机等。

（3）操作人员不得把与工作无关的工具带入场地。必要的金属工具，在其手持部位应做绝缘处理。

（4）每次接通高压电源之前，操作人员应检查各高压元器件周边有无杂物，通知无关人员远离上述部位，接通高压时要高声提示。

### 3. 维护作业要求

（1）对高压元器件进行拆卸、检查、维修时应先切断高压回路。

（2）车辆长时间停放时，应每周检查一次动力电池状态，防止电池漏电。

## 五、比亚迪e5纯电动汽车维护注意事项

### 1. 维修、维护作业前的准备工作

（1）用干净的布或塑料罩盖住所有的涂漆面和座椅，以免落上灰尘和被刮擦。
（2）在维修高压部件时，禁止带电作业。
（3）维修高压部件时，先将车辆下电，并断开蓄电池负极电缆。
（4）在维修高压部件时，使用高压绝缘胶垫。

### 2. 维修、维护作业中的注意事项

（1）注意作业安全，同时还应专注于您的工作。当抬起前轮或后轮时，应牢牢挡住其余车轮。工作要由两名或更多工作人员完成时，尽可能经常相互沟通。

（2）拆卸或拆解零件前，必须对它们进行仔细检查，以查出需要维修的原因。请遵守所有安全说明和注意事项，并遵循维修手册中介绍的相应步骤。

（3）对拆下的所有零件做标记，或将它们按顺序放在零件架中，以便可将它们重新装配到原来的位置。

（4）如果规定要使用专用工具，则必须使用。

（5）按照规定，在零件上涂抹或填充指定的润滑脂。拆解后用溶剂清洗所有拆下的零件。

（6）零件必须按照既定的维修标准，以适当的扭矩进行装配。当拧紧一组螺栓或螺母时，

从中心或大直径螺栓开始,分两步或更多步以交叉方式来拧紧它们。

(7)重新装配零件时,必须更换新垫片、衬垫、O形圈和开口销。

(8)使用纯正的零件和润滑剂。要重复使用这些物品时,必须认真检查这些零件,确保它们没有损坏或品质下降,且使用状况良好。

(9)为系统加注制动液时,要特别注意防止灰尘和污物进入系统。

(10)在维护、维修作业时,禁止水等异物进入前机舱内。

(11)避免将润滑油或润滑脂落到橡胶件和管路上。

### 3. 维修、维护作业后的检查工作

(1)装配后,检查每个零件的安装和工作情况是否无误。

(2)更换制动液、制动摩擦片后要至少进行一次完全制动。

## 实践技能

### 六、比亚迪 e5 电动汽车的维护内容

纯电动汽车由于不存在发动机而是由动力电池为动力源,而且动力传递系统也和传动汽车有很大差异,因此其维护保养项目也和传统汽车有很大的差异。比亚迪 e5 纯电动汽车的维护保养项目主要可以分为对动力电池与充电系统、驱动及冷却系统、转向系统、制动系统、行驶系统、电动空调系统及车身的保养与维护。

比亚迪E5车主日常维护作业

#### 1. 动力电池及充电系统的保养内容

动力电池是电动汽车的动力源,是能量的存储装置,其性能的好坏直接关系到电动汽车的使用安全性和续驶里程。动力电池及充电系统的保养主要涉及安全检查、紧固件检查、标识检查、动力电池检查和充电功能检查。为了使动力电池处于最佳状态,需要定期(6个月或72 000 km)对车辆进行满充满放,达到电池自我校正的目的。比亚迪 e5 纯电动汽车动力电池位置如图 1-1-2 所示,充电口位置如图 1-1-3 所示。

图 1-1-2 比亚迪 e5 纯电动汽车动力电池位置

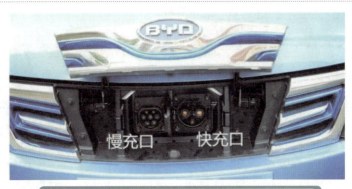

图 1-1-3　比亚迪 e5 充电口位置

## 2. 驱动及冷却系统的保养内容

纯电动汽车的驱动系统主要包括驱动电机及其控制系统、变速器及驱动桥。冷却系统主要是冷却驱动电机、电机控制器、车载充电机、DC/DC 等发热部件。驱动及冷却系统的保养主要涉及高压绝缘测试及安全系统检查、机舱及底盘各高压线束防护、紧固件检查、变速器油检查、传动轴检查、轮胎检查、冷却液液位及冰点检查、冷却管路及水泵检查、散热水箱检查等。

比亚迪 e5 纯电动汽车将车载充电机、DC/DC 都集成在高压电控总成内。比亚迪 e5 高压电控总成元件分布如图 1-1-4 所示。

图 1-1-4　比亚迪 e5 高压电控总成元件分布图

## 3. 纯电动汽车底盘的保养内容

纯电动汽车底盘的保养内容主要包括转向系统、制动系统和行驶系统。其主要保养内容涉及转向横拉杆防尘套、电动助力转向功能测试、制动液液位检查、真空泵及控制器、制动摩擦片前后悬架及轮胎等。

比亚迪 e5 纯电动汽车制动真空泵位置如图 1-1-5 所示，比亚迪 e5 制动真空泵如图 1-1-6 所示。

图 1-1-5　比亚迪 e5 纯电动汽车制动真空泵位置图

图 1-1-6　比亚迪 e5 制动真空泵

### 4. 电动汽车空调系统的保养内容

电动汽车空调系统主要包括一体式电动压缩机及控制器、辅助加热器、空调制冷管路等。其主要保养内容涉及电动压缩机异响检查，电动压缩机绝缘测试，空调冷、暖风功能测试，压缩机及控制器各连接线束的检查，空调管路的连接及固定，空调制冷排水口检查以及空调滤芯的检查及更换等。比亚迪 e5 电动压缩机及控制器如图 1-1-7 所示。

### 5. 纯电动汽车车身的保养内容

图 1-1-7　比亚迪 e5 电动压缩机及控制器

车身的主要保养内容有照明及信号灯光组、安全带及气囊装置、雨刷及玻璃清洗装置、车身电气、车身各铰链点及锁扣等。

## 单元小结

1. 汽车维护是指保持和恢复汽车的技术性能，保证汽车具有良好的使用性和可靠性；具体来说，是指定期对汽车相关部分进行检查、清洁、补给、润滑、调整或更换某些零件的预防性工作，又称汽车保养。一般来说，汽车维护作业一般占维修企业 70% 左右的工作量。

2. 汽车维护的目的在于保持车容整洁、车况良好，及时发现和消除故障隐患，可以有效地延长汽车的使用寿命。

3. 现代的汽车保养主要包含对发动机系统、变速箱系统、空调系统、冷却系统、燃油系统、动力转向系统等的保养。比亚迪 e5 纯电动汽车的维护保养项目主要可以分为对动力电池与充电系统、驱动及冷却系统、转向系统、制动系统、行驶系统、空调系统及车身的保养与维护。

任务2　5S/7S 管理制度

# 5S/7S 管理制度

## 任务导入

小王刚到新能源汽车某 4S 店工作，第一天上班时经理告诉他本 4S 店实行的是 5S 管理制度，让他一定要遵守。你知道什么是 5S 管理制度吗？

## 学习目标

1. 能根据实训室的功能确定实训室的物资、设备配备情况。
2. 能根据实训室的实训项目设计实训室格局。
3. 能根据设备的使用特点和使用频率确定其放置位置。
4. 能建立设备档案和设备使用记录
5. 能对实训室的污染源提出改进措施。
6. 能根据自己的理解对实训室进行的管理制度提出改进意见。

## 理论知识

俗话说"没有规矩，不成方圆"，制度就是规矩，制度的规范作用在环境卫生中的体现如图 1-2-1 所示。制度是一个组织内大家共同遵守的行为规范，可以保证组织有效运转，是达成组织目标的可靠保证，也是实现公平、公正、公开的必要条件。

图 1-2-1　制度的规范作用在环境卫生中的体现
（a）没有管理制度的制约；（b）管理制度不健全；（c）有完善的管理制度

制度的重要性体现在：

（1）指导性和约束性。制度对相关人员做些什么工作、如何开展工作都有一定的提示和指导，同时也明确相关人员不得做些什么，以及违背了会受到什么样的惩罚。因此，制度有指导性和约束性的特点。

（2）鞭策性和激励性。制度有时就张贴或悬挂在工作现场，随时鞭策和激励着人员遵守纪律、努力学习、勤奋工作。

（3）规范性和程序性。制度对实现工作程序的规范化，岗位责任的法规化，管理方法的科学化，起着重大作用。制度的制定必须以有关政策、法律、法令为依据。制度本身要有程序性，为人们的工作和活动提供可供遵循的依据。

## 一、5S 管理制度

为了建立使顾客 100% 满意的质量保证体系，改进业务流程，缩短作业周期，确保交货，削减库存，减少亏损，积累和提高生产力，提高人才素养和环境安全以及构筑企业文化基础等，现在大部分的 4S 店正在推行 5S 管理制度。

### 1. 5S 管理制度的内容

（1）整理（Seiri）。

在工作现场区别好要与不要的东西，只保留有用的东西，撤除不需要的东西（见图 1-2-2）。

（2）整顿（Seiton）。

把要用的东西按规定的位置摆放整齐，并做好标识进行管理，如图 1-2-3 所示。

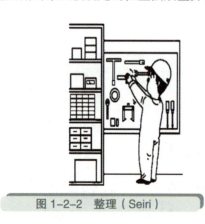

图 1-2-2　整理（Seiri）

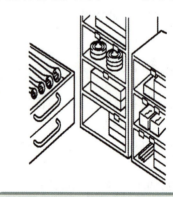

图 1-2-3　整顿（Seiton）

（3）清扫（Seiso）。

维持汽车 4S 店的整洁，将不需要的东西清除掉，保持工作现场无垃圾、无污秽状态，如图 1-2-4 所示。

（4）清洁（Seiketsu）。

维持以上整理、整顿、清扫后的局面，使工作人员保持整洁卫生，如图 1-2-5 所示。

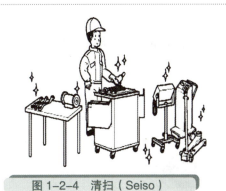

图 1-2-4 清扫（Seiso）

图 1-2-5 清洁（Seiketsu）

（5）素养（Shitsuke）。

让每个员工都自觉遵守各项规章制度，养成能正确地执行各项决定的良好习惯，如图 1-2-6 所示。

## 2. 实施 5S 管理的效用

5S 管理的对象是每一个员工，其对个人的行为规范有着深刻的影响，最终目的是要每一个员工形成良好的职业习惯和个人行为，从而提高个人素质，5S 管理对人的影响如图 1-2-7 所示。

图 1-2-6 素养（Shitsuke）

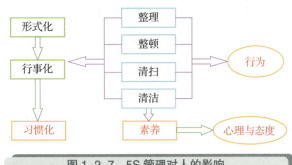

图 1-2-7 5S 管理对人的影响

对于 4S 店来说，5S 管理对个人以及公司的作用是：

（1）5S 是最佳销售员（Sales）。

干净整洁的工厂才会被顾客称赞，才会使顾客对这样的工厂有信心，使其乐于下订单并口碑相传，才会有很多人来工厂参观学习。

（2）5S 是节约家（Saving）。

降低很多不必要的材料以及工具的浪费，减少"寻找"的浪费，节省很多宝贵的时间，能降低工时，提高效率

（3）5S 对安全有保障（Safety）。

宽广明亮、视野开阔的职场，物流一目了然，道路明确，不会造成杂乱情形而影响工作的顺畅。

（4）5S是标准化的推动者（Standardization）。

在3定原则（定位置、定名称、定数量）下进行规范现场作业，大家都正确按照规定执行任务，程序稳定，带来品质稳定，成本也安定。

（5）5S形成令人满意的职场（Satisfaction）。

员工动手改善明亮、清洁的工作场所，产生成就感。

## 二、4S店售后服务的组织架构

4S店实行5S管理制度的售后服务架构如图1-2-8所示。

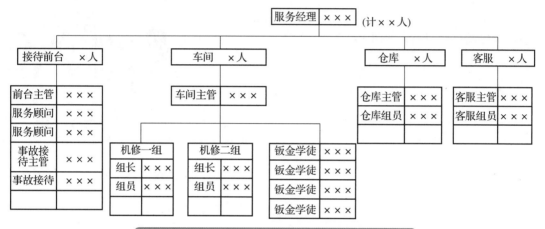

图1-2-8  4S店实行5S管理制度的售后服务架构

4S店中售后服务部门的职责和主要工作任务是：

### 1. 前台主管的职责

（1）前台现场督导；

（2）值班台值班人员落实；

（3）前台5S的落实；

（4）当日晚值班人员落实；

（5）前台服务流程督察（含预约、四件套、保养提醒贴、旧件展示、电话回访、礼仪等）；

（6）前台现场疏导；

（7）现场问题应对、客户应对；

（8）前台业务工作的分配与督察；

（9）前台服务人员的业务培训与教导；

（10）售后业绩和CSI目标的达成。

CSI是指顾客满意度指数（Customer Satisfaction Index），是以顾客满意度程度为基数编制的用以分析顾客满意程度的指数。其是根据顾客对企业提供的产品和服务质量的评价，通过建立数学模型计算得出的。

## 2. 车间主管的职责

（1）车间现场督导（现场检查和教导）；
（2）车间 5S 落实；
（3）车间服务流程督察（含维修三件套和零件不落地）；
（4）车间现场疏导；
（5）现场问题客户应对；
（6）车间业务工作的分配与督察；
（7）车间服务人员的技术培训和教导；
（8）售后业绩和 CSI 目标的达成。

## 3. 仓库主管的职责

（1）仓库现场督导（现场检查和教导）；
（2）仓库 5S 落实；
（3）仓库服务流程督察；
（4）仓库业务工作的分配与督察；
（5）仓库服务人员的业务、技术培训与教导；
（6）库存周转率和配件满足率目标的达成；
（7）厂家稽核项目的完成。

## 4. 客服主管的职责

（1）负责客户关系维护与管理，确保客户回访 100%，负责 4S 店整体客户关系管理和信息系统管理；
（2）监督客户区域内场地、设施的环境布置，确保其处于完好或可用状态；
（3）监控所有与客户直接接触的各岗位人员的服务质量；
（4）执行客户回访和客户信息工作管理，并根据反馈意见实施改进；
（5）围绕客户满意度，根据相关部门需求，协调开展广告和市场活动；
（6）策划并组织实施客户关怀和服务促销活动；
（7）定期制作客户关系管理运营绩效报表并汇总服务经理；
（8）监督续保客户邀约及达成率。

## 5. 机修组长的职责

（1）负责班组日常管理工作，协助车间主管的工作，对车间主管负责；
（2）负责班组成员的作业进度安排，协调组员的作业安排，确保按客户要求准时交车；
（3）对组员完工车辆进行检查，确保维修质量；
（4）对组员在作业中的故障判断、故障排除、维修操作等进行技术指导，提供帮助，并做检查、监督；
（5）组织、带领组员共同解决技术疑难问题，并向车间主管汇报；

（6）带领并督促组员完成好每天5S责任区的整理、整顿、清扫、清洁、安全等操作；

（7）对组员的工作表现、技术掌握、维护维修任务完成情况进行评定和考核。

### 6. 维修技工的职责

（1）维修技工直接受班组长和车间主管的管理，对车间主管负责；

（2）按照来自前台接待的维修单或接车问诊单进行检测或维修，并规范操作；

（3）对客户车辆做进一步的故障诊断和检查，并认真、清晰、详尽填写呈批书，交车间主管审核；

（4）对维修、保养的车辆，完成作业后必须进行认真的自检，并清洁车内卫生；

（5）按维修单的要求正确处理旧件；

（6）保持工作场地干净整洁，工具和拆换的零配件摆放整齐；

（7）保存所有的索赔配件，配合索赔专员的工作。

## 三、5S管理对职业院校学生的作用

### 1. 职业院校学生的现状

职业院校学生大多数都是青年阶段，年龄在16~20周岁，正处于叛逆期而且往往缺乏正确的引导，从而有较强的厌学情绪、行为习惯失范、组织纪律性差等现象。

### 2. 5S管理对职业院校学生素质培养的作用

（1）能够为学生营造良好的校园环境。

按照国家相关部门加强职业学校校园文化建设的要求："职业院校要高度重视校园自然环境和人文环境建设。加强校园自然环境建设，完善校园文化活动设施。校园的整体环境要做到功能齐全、安全有序、节能环保、室外绿化、室内美化、环境净化。"5S管理作为学校课堂管理的一种手段，其重要作用之一就是改善教学环境，提高学生学习的自觉性。

人改造环境，环境改变人，通过对校园环境的净化、绿化、美化，使学生耳目清新、激发热情；通过对学生宿舍、教室、食堂、实验实习场所进行整理、整顿和清扫，让学生耳濡目染，从而达到潜移默化的效果；通过学生自己动手进行5S作业，让他们在改变现场环境的同时，加深对5S管理的认识，产生"完美"的效果，让学生有一种成就感。

（2）能够培养学生良好的行为习惯。

所谓习惯，就是逐渐养成而且不易改变的行为。5S管理的目的就是要员工养成一种规范的行为习惯。对于学校来说，老师用5S管理来要求自己，就是树立员工良好的工作和生活习惯；老师用5S管理来要求学生，就是培养学生良好的学习、生活和工作习惯。

（3）5S管理能够提升学生自身素质。

许多人认为5S管理太简单，只不过就是整理一下物品、打扫一下卫生。但是把简单的事情每天都坚持做完、做好，就非常不简单了。在实习车间，老师要求学生每天实习前，先对实习场地和设备进行清扫，实习结束时，让学生对设备进行清洁，将工具在规定的位置摆放等，目的是让学生养成现代企业所要求的遵章守纪、要求严格、注重细节的作风和习惯，培养良好的职业素养。

（4）5S管理有利于学生的职位提升。

这个时代是一个"以人为本"的时代，企业的核心竞争力归根结底是人才的竞争、管理技术的竞争。学生在就业之前提前养成良好的自我管理的素质，才能在就业后脱颖而出，才能更有竞争力。

现场5S管理

## 拓展阅读

### 四、7S管理制度

7S活动是企业现场各项管理的基础活动，它有助于消除企业在生产过程中可能面临的各类不良现象。7S活动推行过程中，通过开展整理、整顿、清扫等基本活动，使之成为制度性的清洁，最终提高员工的职业素养。因此，7S活动对企业的作用是基础性的，也是不可估量的。7S活动是环境与行为建设的管理文化，它能有效解决工作场所凌乱、无序的状态，有效提升个人行动能力与素质，有效改善文件、资料、档案的管理，有效提升工作效率和团队业绩，使工序简洁化、人性化、标准化。

#### 1. 7S管理制度的内容

7S是指整理（Seiri）、整顿（Seiton）、清扫（Seiso）、清洁（Seiketsu）、素养（Shitsuke）、安全（Safety）、节约（Save），如图1-2-9所示。

图1-2-9　7S管理内容

## 2. 4S 店实施 7S 管理的作业要求

（1）整理（Seiri）。

对工作区域内的所有物品进行清查，清理掉与工作无关的物品和以往工作中遗留的垃圾和过期物品，留下必须的和有用的物品。目的是腾出空间，提高生产效率。

（2）整顿（Seiton）。

将整理好的物品按照顺序归类摆放，常用的东西要放在容易找得到和拿得到的地方，避免物品的摆放影响工作操作，保证在需要时能很快地找到所用的东西，杜绝在工作中因寻找物品浪费时间。目的是排除寻找物品中对时间的浪费。

（3）清扫（Seiso）。

对整顿后的工作区域进行彻底的卫生打扫，并需要分阶段性经常进行，营造干净、卫生、整洁的工作环境。目的是使不足、缺点明显显现，以便及时改正；是品质的基础。

（4）清洁（Seiketsu）。

保持上面3S的实施制度化、规范化，经常性对工作区域以及区域内的物品进行清洁，避免物品、设备、仪器上面沉积灰尘、油污等，地面要保持干净，撒落的废纸、垃圾等要及时扫到垃圾篓里。目的是通过制度化来维持成果，并显现"异常"之所在。

（5）素养（Shitsuke）。

通过晨会等手段，提高员工文明礼貌水准，增强团队意识，养成按规定行事的良好工作习惯。目的是提升"人的品质"，养成对任何工作都持认真态度的习惯。

（6）安全（Safety）。

经常性进行安全排查工作，做好工作区域内的防火、防盗、防触电以及设备仪器的安全性能保障工作，保证员工人身安全和公司财产安全，营造文明安全的生产环境。目的是保障员工的人身安全，保证生产的连续安全正常进行，同时减少因安全事故带来的经济损失。

（7）节约（Save）。

对时间、空间、能源等方面合理利用，以发挥它们的最大效能，从而创造一个高效的、物尽其用的工作场所。目的是节约一切可以节约的东西，是对整理工作的补充和指导。在我国由于资源不足，因此更应该在企业中秉持勤俭节约的原则。

## 实践技能

## 五、实训室的 5S 管理

### 1. 实训室的整理

（1）明确实训室的功能和要完成的实训项目，根据实训项目确定物资、设备的配比情况，设计好空间格局。

（2）检查设备的功能状况，分为正常、可维修和不可维修三类，将不可维修的设备移出实训场地。根据设备的使用特点和使用频率固定放置，要起到安全、使用方便的作用。

（3）清除实训室内与实训教学无关的物品，最大限度腾出实训室的空间，提高实训室的使用效率。

### 2. 实训室的整顿

实训室的管理必须规范化、制度化、标准化，任何操作行为都应有制度上的制约。

（1）建立设备档案，包括设备型号、生产厂家、出厂日期、购入日期、维护细则等。

（2）建立设备操作记录，包括设备名称、操作要点、资产标签、使用记录等。

（3）建立设备维护方案，根据实训室自身的特点制定一套可行的维护方案，对每台设备进行相应的维护，对于贵重设备，指定专人进行保管负责。

（4）常用工具分组分配，并贴上相应的标签。使用完毕后，进行整理并放到相应的位置。

### 3. 实训室的清扫、清洁

（1）建立详尽的清扫、清洁制度和计划。实训场地课后清扫，每周进行一次彻底清扫。

（2）建立严格的检查、监督制度，使每位老师和学生将随时清扫、随时清洁的行为变为一种正常的工作状态。

（3）污染源的改善处理。找到实训室的污染源，对污染源进行改善处理或提出改善的措施。

### 4. 实训室的安全

（1）建立、健全安全管理制度。设立安全警戒区、警戒线，作为安全指导。

（2）定期进行安全自检，确保师生安全和实训设备安全。

（3）分组讨论分析，实训室存在的安全隐患以及不安全因素，提出改进措施。

## 单元小结

1. 理解 5S 管理的内容，明确 5S 管理制度对企业和对个人发展的促进作用。

2. 了解 4S 店售后服务的组织结构，明确自己所处岗位的岗位职责，了解自身发展的道路以及提高个人竞争力的方法。

3. 明确管理制度对学校、企业等的作用，理解本校的管理制度，理解这些管理制度对自身发展的重要作用。

4. 能对某实习或实训场所实行的管理制度提出意见和改进措施。

# 车间安全与环保

## 任务导入

小王在新能源汽车某4S店实习,今天带队师傅告诉他要对某品牌纯电动汽车进行更换动力电池作业,你知道纯电动汽车动力电池更换有哪些注意事项吗?在更换动力电池之前有什么安全防范措施呢?

## 学习目标

1. 能正确辨别纯电动汽车高、低压线束。
2. 能正确处理维护、维修作业中旧件、废弃物。
3. 能正确处理维护、维修作业中遇到的废液、溶剂。
4. 能正确判断绝缘手套的完好程度及绝缘等级。
5. 能熟练地掌握比亚迪e5的下电、上电流程。

## 理论知识

与车辆保养与维修相关的许多操作,可能会涉及人身健康、安全和环境污染,因此在进行相关操作或处理时要按照一定的规程进行。

车辆在保养和维修操作中涉及的所有操作及材料的处理都应该以健康和安全为先来加以保证。在使用任何产品之前,应详细查阅由制造厂或供货商所提供的使用说明或注意事项。

### 一、车间安全用电

据统计,我国每年仍有数千人死于触电及相关事故。而其中80%以上的事故是因为违反安全用电规则造成的,这本是可以避免的。正规企业在员工上岗前和工作中均要多次进行针对性的安全教育,作为电动汽车维修技术人员,必须做到安全用电。

## 1. 比亚迪 e5 的高压系统

比亚迪 e5 高压部件主要有：动力电池、高压盒、电机控制器、车载充电机、DC/DC、空调压缩机和空调 PTC 等，如图 1-3-1 所示。

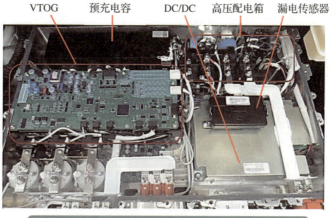

图 1-3-1 比亚迪 e5 主要高压部件

整车高压线束分为 5 段，如表 1-3-1 所示。需要注意的是：驱动电机也属于高压部分。

表 1-3-1 比亚迪 e5 整车高压线束分布

| 序号 | 名称 | 起点 | 终点 |
| --- | --- | --- | --- |
| 1 | 动力电池高压电缆 | 动力电池 | 高压电控总成 |
| 2 | 电机控制器高压电缆 | 高压盒 | 电机控制器 |
| 3 | 快充线束 | 快充接口 | 高压电控总成 |
| 4 | 慢充线束 | 慢充接口 | 高压电控总成 |
| 5 | 高压附件线束 | 高压电控总成 | 空调压缩机 |
|  |  |  | 空调 PTC |

动力电池高压电缆如图 1-3-2 所示，比亚迪 e5 快充线束如图 1-3-3 所示。

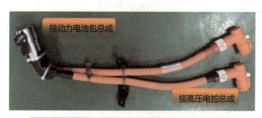

图 1-3-2 动力电池高压电缆

图 1-3-3 比亚迪 e5 快充线束

### 2. 比亚迪 e5 的电磁辐射

除了高压本身的危险之外，高压元器件还有电磁辐射，电磁辐射由空间共同移动的电能量和磁能量所组成，该能量是由电荷的移动所产生。电磁辐射对人体可能会导致脱发、免疫力下降等危害，产生电磁辐射的主要元器件有充电设备、电机、逆变器等。

## 二、高压互锁系统

在 ISO 国际标准:《ISO 6469—3—2011, 电动道路车辆安全规范. 第3部分: 人身防电击保护》中，规定车上的高压部件应具有高压互锁装置。

高压互锁是指危险电压连锁回路——HVIL (Hazardous Voltage Interlock Loop)，即将高压封闭在一个完整的回路中，通过使用电气小信号来检查整个高压系统的电气完成性、连接连续性，识别回路异常断开，及时断开高压电。

### 1. 设计高压互锁的目的

电动汽车设计高压互锁的目的主要有：

（1）在整车高压上电前，确保整个高压系统的完整性，使高压处于一个封闭的环境中，从而提高其安全性。

（2）当整车在运行过程中，高压系统回路开路或完整性受到破坏的时候，自动起动安全防护——高压系统断电。

（3）防止带电插拔高压连接器时给高压端子造成的拉弧损坏。

带高压互锁的高压插头如图 1-3-4 所示，其工作原理是：当高压插头处于连接到位时，高压正、负极和低压互锁端都处于连接状态。当拔插高压插头或其他原因导致高压插头松脱时，由于高压端子的针脚要长于低压端子的针脚，因此总是低压互锁端先断开，从而控制高压系统断电，这样就保证在拔下高压插头或者连接高压端子之前高压端子处于无高压电状态，从而保证系统的安全性。

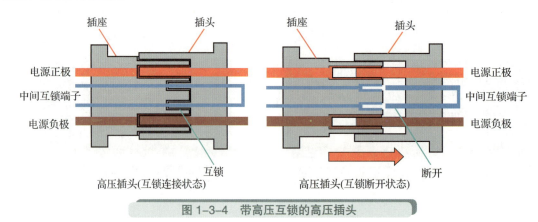

图 1-3-4 带高压互锁的高压插头

## 2. 比亚迪 e5 的高压互锁系统

比亚迪 e5 的高压互锁系统如图 1-3-5 所示，比亚迪 e5 的高压互锁包括结构互锁和功能互锁。

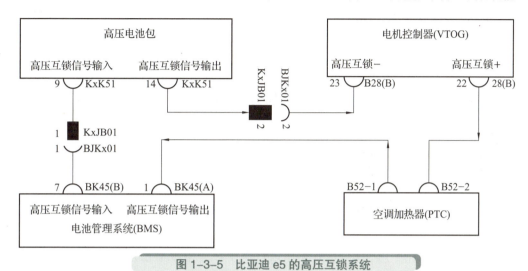

图 1-3-5　比亚迪 e5 的高压互锁系统

### 1）结构互锁

比亚迪 e5 的主要高压接插件均带有互锁回路，当其中某个接插件被带电断开时，动力电池管理 BMC 便会检测到高压互锁回路存在断路，为保护人员安全，将立即进行报警并断开主高压回路电气连接，同时激活主动泄放。

### 2）功能互锁

当车辆在进行充电或插上充电枪时，比亚迪 e5 的 BMC 会限制整车不能通过自身驱动系统驱动，以防止可能发生的线束拖拽或安全事故。

下面主要描述比亚迪 e5 的结构互锁。

比亚迪 e5 高压结构互锁回路中黑线为高压互锁检测线路，用于监测高压供电回路的完整性，黑色的高压互锁检测线路与橙色的高压电源线并联，通过高压插头与部件高压插座把所有的高压电器的检测路径串联起来，形成一个完整的回路。橙色框位于高压插座内，为高压互锁检测插座，它与高压插头中的低压短路一起，构成低压检测环路。比亚迪 e5 高压结构互锁端子如图 1-3-6 所示。

 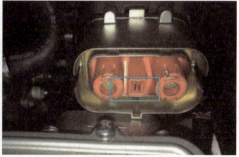

图 1-3-6　比亚迪 e5 高压结构互锁端子（图中框住部分）

比亚迪 e5 高压互锁回路发起和终结点在 BMC，依次串联 BMC、动力电池、高压电控总成和 PTC。BMC 发送一个 PWM 波，经过高压互锁回路又回到 BMC，如果高压线路正常没有断开，则 BMC 检测到自己发出的 PWM 波，判断为高压正常（高压互锁未锁止）；如果任何一处的高压线路连接断开，高压互锁检测线路也随之断开，则 BMC 无法检测到正常的 PWM 信号，判断为高压异常（高压互锁锁止）。

BMC 判断高压异常后，将动力电池内的接触器断开，将高压配电箱的母线接触器断开，从而断开动力源的输出。同时，BMC 通过动力网 CAN 通知高压电控总成内的主动泄放器（BPCM）进行泄放，将母线电压快速降至人体安全范围内。

## 三、环境防范

### 1. 排液时的环境防范

（1）溶剂、酸、液压油、冷却液及其他类似物质不应倒入下水道，在使用的过程中必须要防止它们溢出到下水道中。在对这些物质进行操作时，应远离下水道，并随时准备溢出工具。

（2）机油和溶剂等会污染所有接触到的土地，因而不能倒在土壤上进行处理，并防止溢出的油液流到地上。

（3）排放空调系统中的制冷剂或更换新的制冷剂时，必须使用合适的设备，以免制冷剂挥发到大气中造成环境污染。

### 2. 废弃物的管理与处理

仔细存放、处置和处理工厂废料是减少污染的一种方法。应合理存放废料和处理废弃物，避免其流失到土壤、水和空气中。要根据种类分离废弃物，如油液、金属、蓄电池、废旧汽车零件，以防止不同材料之间发生化学反应，方便后续处理。

废弃物处理要交由具备处理此类特殊材料许可证的持有者，其相关文件必须齐全。由他们负责将废弃物运送到专门的处理场地进行处理。废弃物处理时应遵循以下几点：

（1）液压油、防冻液和其他油液：交由特约承包商处理。

（2）制冷剂：用专门的设备进行收集或重复使用。

（3）洗涤剂：稀释后可安全倾倒入下水道。

（4）油漆、稀释剂：分开后交由专门承包商处理。

（5）轮胎：交由专门承包商处理。

（6）含石棉物质：分开后交由专门承包商处理。

（7）含油的废弃物（如抹布、用后的溢出工具、材料）：交由专门承包商处理。

（8）零件：送回供应商处进行处理，或拆卸和重复利用可使用部分，其余部分按一般废弃物进行处理。

（9）金属：从一般废弃物中分类后再做处理。

（10）包装：尽量压缩并以一般废弃物处理。

（11）橡胶、塑料：按一般废弃物处理。

（12）蓄电池：交由专门承包商处理。

（13）安全气囊：交由专门承包商处理。
（14）电子元件：送回供应商处理，或拆卸可重复使用的零件，其余按一般废弃物处理。

## 拓展阅读

### 四、车间安全用液

现代汽车使用多种油液，如果处理不当可能会对人体造成危害。

现代汽车使用的油液中有很多是有毒的，在使用过程中不会被耗尽，因此在维修、维护的过程中应尽可能远离身体接触，以保证作业人员健康。比亚迪e5使用的液体主要有：制动液、空调制冷剂、润滑油/脂、冷却液、蓄电池酸液等。

#### 1. 制动液

制动液溅到皮肤与眼睛会有稍许的刺激，应尽可能避免接触皮肤与眼睛。由于其蒸汽压力非常低，故在常温下吸入的危险性不高。

#### 2. 空调制冷剂

空调制冷剂是一种高度可燃物，所以储存与操作时要远离阳光暴晒与火源。制冷剂极易挥发，挥发时会带走大量的热，因此要防止制冷剂液体直接接触皮肤，避免冻伤。

使用空调制冷剂时要注意的事项：

（1）不要在密闭的环境内或接近明火的区域处理制冷剂。
（2）务必戴上护目镜。
（3）注意不要让液体制冷剂溅入眼睛或溅到皮肤上，如果液体制冷剂溅入眼睛或溅到皮肤上，用大量冷水清洗这些部位，在皮肤上涂抹干净的凡士林，并且不可擦拭。视情况寻求医疗援助。
（4）在加注制冷剂时，不可将制冷剂瓶跌落，不可将制冷剂直立，保持其阀门朝下。
（5）不可将不同的制冷剂混合。

#### 3. 润滑油/脂

应避免长时间接触润滑油或润滑脂，所有的润滑油、润滑脂都对眼睛与皮肤有刺激性，会造成皮肤自然油脂的丧失，导致干燥、发炎与皮炎。使用过的润滑油可能含有会导致皮肤癌的有害污染物，所以在操作时必须要使用皮肤保护设备，并备有适当的冲洗设备。比亚迪e5中常接触的润滑油是使用过的变速器油，常接触的润滑脂是锂基润滑脂。

更换变速器油时应遵循以下安全守则：

（1）穿戴保护衣物，包括不能渗透的手套。
（2）开放性伤口要在第一时间得到紧急处理。
（3）操作完成后要用肥皂与清水清洗，清洗后涂抹含有羊毛脂的润肤剂可以补充皮肤上失去的天然油脂。

（4）不可使用汽油、煤油、柴油、稀释剂或溶剂来清洁皮肤。

（5）在作业前，尽可能除去零部件上的油脂。

### 4. 冷却液

冷却液中含有乙二醇，在受热时可能会产生蒸汽，应避免灼伤和吸入这些蒸汽。经由皮肤吸收的冷却液可能达到有毒或有害的剂量。误服冷却液可能会致命，应立即送医院救治。

### 5. 蓄电池酸液

（1）蓄电池酸液对皮肤、眼睛、鼻、喉咙有刺激性及侵蚀性，会造成灼伤；能腐蚀普通衣物。应避免泼溅到皮肤、眼睛与衣物上，并佩戴适当的防护围裙、手套与护目镜。务必要在近处准备好水源与肥皂，以便发生泼溅意外时取用。

（2）充电时会释放具有爆炸性的气体。故切勿在充电中或刚充完电的蓄电池附近使用裸焰或火花，应保持良好的通风。

## 五、其他安全注意事项

### 1. 黏结剂及密封剂

务必要非常小心地处理黏结剂及密封剂；可能含有对身体有害的化学成分或者会放出对健康有害的烟雾，使用时一定要遵守制造业者的说明。如果对特定用途的任何专用黏结剂或密封剂的适用性有疑问，则联系该产品的制造业者，了解有关储藏、处理与应用的信息。

（1）溶剂基黏结剂或密封剂。大多以聚合物乳胶与合成橡胶为基础，可能含有少量的挥发性有害化学物质，应避免接触皮肤与眼睛，并在使用时保持良好的通风。

（2）热熔黏结剂。在固态的情况下，它们是安全的。在融化的状态下，它们可能会导致燃烧，且可能挥发出有毒气体，从而对健康造成危害。

（3）树脂基黏结剂或密封剂。混合时应在通风良好的地方作业，因为它们可能会释放出有害或有毒的挥发性化学物质。

氰基丙烯酸酯（超级黏胶）以及其他的丙烯酸黏结剂大部分具有刺激性，会造成过敏或对皮肤与呼吸道有害；部分会刺激眼睛。应避免与皮肤、眼睛直接接触，并遵守制造厂商的使用说明。

### 2. 焊接安全

（1）焊料。

焊料是多种金属的混合物，混合物的熔点比组成的金属（通常是铅和锡）低。在焊接的过程中通常不会产生有毒的含铅气体。在焊接过程中不能使用含氧的乙炔火焰，因为它们温度很高，会产生含铅的烟雾。在火焰喷射到带有油脂的表面上时可能会产生一些烟雾，应避免吸入。

除去多余的焊料必须格外小心，并确保不会产生细小的铅尘，吸入铅尘会对人体有危害。必须佩戴防毒面具，以避免摄取铅或吸入焊料的灰尘。

焊料的泄漏物和挫屑必须统一收集并迅速处理，以防止空气被铅污染。

（2）电弧焊。

电弧焊时会有大量的紫外线辐射，紫外线辐射会对操作员和其他附近的人员的皮肤和眼睛带来伤害。气体保护焊相当危险，必须穿戴个人防护服，并使用防护屏保护其他人。在使用电弧焊时，建议隐形眼镜佩戴者恢复佩戴普通眼镜。弧光会释放出微波使隐形眼镜佩戴者角膜与镜片间因失水而干涩，甚至会使人失明。

当焊芯或其保护层被污染时，焊接弧光的热量会使金属熔池在焊接时产生烟和气体，这些气体可能有毒害，应避免吸入此类气体，必须排除工作区域内的有毒气体，特别是在空气流通不畅时或预先知道有大量焊接时。在特别情况下或在狭小的区域内进行焊接必须戴上氧气罩。

在使用电弧焊时会有金属飞溅，必须采取正确的措施对眼睛和皮肤进行有效防护。

（3）气焊（气割）。

在焊接和切割时会使用氧乙炔焰切割，因此要特别小心此类气体的泄漏，如不小心，会带来燃烧或爆炸。使用气焊时会产生金属溅落物，必须采取适当的保护皮肤和眼睛的措施。

使用气焊时会产生一些有毒气体，但此类有毒气体是由焊接涂层特别是切割损坏部分产生的。应避免吸入此类气体。铜焊时，铜焊条中的金属会产生有毒气体，铜焊条中有铬时会非常危险。当此类情况发生应特别小心避免吸入有毒气体，并寻求专家的帮助。

在有易燃物的汽车内，不论进行何种焊接或切割，之前都应采取特别的防范措施。

## 实践技能

首先，在维修、维护、保养高压部件时，禁止带电作业；其次，要先将车钥匙置于OFF挡，并断开低压蓄电池负极电缆；最后，要使用高压绝缘胶垫、手套、防护鞋等。

## 六、车间安全生产操作规程

（1）各工种员工必须正确使用常用/专用工具、量具、设备，禁止违规使用（违反该设备使用说明书）。

（2）各工种员工必须遵守通用的《安全生产操作规程》和本工种的安全操作规程、规则。

（3）各工种在敲击、碰撞作业时，禁止使用相同刚性（硬度）的工件进行碰击作业，避免碰击产生的金属屑伤人。

（4）严禁对工具、设备及车辆等使用蛮力。比如超负荷使用工具、延长加力杆、增加加力杆等。使用叉车、吊车进行作业时，必须遵守该设备操作规程。

（5）机修工、钣金工、漆工禁止混合同时在同一车间作业。严禁多工种同时在同一车辆上进行作业。

（6）各工种在作业前必须确认该车支撑牢固、安全可靠后，方可进行作业。车轮前后未塞垫块，禁止钻入车底作业。

（7）在油箱周边5 m内进行焊接作业时，必须用石棉被将油箱盖严实。周边10 m内有易燃易爆物品时，禁止动火、施焊作业。

（8）氧气瓶、乙炔瓶等之间安全距离为5～8 m，少于5 m属违规作业。储存氧气、乙炔时，空瓶、重瓶各自单独存放，不得混存，分存间距要大于5 m。

（9）阳光不得直射（晒）氧气瓶、乙炔瓶，必须露天作业时应对其进行遮光处理。

（10）搬运氧气瓶、乙炔瓶时要轻装轻卸，禁止碰撞，禁止混运。禁止非驾驶员在厂内驾驶、挪动机动车。叉车在使用前必须经领导批准同意，上路时必须是持证者驾驶。

（11）在同一辆车上禁止上、下同时作业。

（12）焊、割驾驶室以及其他在驾驶室内外动火作业时，动火前必须备一桶水、一至两块湿毛巾，防止引燃塑料件、橡胶件。

（13）各工种动用砂轮机、切割机时必须佩戴平光眼镜，焊工进行气割、气焊作业时必须佩戴浅色平光眼镜，各工种动用手砂轮机进行除锈抛光作业时必须佩戴平光罩保护眼镜。

（14）凡在罐体等封闭环境内作业时，必须保证通风、换气可靠，同时在外应有监护人，需要照明时，事先检查导线是否可靠，绝对不能漏电。

（15）车间手持工作灯必须使用低压电（36 V），严禁使用 220 V 电源。厂区不得有裸露开关，所有用电设施必须有可靠的安全保护装置。

（16）电动禁止将充电机随车充电，充电必须在充电车间进行。

（17）车间、厂区要配置一定数量的有效灭火器（平均间距 10 m 一支），配备有灭火沙若干堆，配有消防池若干个。

（18）车间、库房内禁止吸烟，吸烟区应规定在客户休息室、门卫室或另设专门的吸烟区，吸烟者应自觉到吸烟区吸烟。

（19）各工种用完的专用/公用工具、设备应按规定放置整齐。

（20）凡是上班时间，一律按规定穿戴劳服用品，工作服必须干净整洁。

（21）员工应保持车间、设备整洁，为安全生产创造一个良好的环境。

## 七、比亚迪 e5 高压下电

新能源汽车高压安全下电操作

### 1. 检查场地及安装警戒标志

（1）检查场地，确认符合作业环境。

（2）检查自身，确认没有佩戴金属饰品、钥匙、硬币等，如果有，则将其取下并放到储物箱中妥善保存。

（3）安装警戒标志，包括拉警戒遮拦、悬挂警示标志等，如图 1-3-7 所示。

（4）找至少一名安全监护人。

图 1-3-7　警戒遮拦及警示标志

### 2. 切断低压电源及拆除附件

（1）将电源挡位退至"OFF"挡，确保电源挡位处于"OFF"位置。

（2）拔下钥匙，将智能钥匙移出车辆探测范围，放到储物箱中锁好。

（3）断开低压蓄电池负极端子。

注意：断开低压蓄电池负极端子后要等待5 min后才能进行高压部分的操作。

（4）打开中央置物盒盖，拆下置物盒四个固定螺丝，取下置物盒，如图1-3-8所示。

图1-3-8　比亚迪e5维修开关位置

### 3. 穿戴绝缘工具

绝缘防护用具主要包括绝缘帽、护目镜、绝缘手套及绝缘鞋。在穿戴绝缘防护用具时，最好按一定的顺序进行比如自上而下等，防止遗漏。

注意：在穿戴绝缘手套时要检查其绝缘等级及完好程度。绝缘等级应为1 000 V/300 A以上，如图1-3-9所示，绝缘手套应不漏气。

### 4. 拆卸维修开关

（1）解除维修开关锁，拔下维修开关并将维修开关放到储物箱中锁好。

拆除维修开关盖板，可以看到维修开关，如图1-3-10所示。

（2）安装替代安全塞，如果没有替代安全塞，则建议用绝缘胶带封住并装上中央置物盒。

图1-3-9　绝缘手套的绝缘等级

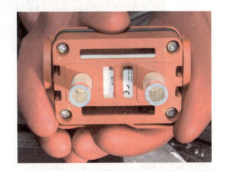

图1-3-10　维修开关

## 八、比亚迪e5高压上电

新能源汽车维护维修作业结束后要进行整车上电。整车上电的作业流程为：

新能源汽车高压安全上电操作

### 1. 上电前防护工作

（1）找一名监护人。

（2）穿戴绝缘防护用具。

穿戴绝缘防护用具的注意事项参考比亚迪e5纯电动汽车高压下电操作中的要求。

## 2. 安装维修开关

（1）抬起中央置物盒盖取下置物盒。
（2）从储物箱中取出维修开关。
（3）安装维修开关，锁止维修开关。

## 3. 安装置物盒

安装置物盒及四个固定螺丝，盖好中央置物盒盖。

## 4. 连接低压电源，检查上电情况

（1）安装蓄电池负极。
（2）踩住制动踏板，按下起动按钮，检查仪表盘上 OK 灯是否亮起，OK 灯点亮，表明上电正常，如图 1-3-11 所示，上电完成。

注意：安装完维修开关后的操作不牵扯高压部分，因此可以不再穿戴绝缘防护用具。

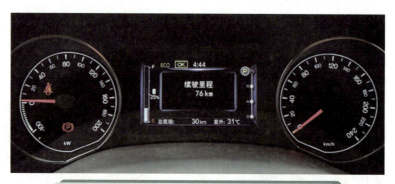

图 1-3-11 上电完成 OK 灯点亮

### 单元小结

1. 比亚迪 e5 高压部件主要有：动力电池、高压盒、电机控制器、车载充电机、DC/DC、空调压缩机和空调 PTC。相应的整车高压线束分为 5 段。需要注意的是：驱动电机也属于高压部分，但是比亚迪 e5 的驱动电机与电机控制连接的高压线束与驱动电机是做成一体的，因此在对高压部分进行划分时，往往将其单独拿出。

2. 电动汽车设计高压互锁的目的主要有：
（1）在整车高压上电前，确保整个高压系统的完整性，使高压处于一个封闭的环境中，从而提高其安全性。
（2）当整车在运行过程中，高压系统回路开路或完整性受到破坏的时候，自动起动安全防护——高压系统断电。
（3）防止带电插拔高压连接器时给高压端子造成的拉弧损坏。

任务4 新能源汽车维护接待

# 新能源汽车维护接待

### 任务导入

小王在新能源汽车某4S店担任维修接待员,今天有一辆比亚迪e5来店做3万km保养,需要小王接待。你知道汽车维护、维修接待的流程是什么样的吗?接待客户时有什么注意事项呢?

### 学习目标

1. 能与客户交流并建立良好的客户形象。
2. 能为客户制定正确的维护、维修接待流程。
3. 能与客户建立长期联系并进行适当电话回访。
4. 能规范地进行环车检查。
5. 能进行竣工检查。
6. 能礼貌、规范地进行维护、维修结算。

### 理论知识

"客户至上、服务至上"作为一项服务宗旨,反映了公司对员工的期望,而每一位员工的一言一行都代表着企业的形象,对客户能否进行优质的服务直接影响到公司的声誉,一个拥有再多汽车的4S店,对顾客服务不周到、态度不佳,恐怕也会造成公司信誉的不断下降,最终流失客源。

由此可见,业务接待是企业文明的窗口,是企业管理的体现,是企业技术、公关的标志。每一次业务接待都是反映公司形象、表现对客户的态度、体现公司精神面貌、抓住客户心理赞同的最好途径。

# 一、接待员礼仪、举止规范

业务接待员不仅要具有汽车专业理论知识，良好的职业道德修养，较好的气质仪表；还要严格按照职业礼仪来规范自己的行为。接待员的仪表仪容如图1-4-1所示。

## 1. 着装规范

（1）按季节统一着装，整洁、得体、大方。
（2）衬衫平整干净，领子与袖扣没有污渍。
（3）穿西服应配领带，注意领带和西服的颜色要相配。
（4）胸卡要佩戴在左胸位置，卡面整洁、清晰。
（5）穿深色皮鞋，保持鞋面干净、光亮。
（6）服装要得体，不可奇装异服，不可过分华丽。

## 2. 仪容规范

图1-4-1 接待员的仪表仪容

（1）头发干净整齐，有一个合适的发型，保持清洁，男性顾问不可留长发。
（2）面部清洁，女性顾问要化淡妆，不能浓妆艳抹，男性顾问要经常剃胡须。
（3）指甲不能留太长，要注意修剪。
（4）口腔保持清洁，不吃有异味的食物。

## 3. 举止规范

（1）微笑。微笑是最好的服务，在任何情况下都要微笑接待每一位客户。
（2）招呼。要主动与客户打招呼，目光注视客户。使用业务接待中常用的招呼语言，如：请，您好，对不起，麻烦您，劳驾，打扰了，见到您很高兴，非常感谢，再见。
（3）握手。握手是我们日常工作中最常使用的礼节之一。接待客户时，接待人员应主动把手伸向客户，表达诚意。握手时要有一定的先后顺序，一般顺序是上级在先，长者在先，女性在先。握手力度不可过猛或者毫无力度，要注视对方并微笑。

注意：接待女客户时不可主动伸手，更不可双手握。

（4）自我介绍。在介绍自己的姓名及职务时，要清晰明了，坦诚亲切。在介绍的同时，可以递交自己的名片。在递交名片时要双手送出（见图1-4-2）。在接客户的名片时要用双手，接过后要收藏好名片，不可随意放在桌子上。

图1-4-2 接待员的举止规范

（5）引路。在客人的左前侧为其示意前进方向。

（6）送客。在客人的右前侧为其示意前进方向。

## 二、电话礼仪

### 1. 拨打电话的礼仪

（1）问候、告知自己的姓名。

注意事项：先报出自己的姓名，讲话时要有礼貌。

基本用语：您好，我是××公司的××。

（2）确认电话对象。

注意事项：必须要确认电话的对方。如与要找的人接通电话后，应重新问候。

基本用语：请问是××公司的××吗？麻烦您，我要找××公司的××。

（3）讲明去电目的。

注意事项：对时间、地点、数字等进行确切的传达。

基本用语：今天打电话是想向您咨询一下关于××。

（4）结束语。

注意事项：语气诚恳，态度和蔼。等对方放下电话后，再放下自己的电话。

基本用语：谢谢，麻烦您了，那就拜托您了。

### 2. 接听电话的礼仪

（1）拿起电话听筒，并告知对方自己的姓名。

注意事项：告知对方自己的名字；在电话机旁准备好记录用的纸笔；音量适中，不要过高。

基本用语：您好，我是××公司××，请问有什么可以帮助您的？电话响铃3声以上时说"让您久等了，我是××公司××。"

（2）确认对方。

注意事项：确认对方的身份；如是客户，表达感谢之意。

基本用语：××先生，您好；感谢您的关照。

（3）听取对方来电的用意。

注意事项：必要时进行记录，谈话内容不可脱离主题进行。

基本用语：是，好的，清楚，明白等。

（4）确认。

注意事项：确认时间、地点、对象、事由，如果是留言，记录下电话时间和留言人。

基本用语：请您再重复一遍，您看这样对吗？

（5）结束语。

注意事项：感谢对方来电，等对方放下电话后再挂断自己的电话。

基本用语：清楚了，请放心，我一定转达，谢谢，再见。

## 三、客户接待技巧

### 1. 提问技巧

在交流中,提问是交流的一大技巧,适当的提问可以帮助你发现和收集客户的信息,使你准确地把握客户的需求,为客户提供更好的服务。一个业务接待人员的服务技能怎样,服务经验是否丰富,从提问中就可以看出来。

提问可以分为两种:一种叫作开放式的问题;一种叫作封闭式的问题。

(1)开放式的问题。

可以让客户比较自由地讲出自己的观点,这种提问方式是为了了解一些事实。一般以"是什么""怎么样""为什么"等开始询问。

比如,请问您的车有什么故障?

当客户叙述故障的时候,往往就会从汽车听到的噪声、驾驶的感受、发动机的性能等角度进行描述,业务接待人可以接收更多的信息来对故障车辆进行诊断。

(2)封闭式的问题。

这是为了完全帮助客户进行判断,客户只能回答是或者不是的问题。例如,问客户:噪声像敲击金属的声音吗?打开空调以后是否有冷风吹出?

### 2. 沟通技巧

除了提问技巧之外,业务接待员还要拥有言谈技巧、倾听技巧、接待投诉客户的技巧等,如表1-4-1所示。

表1-4-1　4S店接待员沟通技巧

| | |
|---|---|
| 沟通的原则 | 原则一:客户永远是正确的<br>原则二:敢于面对、积极主动、以诚相待<br>原则三:耐心倾听顾客的声音<br>原则四:要站在客户立场上将心比心<br>原则五:迅速采取行动<br>原则六:记录过程,吸取教训,总结经验 |
| 沟通方式 | 倾听技巧：技巧一:不要随意打断客户<br>技巧二:适当复述,以帮助准确理解<br>技巧三:肯定对方谈话的价值<br>技巧四:配合恰当的肢体语言<br>技巧五:保持微笑 |
| | 言谈技巧：技巧一:言语有度<br>技巧二:准确运用肢体语言<br>技巧三:避讳隐私<br>技巧四:保持正确的礼仪距离<br>技巧五:经常使用基本的礼仪用语 |

续表

| 面对投诉 | 技巧一：合作。如：我有一个建议，您是否愿意听一下？<br>技巧二：询问。真正确定对方想什么，才可能达成双方都能接受的解决方案。<br>技巧三：回形针策略。当接待情绪激动的客户时，请求客户随手递给自己一些类似回形针、笔、纸等东西，当客户递交自己时，立马向顾客表示感谢，为两人创造一种合作的氛围。<br>技巧四：发掘"需要"。最好的发掘需要的方法是多问几个为什么。<br>技巧五：管理对方的期望。接待员应该直接告诉客户自己能够为他做些什么。<br>技巧六：感谢。一句感谢比一句道歉更重要。 |
|---|---|

## 四、汽车维修服务流程

汽车维修服务流程如图1-4-3所示，一般是从预约开始，经过店面接待，维修作业，竣工检查，结算交车，最后跟踪回访。近年来，为了提高服务质量，大部分4S店在此基础上增加了客户招揽，为4S店的销售起到了锦上添花的作用。

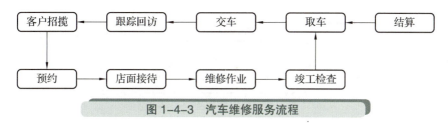

图1-4-3 汽车维修服务流程

### 1. 客户招揽

对客户进行招揽的目的是：
（1）提高汽车品牌的知名度。
（2）提高客户对汽车品牌的满意度，提高4S店的收益。
主要的招揽方法有：
（1）采用直接联络的方式，如电话预约，E-mail提醒，上门服务等。
（2）采用广告宣传方式，如电视广告，报刊广告，传单派发，网络宣传等方式。
（3）采取其他优惠政策，如VIP服务，会员制，满减制等。

### 2. 预约

预约的好处：
（1）方便客户根据自己的日程安排服务时间，节约客户时间。
（2）可以为更多的客户提供优质的服务。
（3）可以事先准备好备件，减少外部因素对工作效率的影响。
与客户预约的方式一般是通过电话，电话预约的流程如图1-4-4所示。

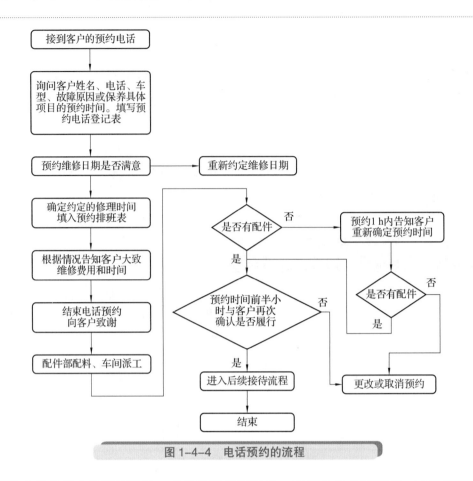

图 1-4-4 电话预约的流程

预约人员为客户做好预约后,应当及时做好记录,以便日后有证可查,表格有预约登记表,如表 1-4-2 所示,维修预约确认单如表 1-4-3 所示。

表 1-4-2 预约登记表

| 填表时间 | 年　月　日　时 | | | | |
|---|---|---|---|---|---|
| 车型： | 车号： | 发动机号： | | | |
| 车主： | 联系电话： | 接待员： | 预约时间：年　月　日 | | |
| 故障陈述 | | 维修项目 | | | 跟踪情况 |
| | | | | | |
| | | | | | |
| | | | | | |
| | | | | | 客户签名： |
| 说明：<br>1. 此表用于客户预约服务的登记。<br>2. 此表要作为客户跟踪的依据。<br>3. 业务人员要在客户预约前进行提醒 | | | | | |

表 1-4-3 维修预约确认单

| 客户名称 | | | 联系人 | |
|---|---|---|---|---|
| 客户地址 | | 客户住址 | | |
| 客户电话 | | 来厂时间 | 年 月 日 时 分 | |
| 维修项目： | | | | |
| 预约进厂时间 | | | | |
| 预计出厂时间 | | | | |
| 客户其他要求 | | | | |
| 客户预交定金 | | | 定金接收人签字盖章 | |
| 接待员 | | | 公司业务电话： | |

进行预约服务时要注意：要让预约的客户享受到预约的待遇，与未预约的客户要区分开来，这是决定客户下次是否会预约的重要因素。可以从以下几点着手：

（1）让客户认同预约，感受到预约的好处。

（2）在客户接待区放置告示牌，提醒客户进行预约。

（3）把预约的客户名单写入欢迎板，接待人员能喊出客户的名字，让预约客户感受到尊重和关注。

（4）经常向未预约的客户宣传预约的好处，增加预约率。

## 3. 店面接待

店面接待属于服务流程中直接与客户接触的第一个环节，通过与客户的沟通交流，使用户对企业建立信任。为了避免客户在提车时产生不必要的误会，接待员在车辆进入维修车间前必须与客户一起对车辆进行环车检查，并填写环车检查单，如表 1-4-4 所示。

表 1-4-4 环车检查单

| 外观检查 | 功能确认：（正常工作√ 不正常 ×）<br>□ 音响系统    □ 门锁<br>□ 全车灯光    □ 座椅<br>□ 后视镜      □ 天窗 |
|---|---|
| | 物品确认：（有√ 无 ×）<br>□ 贵重物品提示    □ 油量<br>□ 工具    □ 备胎    □ 其他<br>旧件是否交还：<br>□ 是    □ 否 |

环车检查的主要内容有车辆外观是否有漆面损伤、车辆玻璃是否完好、内饰是否有脏污、仪表盘表面是否有损坏、随车附件是否齐全、车内及行李厢内的贵重物品等。

环车检查的目的:

(1) 使维修企业免受不应有的赔偿(如已存在的划伤以及丢失的个人财产)。

(2) 确定用户没有察觉的维护需要(如车身划伤或压痕、轮胎异常磨损、雨刮器刮片磨损)。

环车检查完成后,填写接车问诊单(见表1-4-5),并请客户签字确认。

表1-4-5 接车问诊单

| 车牌号: | 行驶里程: | 车架号: |
|---|---|---|
| 用户名: | 电话: | 来店时间: |
| 用户陈述及故障发生时的状况: | | |
| 故障发生状况提示:行驶速度、发动机状态、发生频率、发生时间、部位、天气、路面状况、声音描述 | | |
| 接车员检测确认建议: | | |
| 检测确认结果及主要故障零部件: | | |
| | | 检查确认者: |
| 注意:接车问诊单一式两份,一份交由客户保管,一份交由企业保管 | | |

整个接待过程包括从客户将车停好到维修人员与客户进行沟通这一时间段。在这个过程中由相应的维修业务接待员进行接待,此过程需注意以下几个问题:

(1) 沟通时间不少于7 min,这样可以充分了解客户的需求;可以挖掘更多的潜在利润;建立一定的感情基础,有利于后续工作的开展。

(2) 如遇到技术方面等自己解决不了的问题,需像维修人员求助,不可擅作主张。

(3) 当着顾客的面铺单件套(一次性座套、方向盘套、脚垫),检查车辆要认真仔细,但又不可让客户感觉我们过度防范。

(4) 建议客户将车中的贵重物品取走,并为客户提供袋子。

## 4. 维修作业

制作维修估价单。确认接车问诊单,同时根据施工单填写维修代码、名称、作业时间等。维修估价单如表1-4-6所示。

表 1-4-6 维修估价单

客户：　　　　　车型：　　　　　VIN：　　　　　日期：

| 维修项目 | 工时费 | 零件代码 | 零件名称 | 数量 | 售价 |
|---|---|---|---|---|---|
|  |  |  |  |  |  |
|  |  |  |  |  |  |
|  |  |  |  |  |  |
|  |  |  |  |  |  |
| 计费方式 | 工时费 |  | 维修费 |  | 零件费 |
| 费用总计 |  | 接待员签字 |  | 客户签字 |  |
| 备注 |  |  |  |  |  |

增补（追加）维修

| 维修项目 | 工时费 | 零件代码 | 零件名称 | 数量 | 售价 |
|---|---|---|---|---|---|
|  |  |  |  |  |  |
|  |  |  |  |  |  |
|  |  |  |  |  |  |
| 计费方式 | 工时费 |  | 维修费 |  | 零件费 |
| 零件费合计 |  | 接待员签字 |  | 客户签字 |  |
| 备注 |  |  |  |  |  |

维修接待人员待客户签字确认维修工单后，将维修工单交给维修车间。车间维修人员接到派工单后，应及时、全面、准确地完成维修项目，不应超出维修范围进行作业。维修人员要爱惜客户的车辆，注意车辆的防护和清洁卫生，做到文明生产、文明维修，做到零件、工具、油水"三不落地"，随时保持维修现场的整洁。

## 5. 竣工检查

维修作业结束后，首先进行质量检查，质量检查合格后再进行一系列交车前的准备工作。这些准备包括车辆清洁、整理旧件、完工审查和通知客户取车。竣工检查的流程见图 1-4-5。

（1）质量检查。

质量检查（见图 1-4-6）有助于发现维修过程中的失误和验证维修的效果。质量检查是维修服务流程中的关键环节，维修人员将车辆维修完毕后，须由质检员进行检查并填写质量检查项目，必须由试车员进行试车并填写试车记录。

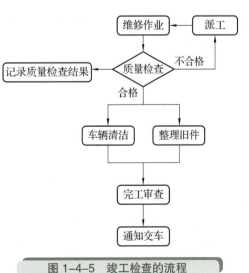

图 1-4-5 竣工检查的流程

（2）车辆清洁。

客户的车辆维修完毕后，应该进行必要的车内外清洁，以保证车辆交付给客户时维修完整、内外清洁、符合客户要求，如图1-4-7所示。

图1-4-6 质量检查

图1-4-7 车辆清洁

（3）整理旧件。

如果维修工单上显示客户需要将旧件带走，维修技术员则应将旧件擦拭干净，包装好，放在车上或放在客户指定的位置，并通知维修业务接待员。

（4）完工审查。

承修车辆的所有维修项目结束并经过检验合格后，业务接待进行完工审查。完工审查的主要内容：核对维修项目、工时费、配件材料数量，材料费是否与估算的相符，完工时间是否与预计相符，故障是否完全排除，车辆是否清洁，旧件是否整理好。审查合格后通知客户取车。

## 6. 结算交车

在客户来接车之前，维修接待员应把结算交车单（见表1-4-7）打印好，客户到维修服务企业后，维修接待员接待客户，向客户说明车辆的维修情况和结算交车单内容。这么做是为了尊重客户的知情权，消除客户的疑虑，让客户明白消费内容，提高客户的满意度。

表1-4-7 结算交车单

客户：　　　　　车型：　　　　　车牌号：　　　　　日期：

| 维修类型 | 班组 | 工时费 | 材料费 | 管理费 | 税费/% | 总额 |
|---|---|---|---|---|---|---|
|  |  |  |  |  |  |  |

| 序号 | 材料名称 | 单位 | 数量 | 单价 | 金额 | 备注 |
|---|---|---|---|---|---|---|
| 1 |  |  |  |  |  |  |
| 2 |  |  |  |  |  |  |
| 3 |  |  |  |  |  |  |
| 4 |  |  |  |  |  |  |
| 5 |  |  |  |  |  |  |
| 总额 | 小写：¥　　　元 | 大写：万 仟 百 拾 元 角 分 |

制表：　　　　　财务：　　　　　复核：

交车时在客户面前取下座椅套、胶垫和方向盘护套，向客户提供相关维护的专业建议，提醒客户下一次定期保养的时间。陪同客户去财务中心付款，介绍跟踪回访服务，最后向客户致谢并引导客户车辆出店。

### 7. 跟踪回访服务

当客户提车离厂后，维修企业应在 3 日之内进行跟踪回访。其目的不但在于体现对客户的关心，更重要的是了解对维修质量、客户接待、收费情况和维修的时效性等方面的反馈意见，以利于维修企业发现不足、改进工作。

回访人员应做好回访记录，填写回访记录表（见表 1-4-8）作为质量分析和客户满意度分析的依据。

表 1-4-8　回访记录表

日期：

| 客户信息 | | 服务质量 | | 意见及建议 |
| --- | --- | --- | --- | --- |
| 姓名 | | 工作人员态度 | | |
| 车牌号 | | 工作人员业务水平 | | |
| 联系电话 | | 工作人员效率 | | |
| 维修单号 | | 收费情况 | | |
| 出厂时间 | | | | |
| 现行驶里程 | | | | |
| 车况 | | | | |

填写跟踪记录时，如有顾客不满或投诉应先向顾客的配合致谢并立即向服务经理汇报情况，尽快采取合理措施。填写完跟踪记录表以后应对其进行存档，每月底总结一次当月跟踪服务的结果，向服务经理报告并提出整改方案。

### 拓展阅读

## 五、接待员的岗位职责及技能要求

在汽车维修企业中，汽车维修接待是指主要负责客户的接待，以及客户来电咨询的接听和解答，仔细问诊和安排好维修工作，做好维修人员和客户之间车辆信息的及时反馈，与客户交谈并向客户推荐定期保养及精品，定期对客户进行回访的工作人员。

### 1. 岗位职责

汽车维修接待是汽车企业中负责客户接待的工作人员，客户进入汽车维修企业，第一个接触到的人就是汽车维修接待。汽车维修接待岗位职责主要有以下几点：

（1）接待维修车辆客户，记录和判断车辆故障并安排维修；
（2）汽车保修索赔的处理和事故车定损；
（3）对客户资料进行整理、归档；
（4）与客户搭建良好沟通，做好客户维护工作；
（5）对维修车辆状态进行追踪跟进，确保维修质量；
（6）协助客户做好车辆维修费用的结算工作；
（7）负责客户的满意度跟踪，处理客户意见；
（8）负责工作区域的 5S 的执行落实；
（9）宣传本企业，推销新技术、新产品，解答客户提出的相关问题，开发新客户市场。

## 2. 技能要求

汽车维修接待作为汽车维修企业的一个形象展示窗口，必须具备一定的岗位技能，这样才能保证汽车维修企业在客户心中的形象，确保客户满意度。以下是汽车维修接待需要掌握的岗位技能：

（1）具备汽车理论和维修方面的知识，了解汽车行业及汽车构造。
（2）有良好的服务营销知识、沟通协调能力强。
（3）会计算机操作的基本操作，熟练使用 Office 办公软件、售后服务的操作软件。
（4）熟悉保险公司理赔。
（5）熟练掌握售后服务接待操作流程和要求。
（6）有一定的汽车驾驶技能。

此外，具有良好的英文听、说、读、写能力，也是汽车维修接待员非常重要的一项岗位技能，而且这项技能在这个快速发展的社会日益重要。

# 实践技能

## 六、比亚迪 e5 电动汽车维护接待

汽车服务接待标准流程

### 1. 店面接待

#### 1）自我介绍

"您好，请带好您的贵重物品下车。欢迎光临北汽新能源汽车 4S 店，我是本店的服务顾问×××。这是我的名片，您可以叫我×××。请问先生/女士您贵姓。"

#### 2）情况问询

情况问询包括：
（1）项目情况："×××先生/女士，请问您来 4S 店是做维修还是做保养？"
（2）预约情况："请问您是否有预约？"如果有预约，则按照预约安排维修或维护作业；如果没有预约，则首先向客户说明预约的好处及预约的方法，然后安排相应的维修、维护作业。

3）登记车辆信息

（1）提醒顾客收好贵重物品并出示您的保修手册、行驶证、车钥匙。

（2）安装车内防护三件套（包括脚垫、方向盘套和座椅套），粘贴座椅位置标签。

（3）登记车辆信息（包括车牌号和VIN码）。

## 2. 环车检查

### 1）车内检查

（1）检查点火开关、仪表盘、故障灯状态、上电情况，并做相应记录。

（2）记录行驶里程数。

（3）检查空调系统、中控台、方向盘、座椅调节及安全带，并做相应记录。

（4）检查储物槽有无贵重物品遗留，如有遗留，则做相应处理。

（5）打开前机舱盖和慢充口盖。

### 2）检查车辆左前部（见图1-4-8）

（1）检查左前车门、后视镜、翼子板及漆面有无损伤、划痕，并做相应记录。

（2）检查轮毂表面有无划痕、磕伤，气门嘴帽有无丢失，并做相应记录。

（3）检查轮胎磨损情况，并做相应记录。

### 3）检查车辆正前方

（1）检查车顶漆面有无损伤、划痕，并做相应记录。

（2）检查前挡风玻璃有无裂纹、划伤，并做相应记录。

（3）检查前格栅、前保险杠有无划痕、损伤，并做相应记录。

（4）检查大灯有无损伤、划痕，并做相应记录。

（5）检查近光灯、远光灯及其他灯光，检查灯光调节功能，并做相应记录。

（6）检查快充口开关状态，并做相应记录。

### 4）前机舱检查（见图1-4-9）

（1）检查高压系统：各线束有无破损、插接件有无松脱，并做相应记录。

（2）检查低压蓄电池电眼及正负极连接情况，并做相应记录。

（3）检查制动液、冷却液、玻璃水液位，并做相应记录。

图1-4-8　检查车辆左前部

图1-4-9　前机舱检查

5）车辆右前方检查

（1）检查右前车门、后视镜、翼子板及漆面有无损伤、划痕，并做相应记录（见图1-4-10）。

（2）检查轮毂表面有无划痕、磕伤，气门嘴帽有无丢失，并做相应记录。

（3）检查轮胎磨损情况，并做相应记录。

（4）检查右前门储物槽有无贵重物品遗留，如有遗留，则做相应处理。

（5）检查座椅调节及安全带，并做相应记录。

6）车辆右后方检查

（1）检查右后车门、翼子板及漆面有无损伤、划痕，并做相应记录。

（2）检查轮毂表面有无划痕、磕伤，气门嘴帽有无丢失，并做相应记录。

（3）检查轮胎磨损情况，并做相应记录。

（4）检查右后门储物槽、右前座椅后背储物袋有无贵重物品遗留，如图1-4-11所示，如有遗留，则做相应处理。

（5）检查安全带，并做相应记录。

图1-4-10 对检查结果做记录

图1-4-11 检查并处理右后门储物槽

7）检查车辆后部

（1）检查后挡风玻璃、尾灯总成有无裂纹、损伤，并做相应记录。

（2）检查行李厢、后保险杠漆面有无划痕、损伤，并做相应记录。

（3）检查行李厢是否正常开启关闭，并做相应记录。

（4）检查行李厢有无贵重物品遗留，如有遗留，则做相应处理。

（5）检查灭火器、三脚架、随车工具、随车充电线是否齐全，并做相应记录。

8）车辆左后方检查

（1）检查慢充口开关状态是否正常，并做相应记录。

（2）检查左后车门、翼子板及漆面有无损伤、划痕，并做相应记录。

（3）检查轮毂表面有无划痕、磕伤，气门嘴帽有无丢失，并做相应记录。

（4）检查轮胎磨损情况，并做相应记录。

（5）检查左后门储物槽、左前座椅后背储物袋有无贵重物品遗留，如有遗留，则做相应处理。

（6）检查安全带，并做相应记录。

9）客户签字，将环车检查单交客户签字确认。

注意：在环车检查的时候可以向客户提供一下选配设备等。

### 3. 下维修委托单

（1）核对客户信息，包括姓名、联系电话、车牌号等。

（2）核对保养项目，说明预计费用。

（3）核对客户信息及保养、维修项目，如图1-4-12所示，说明预计费用。

（4）说明预计工时及工时费用，说明预计总费用。

（5）打印维修委托书并请客户签字。

（6）说明本次维修/维护的预计时长，并与客户预定取车时间。

图1-4-12　核对客户信息及保养、维修项目

（7）问询旧件处理方式：带走或环保处理。

（8）交于客户取车凭证和进出门凭证。

（9）如果客户在店等候取车，则引导客户至休息区。

### 4. 维修、维护作业

对维修、维护作业中查明的问题以及涉及的维修方式和相关费用向客户进行说明，并请客户在维修委托书上签字。

### 5. 竣工检查

（1）准备维修委托书、保养手册、行驶证、车钥匙等。

（2）进行竣工检查，所有保养项目是否全部完成，所有维修项目是否全部完成，所有选配设备是否安装，车辆是否清洗，带走的旧件是否已经包好放到行李厢等。

### 6. 交车检查

（1）请客户出示取车单。

（2）向客户说明维修、维护情况：

①向客户说明内饰清洁情况，座椅已经调整到初始状态，保养里程已经复位。

②打开机舱盖，说明维护作业情况，包括各种油液的添加及更换等。

③向客户说明维修作业的位置及处理方式。

④向客户说明选配设备的安装位置及使用方法。

⑤打开行李厢，请客户检查行李厢物品及旧件。

## 7. 结算

（1）请客户核对费用清单。
（2）打印结算单。
（3）请客户在结算单上签字。
（4）引导客户到收银台。

## 8. 取车

（1）引导客户到取车位置。
（2）与客户预约回访时间。
（3）取下车内防护三件套，包括脚垫、方向盘套和座椅套，粘贴座椅位置标签。
（4）提醒下次保养里程数或保养时间，征得客户同意后将保养提示贴粘贴在挡风玻璃上。
（5）归还保养手册、行驶证和车钥匙等，如图 1-4-13 所示。如果是冬季，则提醒客户对车辆及时充电；如果是夏季，则提醒客户雨天不要对车辆进行充电。

图 1-4-13　归还保养手册并提醒客户相关事宜

## 单元小结

1.业务接待员不仅要具有汽车专业理论知识，良好的职业道德修养，较好的气质仪表，还要严格按照职业礼仪来规范自己的行为。

2.在交流中，提问是交流的一大技巧，适当的提问可以帮助你发现和收集客户的信息，使你准确地把握客户的需求，为客户提供更好的服务。

3.汽车维修服务流程一般是从预约开始的，经过店面接待，维修作业，竣工检验，结算交车，最后跟踪回访。近年来，为了提高服务质量，大部分4S店在此基础上增加了客户招揽。

# 新车交付检查

## 任务导入

小王在新能源汽车某4S店工作,今天销售员卖出一辆新车后说要进行新车交付检查,你知道如何规范地进行新车交付检查吗?

## 学习目标

1. 能快速找到新车交付中重点检查部位的位置。
2. 能对新车的各种功能进行正确规范的操作。
3. 能根据比亚迪e5新车交付检查的内容进行规范的接车PDI。
4. 能根据比亚迪e5新车交付检查的内容进行规范的销售PDI。
5. 能根据结果正确地填写检查记录单。

## 理论知识

### 一、新车交付检查的分类及目的

新车交付检查（Pre-Delivery Inspection），简称PDI。一辆车在从出厂至到客户手中一般要进行三次PDI,分别为：

#### 1. 出库PDI

出库PDI是指商品车交付物流公司发运前进行的质量状态检查,检查单位通常是整车厂的服务管理部技术支持科。目的是：

（1）检验新车的性能,保证新车能经由经销商进行销售。
（2）形成检查报告,提出质量提升计划。

## 2. 接车 PDI

接车 PDI 是指商品车送达经销商处，经销商进行的车辆质量状态验收检查，检查单位是经销商。目的是：

（1）保证从物流公司（运输单位）运来的新车是完好无损的。
（2）对有问题的车辆进行责任界定并形成处理方案。

## 3. 销售 PDI

销售 PDI 是指商品车交付给客户前进行的车辆质量状态检查，检查单位是经销商。目的是：

（1）验证新车状况并将发现的问题进行记录，提出处理意见。
（2）恢复新车的正常工作状态。

为了防止新车在运输过程中发生问题，汽车在离开制造厂前，要将运输中易损坏的零部件拆下另行包装，对一些需要保护的部位加装保护装置等。因此，在进行新车交付检验时，新车必须恢复到正常的工作状态（其主要内容如图 1-5-1 所示），发挥汽车的正常功能，避免用户在使用中发生意外事故。

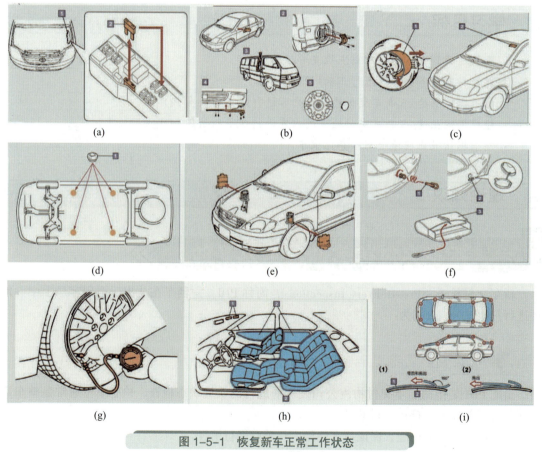

图 1-5-1 恢复新车正常工作状态

（a）安装熔断器；（b）安装汽车制造厂提供的零部件；（c）从制动盘上拆下防锈罩；
（d）安装橡胶车身塞；（e）取下前弹簧隔垫；（f）取下紧急拖车环；（g）调整轮胎空气压力；
（h）除去不必要的标志、标签、贴纸和保护盖等；（i）取掉车身保护膜

销售 PDI 的最终目的是向顾客保证新车的安全性和原厂性能。

## 二、新车交付的流程

以北汽集团新能源为例，新车交付到客户期间各阶段的交付流程如下：

### 1. 新车出库的流程

新车从制造企业运出到进入物流公司之前要进行汽车出库 PDI，出库 PDI 检查单位是整车厂，新车出库的流程如图 1-5-2 所示。

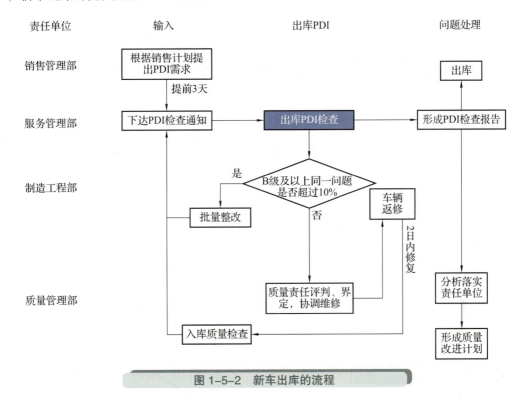

图 1-5-2　新车出库的流程

### 2. 4S 店接车流程

新车从物流公司运出到进入 4S 店入库之前要进行汽车接车 PDI，接车 PDI 的检查单位是经销商，其检查流程如图 1-5-3 所示。

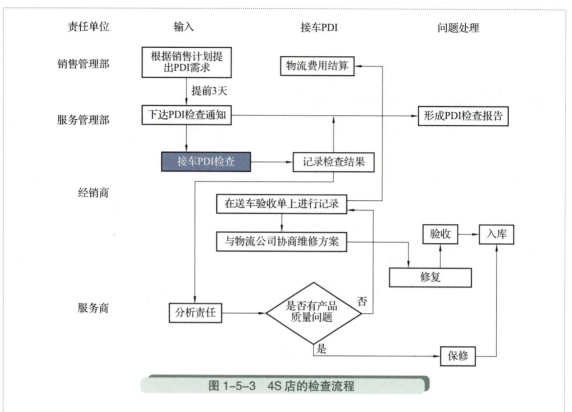

图 1-5-3  4S 店的检查流程

## 3. 新车的销售流程

新车从 4S 店至到用户手中之前要进行汽车销售 PDI，销售 PDI 的检查单位是经销商，其检查流程如图 1-5-4 所示。

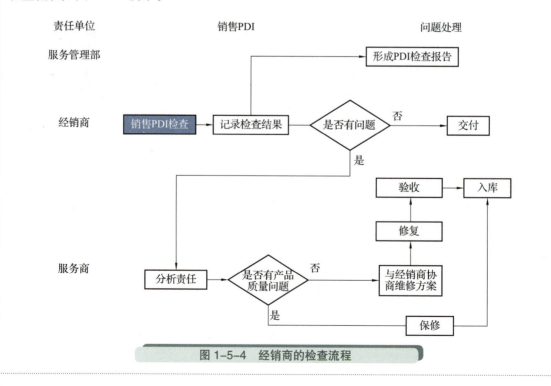

图 1-5-4  经销商的检查流程

## 三、比亚迪e5新车交付检查项目

比亚迪e5的新车交付检查项目包括配备检查、基本检查、前机舱检查和车辆功能检查，其中配备检查、基本检查与前机舱检查如表1-5-1所示，需要修理的项目在检查结果内画"×"，不需要修理的画"√"。

表1-5-1 比亚迪e5的配备检查、基本检查与前机舱检查项目表

| 检查项目 | 检查内容 | 检查结果 | 签字栏 |
| --- | --- | --- | --- |
| 配备检查 | | | 维修人 |
| 1.铭牌及随车资料 | 铭牌有粘贴；随车资料（导航手册）齐全，资料信息与车辆一致 | | |
| 2.随车工具 | 随车工具齐全（备胎，工具三件套，千斤顶） | | |
| 3.出租车 | 计价器及计价器遥控面板、顶灯及顶灯钥匙、空车牌、驾驶员信息栏、禁止吸烟贴、座套（两套）齐全 | | |
| 基本检查 | | | 维修人 |
| 1.外观检查 | 全车漆面，前后风挡，左右车窗，前后车灯表面无磕碰、划伤；车顶装饰条粘贴良好无损坏；车门、机盖、灯具安装各部缝隙均匀，过渡无明显阶差 | | |
| 2.轮胎 | 轮胎表面无割伤，胎压正常；轮辋及螺栓无划伤、生锈；翼子板内衬齐全 | | |
| 3.内饰检查 | 门内侧、门框、方向盘、仪表台、挡位、中央扶手箱、座椅、地毯完好，车顶内饰安装可靠，无划伤，无脏污，车内无杂物 | | |
| 前机舱检查 | | | 维修人 |
| 1.目视检查 | 前机舱中的部件有无渗漏及损伤 | | |
| 2.冷却液液位 | 液位应在MAX¯MIN | | |
| 3.制动液 | 储液罐及软管有无漏液或损伤，液位应在MAX¯MIN | | |
| 4.玻璃水液位 | 液位应在MAX¯MIN | | |
| 5.蓄电池 | 状态、电压，蓄电池接线螺栓是否紧固 | | |
| 6.线束 | 高压线束护套无破损；各插接件连接正常；DC/DC负极与车身搭铁正常；快充线束低压端与车身搭铁正常 | | |

车辆外观检查，如果发现有损伤，除了需要在项目检查表中标明以外，还需要在车辆外观损伤标示图中标明，车辆外观损伤标示图如图1-5-5所示。

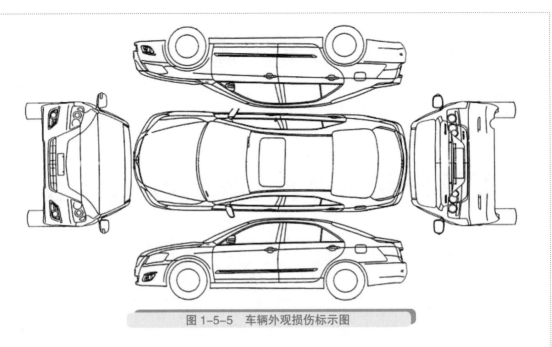

图 1-5-5 车辆外观损伤标示图

比亚迪 e5 的车辆功能检查见表 1-5-2，其中需要修理的项目在检查结果内画"×"，不需要修理的画"√"。

表 1-5-2 比亚迪 e5 的车辆功能检查项目表

| 检查项目 | 检查内容 | 检查结果 | 签字栏 |
| --- | --- | --- | --- |
| 车辆功能检查 |  |  | 维修人 |
| 1. 遥控器及钥匙 | 遥控器及机械钥匙可以有效锁闭及开启 5 门；锁闭后后视镜收起，闪烁灯关闭 |  |  |
| 2. 车门及行李厢 | 4 个车门及行李厢开启和关闭正常 |  |  |
| 3. 车门窗 | 4 个车窗的玻璃升降正常 |  |  |
| 4. 中控门锁 | 使用正常 |  |  |
| 5. 主、副驾座椅 | 座椅调节正常，安全带拉伸及锁闭正常 |  |  |
| 6. 仪表盘各项指示灯 | 上电数秒后各项检测指示灯正常熄灭 |  |  |
| 7. 导航仪及收音机 | 使用正常 |  |  |
| 8. 方向盘 | 上下调节正常，喇叭正常，媒体调节按钮使用正常，方向盘安装正常 |  |  |
| 9. 照明灯光 | 远光灯、近光灯、雾灯、行李厢灯、光束调节系统使用正常，指示灯、转向灯、警示灯、刹车灯、倒车灯、牌照灯、示廓灯使用正常 |  |  |

续表

| 检查项目 | 检查内容 | 检查结果 | 签字栏 |
|---|---|---|---|
| 10. 雨刷 | 喷水器正常，前后雨刷刷水正常 | | |
| 11. 空调 | 制冷和制热正常，风量调节正常，各出风口正常 | | |
| 12. 后视镜（高配） | 两侧及车内后视镜是否正常调节 | | |
| 13. 天窗（高配） | 车内灯、天窗开关正常，车内灯使用正常 | | |
| 14. 遮阳板及化妆镜 | 使用正常 | | |
| 15. 机舱盖、充电口盖 | 开启、闭合正常 | | |
| 16. 倒车雷达/影像 | 使用正常 | | |
| 17. 换挡及驻车制动器 | 操作功能正常 | | |
| 18. 车载终端 | 平台是否可以监控 | | |
| 19. 充电功能 | 快、慢充功能正常 | | |
| 20. 10 km 路试 | 转向、制动、能量回收功能，驻坡能力（20%坡度），制动真空泵起动正常；行驶有无跑偏、摆振；直线行驶方向盘是否对正 | | |

## 四、比亚迪 e5 销售各阶段 PDI 对比

由于新车交付过程中的交付对象不同，不同阶段的 PDI 有不同的目的，因此它们的检查项目也不尽相同，其区别如表 1-5-3 所示。

表 1-5-3 新车不同 PDI 的对比

| 类别 | 检查内容 | 检查记录 | 反馈时间 | 实施单位 |
|---|---|---|---|---|
| 出库 PDI | 包括快、慢充电以及动态路试 10 km 的所有项目检查 | 《比亚迪新能源商品车 PDI 检查记录表》 | 检查完后半小时以内 | 服务管理部 |
| 接车 PDI | 主要做外观检查、配备检查和前机舱检查。重点检查车辆在运输途中有无剐蹭、划伤、脏污等 | 《比亚迪新能源商品车 PDI 检查记录表》 | 每周一反馈检查记录单 | 经销商 |
| 销售 PDI | 除动态路试 10 km 外的所有检查 | 《比亚迪新能源商品车 PDI 检查记录表》 | 每周一反馈检查记录单 | 经销商 |

## 实践技能

### 五、比亚迪 e5 销售 PDI

新车售前PDI检查

#### 1. 配备检查

（1）铭牌及随车资料检查。

检查 VIN 码、铭牌，VIN 码在仪表板的左侧、前挡风玻璃左下方，如图 1-5-6 所示，铭牌在副驾驶门锁柱下方，如图 1-5-7 所示；检查随车资料（质量保证书、使用说明书、导航手册）是否齐全，资料信息与车辆是否一致。

图 1-5-6　VIN 码位置

图 1-5-7　车辆铭牌位置

（2）随车附件检查。

检查备胎、随车充电线是否缺失。打开随车工具包，检查各工具是否齐全。

随车便携式交流充电枪、备胎及随车工具如图 1-5-8 所示，包括：车轮扳手、摇动手柄总成、拖车钩、千斤顶总成和三角警告标识牌总成。

图 1-5-8　随车便携式交流充电枪、备胎及随车工具

#### 2. 基本检查

（1）外观检查。

绕车一圈检查车辆的外观，检查是否有碰撞、变形，漆面是否有色差、掉漆、锈蚀等现象。

（2）轮胎检查。

检查轮胎（包括备胎）表面有无割伤、胎压是否正常，如图 1-5-9 所示，若胎压明显偏低，则需要按照轮胎压力标签上所示气压值进行充气；检查轮辋及螺栓有无划伤、生锈；检查翼子板内衬是否齐全等。

图1-5-9　检查轮胎及胎压

（3）内饰检查。

主要检查各内饰件表面是否有划痕、脏污，边缘位置是否有毛刺，各结合处间隙是否均匀等。

## 3. 前机舱检查

（1）检查前机舱中的部件有无渗漏及损伤。

（2）检查散热器储液罐内冷却液的液位。

（3）检查电池包冷却液储液罐内的液位。

应确认其是否处于上限（MAX）与下限（MIN）刻度线之间，如果低于下限刻度线，则应添加冷却液，使液位上升到上限（MAX）刻度线。检查冷却系统有无泄漏现象。如图1-5-10和图1-5-11所示，不够则要进行补充。补充时使用与原车型号相同的冷却液，无须添加任何混合剂。

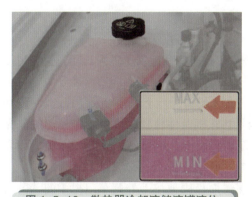 

图1-5-10　散热器冷却液储液罐液位　　　图1-5-11　电池包冷却液储液罐液位

（4）检查制动液液位。

检查储液罐及软管有无漏液或损伤。制动液液位应处于储液罐罐壁上的下限（MIN）与上限（MAX）标记之间，如图1-5-12所示。不足时应用同种制动液补足，务必使用与原车型号相同的制动液，而且不同型号的制动液不能混合使用，不得用其他液压油替代。

注意：制动液如有渗漏则应立即报修，以免影响制动性能。

（5）检查风窗玻璃洗涤器储液罐液位。

风窗玻璃洗涤器储液罐位于前舱内右前大灯后部，打开盖子检查储液罐的液位，如图

1-5-13所示。玻璃水液位应在最大刻度和最小刻度之间。应添加优质风窗玻璃洗涤液，这可提高除污能力，并能防止在寒冷天气中冻结。添加洗涤液时，要用干净的布沾上风窗玻璃洗涤液，清洗风窗玻璃雨刮器的刮片，这将有助于刮片刃口处于良好状态。

 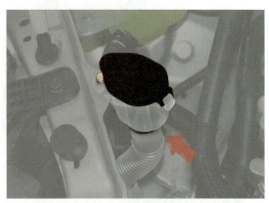

图1-5-12　制动液储液罐液位　　　　图1-5-13　风窗玻璃洗涤器储液罐液位

（6）检查蓄电池。

检查蓄电池状态（电眼颜色应为绿色），电压应在12 V左右，检查蓄电池接线螺栓是否紧固。

（7）检查高低压线束。

检查线束表面无破损，各插接件结合紧密、牢固，各线束搭铁连接牢固，快充线束低压端子搭铁连接牢固。

## 4. 车辆功能检查

（1）检查智能钥匙及车门。

如图1-5-14所示，车辆配备的钥匙可以实现解/闭锁车门和起动车辆等功能，钥匙包括智能钥匙和机械钥匙（安装在智能钥匙内）。携带电子智能钥匙，按左右前门微动开关，可以解/闭锁所有车门；还可通过智能钥匙上按键进行车门解/闭锁、行李厢开启及遥控起动等功能。当无法确认自己车辆的位置时，可使用寻车功能寻找车辆具体位置。使用寻车功能的前提是车辆必须处于防盗状态下，按下"闭锁"按键，车辆将发出一声长鸣，且转向信号灯闪烁15次，车辆进入寻车状态时，再次按下"闭锁"按键，则重新进入下一次寻车状态。

当车门为解锁状态时，携带有效智能钥匙，缓慢而稳固地按下外侧车门把手的"微动开关"按键（见图1-5-15），所有车门同时闭锁，转向信号灯闪烁1次。当车门为闭锁状态时，携带有效智能钥匙，缓慢而稳固地按下外侧车门把手的"微动开关"按键。所有车门解锁，转向信号灯闪烁2次。

如图1-5-16所示，双击遥控钥匙"行李厢解锁"按键，行李厢打开，此时，转向信号灯闪烁2次。通过拉起驾驶舱内行李厢盖开启手柄，打开行李厢，如图1-5-17所示。检查车门及行李厢门打开和关闭是否顺畅，门铰链有无锈蚀。

图 1-5-14　智能钥匙解/闭锁车门

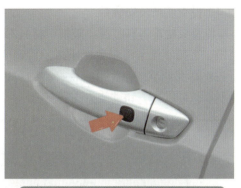

图 1-5-15　前车门微动开关

图 1-5-16　双击遥控钥匙解锁行李厢

图 1-5-17　驾驶舱内行李厢盖开启手柄

（2）检查智能进入和智能起动系统。

如图 1-5-18 所示，携带电子智能钥匙可为车门解锁或闭锁并起动车辆，实现进入和起动功能。电子智能钥匙在车内时，可以切换电源模式和起动车辆。当使用无线遥控或者微动开关闭锁车门时，转向盘将锁定。

（3）检查电动车窗、门锁。

图 1-5-19 所示为左前门四门玻璃升降组合开关，为五门中控门锁。电源挡位处于"OK"挡时，使用各侧车窗控制开关，可控制该车门玻璃的升降。驾驶员侧车窗控制开关有四个按键，可分别控制四个车门玻璃的升降。按下车窗锁止按键，仅驾驶员可对车窗玻璃进行升降操作，各乘员无法进行其他车窗玻璃升降操作。按动开关检查电动车窗升降是否正常、门锁开关是否正常等。

图 1-5-18　电子智能钥匙在车内时起动车辆

图 1-5-19　左前门四门玻璃升降组合开关

（4）检查座椅及安全带。

座椅及头枕不得有脏污、破损、材料不一致等现象，座椅前后位置、靠背角度在调节时应当轻松、平顺、无卡滞现象，座椅前后调节扳手及靠背角度调节扳手位置如图1-5-20所示。按下头枕高度调节按钮，沿头枕杆方向可以平滑地提升和降低头枕位置。按下头枕高度调节按钮不放，可以拔下和重装头枕。

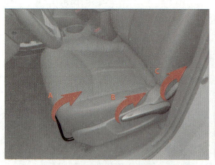 

图1-5-20　座椅、靠背及头枕角度调节位置

检查三点式安全带。安全带织带应能平顺地拉出，将锁舌插入带扣，可以听到"咔嗒"声，反方向拉锁舌，能够锁止成功。如图1-5-21所示，调整安全带高度调节器（前排）至合适位置，以获得最佳舒适性和保护作用。按压安全带高度调节器释放按钮，握住高度调节器上下移动可以将前排座椅安全带调整至合适高度。调整完毕后，用力拉一下肩部安全带，检查安全带高度调节器是否锁止。解锁安全带时，一手握着锁舌，另一只手按下带扣上的红色解锁按钮，锁舌应能自动弹出，安全带即自动回卷。

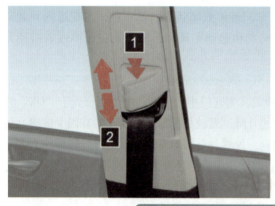 

图1-5-21　安全带高度调节器和解锁按钮

（5）检查方向盘及附件。

方向盘安装应正常，方向盘调节功能应正常，如图1-5-22所示。方向盘上媒体调节和功能按钮应使用正常，按钮按动灵便，无异常声。按下喇叭开关，喇叭能够正常工作，声音清脆、洪亮，无沙哑的迹象。握住转向盘，将转向管柱调节手柄向下按，可改变转向盘的角度时，将转向盘倾斜至需要的角度，然后将手柄恢复至原位。

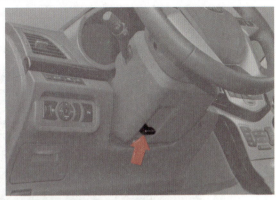

图 1-5-22　方向盘及调节扳手位置

（6）检查导航仪及收音机。

如图 1-5-23 所示，当电源挡位置于"ACC"时，屏幕将显示初始画面数秒，系统开始工作。多媒体起动后，屏幕顶部的状态栏显示有关设备状态的信息。当多媒体系统起动完成后，即进入系统桌面主界面第一页。用手轻轻触按屏幕，屏幕应该有响应，导航仪应运行流畅，无卡滞、死屏等现象。检查音响系统应能工作正常，收音机调节功能正常。

图 1-5-23　多媒体按键

（7）检查组合仪表。

如图 1-5-24 所示，携带有效智能钥匙，踩住制动踏板，按下起动按钮，组合仪表上所有检测指示灯数秒后正常熄灭，检查驾驶就绪指示灯（OK 指示灯）是否亮起。

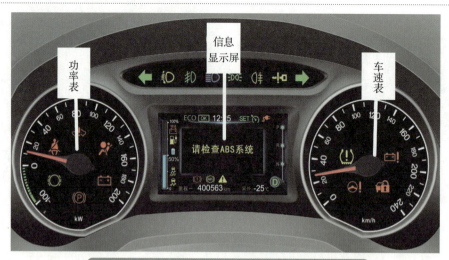

图 1-5-24 组合仪表

（8）检查整车灯光。

如图 1-5-25 所示，车辆处于上电状态，检查前示廓灯、近光灯、远光灯、前雾灯、左前转向灯、右前转向灯、警示灯，应正常；检查后示廓灯、牌照灯、制动灯、左后转向灯、右后转向灯、后雾灯、行李厢灯，应正常。车内灯应能正常使用。

图 1-5-25 灯光组合开关

（9）检查前后刮水器。

如图 1-5-26 所示，车辆处于上电状态，打开前后刮水器，前后刮水器进入工作状态，刮片在玻璃上运动顺畅，无异响、跳动情况。刮水开关控制杆用来控制雨刮和洗涤器。此杆共分五个挡位：点刮模式、停止模式、间歇模式、低速刮水模式、高速刮水模式。在低速与高速挡位时，雨刮连续刮水。在点刮模式下运作时，将控制杆从"OFF"位置上抬，刮水器将高速刮水，直到将控制杆松开为止。在间歇挡位时，调节间歇时间调节旋钮，随着雨滴数的增加，其刮水间歇时间分别为 1 s、3 s、5 s 和 7 s。将刮水器控制杆向后拉起，清洗前风窗玻璃功能开启，洗涤器会一直喷水，同时雨刮运作。松开控制杆时，洗涤器应停止喷水，刮水器将摆动 3 次后停止。

图 1-5-26　刮水器组合开关

（10）检查空调。

如图 1-5-27 所示，车辆处于上电状态，有效按下自动按键，指示灯点亮（绿色），空调应进入全自动模式。在自动模式下，空调系统将根据设定温度来选择最合适的出风挡位、出风模式、PTC 起停和压缩机起停。当将温度设定到下限（Lo）或上限（HI）时，系统只按照全冷气或全暖气模式运行。

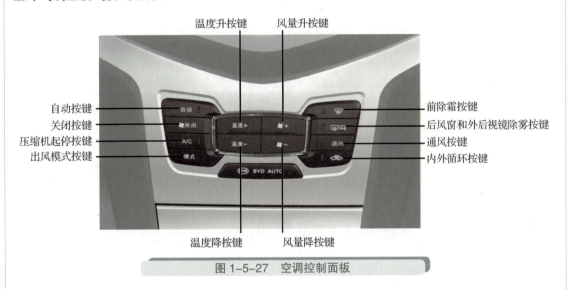

图 1-5-27　空调控制面板

在自动模式下，按下任何手动控制按键（风量、出风模式、前除霜、A/C 和通风等按键），空调都会退出全自动控制模式，同时"自动"按键指示灯熄灭。有效按下关闭按键，任何空调模式下即可关闭空调系统。按动风量升按键，设定至最大风扇转速；按动温度升按键设定至最高温度；按动关闭内外循环按键，进入外循环；选择吹向脚部送风模式；关闭压缩机起停按键；检查空调制热功能是否正常；检查风量调节是否正常；检查各出风口是否正常；检查风量调节功能是否正常。按动风量升按键，设定至最大风扇转速；按动温度降按键设定至最低温度；按下内外循环按键，进入内循环；选择吹向上半身送风模式；按下压缩机起停按键；检查空调制冷功能是否正常。按下后风窗和外后视镜除雾按键，后风窗和外后视镜除雾器应进入工作状态。除雾器工作 15 min 后，能自动关闭。玻璃和镜面表面干净之后，再按一次该按键可关掉除雾器。

（11）检查倒车雷达及后视镜。

如图 1-5-28 所示，车辆处于上电状态，检查两侧后视镜，按动电动外后视镜开关，调节电动后视镜，左右电动后视镜均应可以在上下、左右两个方向上调整。按下电动外后视镜折叠开关，开关自锁，左右外后视镜开始同时折叠。按下电动外后视镜展开开关，开关锁止，左右外后视镜回到展开状态。开关处于 AUTO 挡，车辆遥控闭锁时，左右外后视镜同时折

图 1-5-28　后视镜调节按钮

叠；车辆遥控解锁时，左右外后视镜同时展开。开关处于折叠或展开状态时，AUTO 功能自动取消。检查车内后视镜，应能正常调节。倒车雷达应能正常使用，按下倒车雷达电源开关，开关自锁，倒车雷达系统处于工作状态。

（12）检查车顶灯。

如图 1-5-29 所示，车辆处于上电状态，顶灯开关在 DOOR 挡时，顶灯在车门未关情况下应能点亮，在四门都关闭情况下能自动熄灭；开关处在 ON 挡时，顶灯应一直亮。当按下左/右阅读灯控制开关时，左/右侧阅读灯点亮，再次按下左/右阅读灯控制开关时，左/右侧阅读灯熄灭。

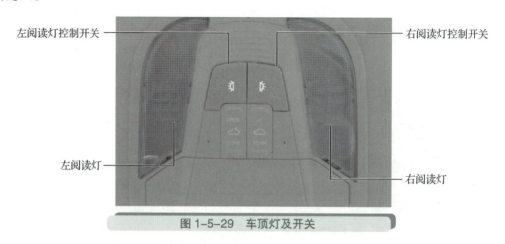

图 1-5-29　车顶灯及开关

（13）低速提示音系统（AVAS）。

低速提示音系统（AVAS）指当车辆低速行驶时，对临近车辆的行人发出警告声音，如图 1-5-30 所示。车辆前进时：当车速 $0 < V \leq 20$ km/h 时，提示声随车速的增加而增大；当车速 $20$ km/h $< V \leq 30$ km/h 时，提示声随车速的增加而降低；车速 $V > 30$ km/h 时，提示音自动停止。车辆倒挡行驶时，车辆发出持续均匀的提示声。

图 1-5-30　低速提示音系统（AVAS）

(14）检查机舱盖、充电口盖开关状态。

如图 1-5-31 所示，在主驾驶室下门框附件有充电口舱门解锁开关。打开充电口舱门解锁开关，充电口舱门应能正常开启。检查充电口盖锁功能是否完好。在主驾驶室仪表盘左下方有机舱盖解锁拉手，拉动机舱盖拉手，应能正常打开机舱盖。

图 1-5-31　解锁充电口舱门

（15）检查电子驻车制动系统。

比亚迪 e5 采用电子驻车制动系统，取代传统的手刹。如图 1-5-32 所示，向上拉起一下 EPB 开关，EPB 会施加适当的驻车力，仪表上的指示灯会先闪烁后常亮，常亮代表 EPB 已拉起，并有文字提示电子驻车已起动。踩制动踏板将车停下后，按下起动键操作熄火（点火开关由 OK 挡转至 OFF 挡）或者停车后踩住刹车挂至 P 挡，EPB 都会自动拉起。车辆处于 OK 挡上电或起动状态，且挡位处于非 P 挡（驻车挡）时，持续踩住制动踏板并按下 EPB 开关或者车辆处于平路驻车状态，起动车辆，持续踩下制动踏板，将挡位由 P 或 N 挡挂入 D 或 R 等行驶挡位后，EPB 会自动释放电子驻车。

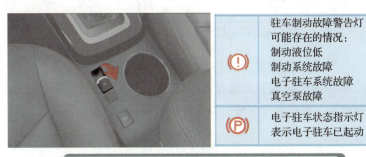

图 1-5-32　电子驻车制动系统开关

（16）检查挡位操纵旋钮。

换挡手柄表面应无划痕、脏污等，挡位调节功能应正常。挡位执行器挡位标示在换挡手柄上。如图 1-5-33 所示，P 挡是驻车挡，按下此按钮，可实现驻车。关闭或起动电动机时应处于此挡。起动车辆时，车辆应处于 OK 挡位，踩下制动踏板，即可从 P 挡位切换至其他挡位；R 挡是倒车挡，必须在车辆完全停止后才可使用；N 挡是空挡，当需要暂时停车时使用；无论出于什么原因，只要下车，就必须换至驻车挡。D 挡是行车挡，正常行驶时使用此挡位；换挡成功后，手松开，换挡杆自动回到中间位置。

（17）检查充电应急解锁功能。

前舱盖机械开启手柄处布置有充电口应急解锁拉绳，当电锁出现故障，不能拔出车辆插头时，可通过手动应急解锁。如图 1-5-34 所示，按照图示箭头方向拉动应急解锁拉绳，再尝试拔枪，并将应急解锁拉绳放回原处。

图 1-5-33　换挡手柄

图 1-5-34　应急解锁拉绳

（18）检查车辆充电功能。

比亚迪 e5 车型交流充电配有预约充电功能，有两种充电模式：即时充电和预约充电。连接交流充电连接装置，充电设备起动充电，则实现立即充电。进入充电后，通过仪表设置确认，按照客户设置的充电时间对车辆定时充电。（见图 1-5-35）

图 1-5-35　比亚迪 e5 慢充和快充

比亚迪 e5 车型直流充电需要连接社会公共直流充电桩，刷卡起动开始直流充电。充电过程中需要停止充电，刷卡或直接按下直流充电连接器上的机械按钮，断开充电连接器连接即可。进行正确的充电操作，再观察充电桩液晶显示屏，慢充显示 12 A 以上，快充显示 40 A 以上，表明快充和慢充电功能正常。

## 单元小结

新车交付检查（Pre-Delivery Inspection），简称 PDI。一辆车在从出厂至到客户手中一般要进行三次 PDI，分别为出库 PDI、接车 PDI 和销售 PDI。

新车从制造企业运出到进入物流公司之前要进行汽车出库 PDI，出库 PDI 检查单位是整车厂。

新车从物流公司运出到进入 4S 店入库之前要进行汽车接车 PDI，接车 PDI 的检查单位是经销商。

新车从 4S 店到用户手中之前要进行汽车销售 PDI，销售 PDI 的检查单位是经销商。

比亚迪 e5 的新车交付检查项目包括配备检查、基本检查、前机舱检查和车辆功能检查。

# 学习情境 2
## 纯电动汽车保养与维护

【学习目标】

1. 能正确对纯电动汽车进行充电作业。
2. 能规范地对动力电池及充电系统完成保养作业。
3. 能快速规范地完成减速驱动桥油的添加或更换。
4. 能准确规范地进行制动真空助力系统的检漏作业。
5. 能正确规范地使用制动液抽吸机完成制动液的更换作业或制动系统排气作业。
6. 能正确规范地完成制动摩擦片的更换作业。
7. 能熟练地使用冰点测试仪对冷却液、玻璃水进行冰点测试。
8. 能正确规范地使用兆欧表对电动压缩机、快充口等完成绝缘电阻测试。
9. 能正确规范地对冷却系统进行检漏及更换冷却液作业。
10. 能根据环保要求，正确处理对环境和人体有害的辅料、废气液体和损坏零部件。

# 动力电池维护与保养

## 任务导入

小王在新能源汽车某4S店实习,今天带队师傅告诉他要对某品牌纯电动汽车动力电池进行维护作业,你知道纯电动汽车动力电池维护内容有哪些吗?对其进行维护时有什么注意事项吗?

## 学习目标

1. 能快速找到动力电池的安装位置、各标识的位置和插接件位置。
2. 能正确地对纯电动汽车充电系统进行检查作业。
3. 能正确对纯电动汽车进行充电作业。
4. 能对纯电动汽车动力电池进行维护作业。
5. 能正确进行快充口及高压系统的绝缘测试。

## 理论知识

动力电池是纯电动汽车中成本最高的部件,占整车成本的25%~60%;而目前其使用寿命为3~7年,小于整车的使用寿命(10~15年)。合理的维护与保养,可以最大限度地延长动力电池的使用寿命,从而达到降低汽车使用成本的目的。

## 一、纯电动汽车动力电池

### 1. 纯电动汽车动力电池主流的技术参数

纯电动汽车的动力电池组相当于内燃机驱动车辆的燃油箱。它是电动驱动装置的蓄能器。为使电动驱动达到预期可达里程,需要相应存储较多能量,因此蓄能器的容积和重量同样较大。动力电池组安装在行李厢内或底盘下方，对一些车辆特性产生了积极影响。

由于安装位置较低降低了车辆重心，因此尤其可减小转弯行驶时的侧倾。

车内空间不会因动力电池组受到限制。

维修时便于拆卸动力电池组，因此可减少修理费用。

市场主流的动力电池为镍氢电池、锂离子电池（磷酸铁锂和三元锂）以及未来的燃料电池，现在行内都以电池的正极材料作为命名的标准。

### 2. 纯电动汽车动力电池主流的评价指标

评价指标包括：比能量（能量密度）、比功率密度、比功率、安全性、循环寿命、成本。用其来考量动力电池的性能。

比能量：单位质量的电极材料放出电能的大小。它标志着纯电动模式下电动汽车的续航能力。

比功率密度：燃料电池所能输出的最大功率除以整个燃料电池的重量或体积。其用来描述电池在瞬间能放出较大能量的能力。

比功率：单位质量的电池所能提供的功率。其用来判断电动汽车的加速性能和最高车速，直接影响电动汽车的动力性能。

循环寿命：是电池充电—放电循环一周的次数。其是衡量动力电池寿命的重要指标。循环次数越多，动力电池的使用时间越长。

成本：与新技术、原材料、制作工艺和生产规模等因素有关。通常新开发的高比功率动力电池成本相对较高，但是随着新技术的不断采用，电池成本将会逐渐降低。

### 3. 纯电动汽车对动力电池的要求

（1）比能量高。

为了提高纯电动汽车的续驶里程，要求电动汽车上的动力电池尽可能储存多的能量，但电动汽车又不能太重，其安装电池的空间也有限，这就要求电池具有高的比能量。

（2）比功率大。

为了使电动汽车在加速行驶、爬坡和负载行驶等方面能与燃油汽车相竞争，要求电池具有高的比功率。

（3）循环寿命长。

循环寿命越长，则电池在正常使用周期内支撑电动汽车行驶的里程数就越大，有助于降低车辆在使用周期内的运行成本。

（4）均匀一致性好。

对于电动汽车而言，电池组的工作电压大多都要达到数百伏，这就要求电池组有上百只电池进行串联；为达到设计容量要求，有时甚至需要更多。某一个单体电池的问题可能会影响整个动力电池组，从而导致电动汽车能量损失增加、续驶里程变短等问题。

## 二、纯电动汽车的电能补充

纯电动汽车的电能补充可以划分为两种模式,即充电模式和换电模式。其中,换电又被称为机械充电,是通过直接更换已充满电的动力电池来达到电动汽车电能补充的目的。纯电动汽车动力电池放电后,用直流电源连接动力电池,将电能转化为动力电池的化学能,使它恢复工作能力,这个过程称为动力电池充电。动力电池充电时,动力电池正极与充电电源正极相连,动力电池负极与充电电源负极相连,充电电源电压必须高于动力电池的总电动势。

### 1. 交流充电模式

采用220 V电压和16 A电流为纯电动汽车充电(其充电过程如图2-1-1所示),从无电状态到充满,所需时间一般为8~10 h,因为这种充电方式采用交流电,故称为交流慢充。在低功率的交流充电模式下,其优势在于充电装置安装成本比较低,对动力电池寿命影响和对电网冲击都较小,还能够充分利用电力低谷时段充电,降低使用成本,提高充电效率,并延长电池的使用寿命。电动汽车家用充电设施(车载充电机)多采用这种充电方式。交流慢充的缺点同样明显,充电时间较长,需要长时间占用一个固定停车位,影响消费者对车辆的使用,尤其是当消费者需要赶时间时,交流慢充的速度会让人难以接受。

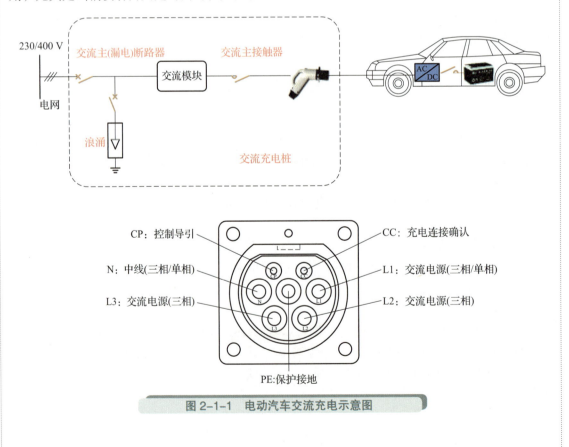

图2-1-1 电动汽车交流充电示意图

## 2. 直流充电模式

直流快充是以直流电直接与纯电动汽车电池相连（其充电过程如图 2-1-2 所示），在 20 min ~ 2 h，以较大的电流为车辆提供快速充电服务，充电时间短，因为这种充电方式采用直流电，故称为直流快充。直流充电电压高，对动力电池组的耐压性和保护提出更高要求。由于直流充电电流大，是交流慢充电流的十倍甚至几十倍，对动力电池组产生巨大电流冲击，因此会降低动力电池组的循环寿命。直流快充装置工作时，电流峰值能达到上百安培，而且电流上升沿/下降沿时间不超过 1 min，这样的电流变化会对电网造成巨大冲击，且大量纯电动汽车在相近时段内密集直流快充时，负荷总量将考验电网的稳定性和承载力。

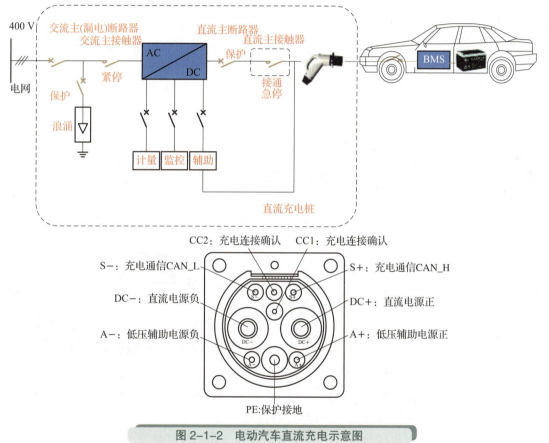

图 2-1-2　电动汽车直流充电示意图

## 3. 换电模式

换电模式是用充满电的电池组更换能量接近耗尽的电池组，更换所需时间约 10 min，电能补充耗时最短，一定程度上弥补了纯电动汽车续驶里程短和充电时间长的缺陷。纯电动汽车使用者可租用动力电池，降低了纯电动汽车的初次购置成本。更换下来的动力电池可在低谷时段充电，降低充电成本，提高车辆运行的经济性，对提高电池的循环寿命有积极意义。但标准化的电池，以及简易化、专业化的更换程序，是应用此种模式的基础，小型纯电动汽车由于设计紧凑，更换电池往往更为复杂。因此，纯电动汽车的设计改进、换电站的区域建设和联网管理，以及标准化电池的流通管理、电池质量的定量评价等工作，需要统筹推进。

### 4. 无线充电模式

无线充电并非新兴技术，它具有充电设备占地小、充电便利性高的特点。此外，由于不需要插拔电源，因此损耗相对较低，后期维护成本低。无线充电的普及之路任重道远，除了需要对现有公共设施进行大规模改造外，无线充电目前还面临一些问题，如充电效率略低于有线充电方式、充电功率仅相当于有线充电的低功率交流充电、存在辐射、在通信技术和协议方面还未达成统一标准、成本较高等，都是无线充电面临的实际问题。

目前，由于换电模式面临着：换电站建设成本太高；各个企业的电动汽车技术标准不同，电池标准也千差万别；车企普遍不愿意共享技术标准等问题，因而发展较慢。随着2012年国务院印发的《节能与新能源汽车产业发展规划（2012—2020年）》出台，确立了以充电为主的电动汽车发展方向。

合适的充电方式不仅能够最大限度地发挥电池的容量，而且可以延长电池的使用寿命。电动汽车的充电方式可分为交流充电和直流充电两种：消费者在自家充电一般采用专业公司安装的充电墙盒进行交流充电，在公共停车场或充电站一般采用交流桩进行交流充电或采用直流桩进行直流充电。

## 三、比亚迪e5的动力电池及充电系统

### 1. 比亚迪e5车型动力电池技术参数

比亚迪e5的动力电池系统由动力电池模组、电池信息采集器、串联线、托盘、密封罩、电池采样线组成，布置在整车地板下面，位置如图2-1-3所示，类型为磷酸铁锂电池，电量为47.5 kW·h。

比亚迪e5动力电池组的内部结构包含13个电池模组（串联），13个BIC（Battery Information Collector，即电池信息采集器），2个分压接触器（6号和10号模组内部各一个），1个正极接触器（13号模组内部），1个负极接触器（1号模组内部），采样线束，模组连接片等。13号模组在1号的上层，12号模组在11号的上层，6、7、8号模组分别在5、4、9号的上层。比亚迪e5电池性能表如表2-1-1所示。

图2-1-3 比亚迪e5的动力电池组安装位置

表2-1-1 比亚迪e5电池性能表

| 电池模组容量 | 75 Ah |
| --- | --- |
| 额定电压 | 633.6 V |
| 储存温度 | -40℃~40℃，短期储存（3个月）25% ≤ SOC ≤ 40%<br>-20℃~35℃，长期储存（<1年）30% ≤ SOC ≤ 40% |
| 重量 | ≤ 490 kg |

比亚迪 e5 动力电池组外部结构包括密封盖板、压条、密封条、电池托盘，如图 2-1-4 所示。

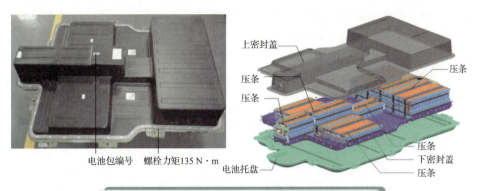

图 2-1-4　比亚迪 e5 动力电池的外部结构

比亚迪 e5 动力电池组内部结构包括电池模组、动力连接片、连接电缆、采集器、采样线、电池组固定压条、密封条，如图 2-1-5 所示。

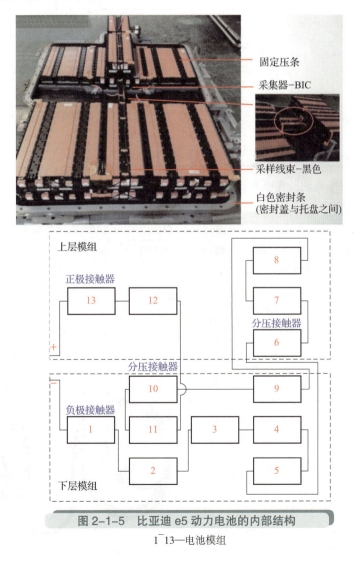

图 2-1-5　比亚迪 e5 动力电池的内部结构

1~13—电池模组

比亚迪 e5 采用分布式电池管理系统，由 1 个电池管理控制器（BMC）和 13 个电池信息采集器（BIC）及 1 套动力电池采样线组成。电池管理控制器位于高压电控后部，如图 2-1-6 所示。

电池管理控制器主要实现充/放电管理、接触器控制、功率控制、电池异常状态报警和保护、SOC/SOH 计算、自检以及通信功能等；电池信息采集器的主要功能有电池电压采样、温度采样、电池均衡、采样线异常检测等；动力电池采样线的主要功能是连接电池管理控制器和电池信息采集器，实现二者之间的通信及信息交换。更换电池包时，根据电池包出货检验报告单上的数据标定电池容量和 SOC；更换电池管理器时，根据原车电池包数据标定电池容量和 SOC。电池管理系统控制逻辑如图 2-1-7 所示。

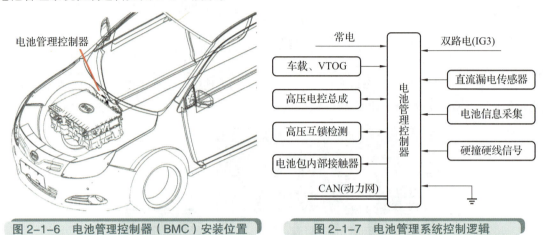

图 2-1-6　电池管理控制器（BMC）安装位置　　图 2-1-7　电池管理系统控制逻辑

## 2. 比亚迪 e5 动力电池的充电系统

比亚迪 e5 电动汽车有两种充电方式：直流充电和交流充电。交流充电主要通过交流充电桩、壁挂式充电盒以及家用供电插座接入交流充电口，通过高压电控总成将交流电转为 650 V 直流高压电给动力电池充电。直流充电主要是通过充电站的充电柜将直流高压电直接通过直流充电口给动力电池充电。充电系统主要组成部分：交流充电口、直流充电口、高压电控总成、动力电池包、电池管理器。比亚迪 e5 动力电池充电系统原理图如图 2-1-8 所示。

新能源汽车充电系统

比亚迪 e5 具有即时充电和预约充电两种充电模式。即时充电是指连接交流充电连接装置，充电设备起动充电，实现立即充电。预约充电是指进入充电后，通过仪表设置确认，按照客户设置的充电时间对车辆定时充电。具体来说，比亚迪 e5 动力电池的充电方式有以下几种类型。

（1）便携式交流充电连接装置充电。

比亚迪 e5 使用随车配送的便携式交流充电连接装置充电盒为车辆充电，如图 2-1-9

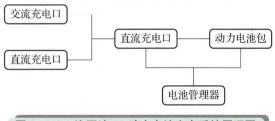

图 2-1-8　比亚迪 e5 动力电池充电系统原理图

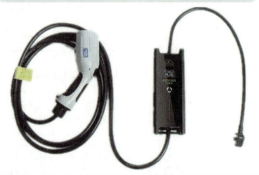

图 2-1-9　比亚迪 e5 便携式交流充电连接装置充电盒

所示。该装置由符合国家标准的供电插头、车辆插头、插头保护盖、充电线缆及缆上控制盒组成,简称三转七。供电插头连接家用标准插座,车辆插头连接车辆插座。

(2)三相交流充电桩充电。

比亚迪 e5 也可使用公共场所的交流充电桩为车辆充电。交流充电桩通常安装在大型超市、购物广场及停车场等公共场所。这种充电方式使用交流慢充桩双头充电枪线,由符合国标标准要求的供电插头、车辆插头、插头保护盖和连接线缆组成,简称七转七,如图 2-1-10 所示。供电插头连接充电桩供电插座,车辆插头连接车辆插座。如图 2-1-11 所示。

图 2-1-10 交流慢充桩双头充电枪线

图 2-1-11 充电桩三相交流充电

(3)直流充电桩直流充电。

使用公共场所的直流充电柜为车辆充电。充电柜一般安装在特定的充电站。如图 2-1-12 所示。

图 2-1-12 充电桩直流充电

### 3. 比亚迪 e5 低压蓄电池的充电系统

比亚迪 e5 拥有智能充电模式,当低压蓄电池检测到电量偏低时,在安全条件满足的情况下,动力电池通过 DC/DC 转换器给低压蓄电池充电。当车辆长期存放后,低压蓄电池可能已进入休眠状态,智能钥匙将无法实现遥控寻车及车辆解锁功能。此时,只需将智能钥匙靠近左前车门附近,按下左前门把手的微动开关,即会唤醒低压蓄电池。如图 2-1-13 所示。

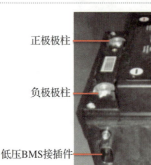

图 2-1-13 比亚迪 e5 电动汽车低压蓄电池

比亚迪 e5 的低压蓄电池内部包含电池管理器，通过通信口和整车模块交互信息，具备电压、电流和温度监测功能，存在异常状态会触发故障报警功能，当低压蓄电池故障报警时，仪表上故障指示灯点亮，同时显示"请检查低压电池系统"。低压蓄电池与 DC/DC 转换器低压输出端并联，通过正极保险盒为整车低压电器提供 13.8 V 电源。

## 拓展阅读

## 四、电动汽车的换电模式

电动汽车换电模式是指通过集中型充电站对大量电池集中存储、集中充电、统一配送，并在电池配送站内对电动汽车进行电池更换服务或者集电池的充电、物流调配以及换电服务于一体。此模式可以省去车主大笔的购买电池的费用，并且可以解决充电时间过长的问题，但是电池重量极大必须使用机械，而且这对车辆制造有限制，必须统一电池标准，并且需要政府大力扶持，对基础设施建设要求高。

### 1. 集中充电模式

集中充电模式是指通过集中型充电站对大量电池集中存储、集中充电、统一配送，并在电池配送站内对电动汽车进行电池更换服务。这是国家电网公司于 2011 年提出的建设模式。在该运营模式中至少有 2 种类型的工作站，其中集中型充电站实现对电池的大规模集中充电；而配送站则不具备充电功能，只是作为用户获得更换电池服务的场所。

相对于采用充换电模式的电池更换站，这样的运营模式具有更多的优点：

（1）配送站不承担充电功能，没有电网接入的问题，站址选择灵活，以方便用户更换电池为主要规划目标。

（2）集中型充电站充电功率大，且可集中控制充电功率，有利于制定电网友好的充电方案，在时空随机性方面，充电具有优越性。

集中充电、统一配送方式的主要缺点：

（1）充电站所需供电容量很大，一般需依托变电站建设，投资成本很高。

（2）需解决电池箱在集中充电站与配送站之间的物流配送问题。

## 2. 充换电模式

充换电模式以换电站为载体，这种电池换电站同时具备电池充电及电池更换功能，站内包括供电系统、充电系统、电池更换系统、监控系统、电池检测与维护管理系统等。

根据所服务车辆类型的不同，换电站主要可以分三类：综合型换电站、商用车电池更换站和乘用车电池更换站。

目前，国内在北京、上海、杭州等城市已建设有商用车和乘用车电池更换站。在国际上，以色列较早采用了这种充换电模式，其业务模式主要是通过建设充换电设施网络为电动汽车用户提供基础设施及能源供给服务。这种充换电模式在加拿大、澳大利亚、丹麦等国也已经有了现实的应用和推广。

采用这种充换电模式无须考虑电池的物流配送问题，充满电的电池可以立即用来满足车辆的换电需求。其主要缺点：

（1）换电站的建设既要考虑地价因素及交通便利性，又要顾及电网接入的问题，站址选择不够灵活。

（2）每座换电站均需配置充电机、电池箱换电设备等，投资大且需要专业维护，日常运营成本高。

近期，蔚来汽车在首款量产车型 ES8 的上市发布会上展示过 3 min 换电服务，车子进入换电设备，自动拆下用过的电池，换下充满电的电池，演示的过程耗时 2 min 56 s。北汽新能源在厦门也演示了为纯电动出租车换电的过程，和蔚来汽车换电过程类似，最后也仅花费 2 min 50 s，就用充满电的全新电池替换下了旧电池。蔚来汽车的充换电站如图 2-1-14 所示。

随着电动汽车的普及和电动汽车面临着的续航与充电时长的"瓶颈"，换电模式终于开始慢慢渗入私家车领域。北汽新能源的充换电站如图 2-1-15 所示。

图 2-1-14 蔚来汽车的充换电站

图 2-1-15 北汽新能源的充换电站

换电模式有几个很明显的优点：

（1）电池租赁代替购买，降低用户的初始购置成本。例如蔚来 ES8 采用租赁电池方案，车价可降低 10 万元。

（2）便于集中管理电池，延长电池使用寿命。以厦门出租车为例，充电出租车的司机为了节省充电时间，往往选择快充，容易造成电池严重衰减，而使用换电模式的电池，衰减程度轻。

（3）效率高，换电一次不超过 3 min，不用再等待充电，更不需要长时间排队等候换电。

（4）可缓解城市用电压力。很多车主都是白天使用，晚上充电，大量的车辆同时充电势必给电力系统带来巨大的压力。换电模式下，换电站全天 24 h 集中充电，避免了对电网产生冲击。

（5）可以使用清洁能源，提高能源利用率。以北汽新能源为例，它们发布了规模化建设光储换电站的"擎天柱计划"，以后不仅可以通过分布式光伏发电站提供电能补给，还能并网供电，为城市用电做储备。

## 实践技能

动力电池是纯电动汽车的储能元件，若受碰撞、挤压，则可能导致动力电池损坏甚至造成事故；汽车的运行振动环境可能会导致紧固件松脱、线束磨损，使其可靠性降低甚至引发危险。因此，对动力电池及充电系统的维护与保养，首先要从安全入手，保证其在使用过程中的安全性。

在对动力电池及充电系统维护时，部分作业需要带高压作业，因此要做好个人及车间防护工作，作业时要注意规范性。

## 五、比亚迪 e5 充电系统维护

### 1. 充电系统部件状态检查

1）充电口舱门及快充和慢充充电口保护盖开关状态检查

比亚迪 e5 充电口位于车前方中网车标后方，充电口舱门开关位于驾驶员侧仪表台左下方（充电口舱门开启手柄位置如图 2-1-16 所示），拉起充电口盖开启手柄，检查充电口盖能否自动弹开。把充电口舱门推至最上方位置，按下慢充充电口保护盖锁止按钮，检查慢充充电口保护盖能否正常缓慢打开，按下快充充电口保护盖锁止按钮，检查快充充电口保护盖能否正常缓慢打开，如图 2-1-17 所示。

图 2-1-16　充电口舱门开启手柄位置

图 2-1-17　慢充及快充充电口保护盖开启状态

## 2)便携式交流充电连接装置检查

检查便携式交流充电连接装置的供电插头、车辆插头、插头保护盖、充电线缆及缆上控制盒有没有壳体破裂、电缆磨损、插头生锈或有异物等异常情况。

注意：充电过程中充电线会产生热量，如有破损，请及时更换。避免对人员及车辆造成损伤。

## 3)车辆接座(充电口)端口检查

检查车辆接座(充电口)端口内有没有水或外来物，金属端子有没有生锈或者腐蚀造成的破坏或者影响。

新能源汽车交流充电操作流程

### 乙. 交流慢充充电测试

注意：进行充电前要保证开火开关位于 OFF 位、电子驻车开关(即 EPB 开关)处于拉起状态并且换挡旋钮在 N 挡位置。

### 1)连接供电接口

将便携式交流充电连接装置的供电插头连接至供电插座，供电插座选用 220 V/50 Hz/10 A 单相两极带地专用插座，如图 2-1-18 所示。

图 2-1-18 便携式交流充电连接装置充电连接

### 2)连接车辆接口

将充电装置的车辆插头连接至充电口，并可靠锁止。

### 3)充电开始

连接完成后，车辆开始充电，车辆仪表显示充电信息，如图 2-1-19 所示。

### 4)充电结束

当达到设置充电结束条件或充满电时，交流充电桩/盒或车辆会自动结束充电；若电锁工作模式为停用防盗，则直接按下车辆插头的机械按钮，拔出车辆插头；若电锁工作模式为启用防盗，则需要按钥匙解锁按钮或按下门把手上微动开关(钥匙在附近时)，再按下车辆插头的机械按钮，拔出车辆插头。对于家用单相交流充电，直接拔下供电插头。对于单相交流充电桩充电，按下供电插头机械按钮，拔出供电插头。

### 5)整理设备

将供电插头、车辆插头放回原处；将充电连接装置整理好，并妥善放置。关闭充电口保护盖和充电口舱门。如图 2-1-20 所示。

图 2-1-19　车辆仪表显示充电信息

图 2-1-20　关闭充电口舱门

### 3. DC/DC 功能测试

DC/DC 功能测试主要是检测 DC/DC 输出电压，检测方法为：

#### 1）准备工作

穿戴好工服、绝缘鞋，打开车门，安装转向盘套、地板垫、座椅套，拉起前舱盖开启手柄，打开前舱盖，安装翼子板布，安装前格栅布。

#### 2）检查低压蓄电池电压

用万用表测量蓄电池电压（并记录此电压值）。

#### 3）DC/DC 功能测试

举升车辆到车轮离开地面，踩下制动踏板，按下起动开关，打开大灯，等待 1 min，保证 DC/DC 开始工作。使用专用万用表电压挡位测量低压蓄电池的电压，这时所测的电压值就是 DC/DC 输出的电压（见图 2-1-21）。DC/DC 正常输出电压为 13.2~13.5 V（或 13.5~14 V）（关闭车上的用电设备的情况下）（见图 2-1-22）。

图 2-1-21　低压蓄电池的电压（DC/DC 不工作）

图 2-1-22　DC/DC 输出电压

#### 4）整理设备

收起万用表，关闭大灯，电源挡位退至"OFF"挡，降下车辆。

取下翼子板布、前格栅布,关闭机舱盖,取下转向盘套、座椅套、地板垫,关闭车门。

## 4. 充电口绝缘电阻检测

1)准备工作

穿戴好工服、绝缘鞋,拉起充电舱门开关,打开充电舱门。

2)慢充口绝缘电阻检测(见图2-1-23)

打开慢充口盖。将兆欧表调到500 V挡,短接红、黑表笔,进行兆欧表调零测试(见图2-1-24)。

用兆欧表测量慢充口正极与车身地之间的绝缘电阻,绝缘电阻值应大于2.5 MΩ;
用兆欧表测量慢充口负极与车身地之间的绝缘电阻,绝缘电阻值应大于2.5 MΩ。
关闭慢充口盖。

图2-1-23 慢充口绝缘电阻检测

图2-1-24 兆欧表500 V挡调零测试

3)快充口绝缘电阻检测(见图2-1-25)

打开快充口盖,将兆欧表调到1 000 V挡,短接红、黑表笔,进行兆欧表调零测试(见图2-1-26)。

用兆欧表测量快充口正极与车身地之间的绝缘电阻,绝缘电阻值应大于2.5 MΩ;
用兆欧表测量快充口负极与车身地之间的绝缘电阻,绝缘电阻值应大于2.5 MΩ。

图2-1-25 快充口绝缘电阻检测

图2-1-26 兆欧表1 000 V挡调零测试

4）整理设备

关闭快充口盖，关闭充电舱门。

注意：如果绝缘阻值小于要求，应立即检查并更换快充线束。

兆欧表如图 2-1-27 所示；快充接口如图 2-1-28 所示。

图 2-1-27 兆欧表

图 2-1-28 快充接口

## 六、比亚迪 e5 动力电池系统维护

### 1. 准备工作

穿戴好工服、绝缘鞋。

打开车门，安装转向盘套、地板垫、座椅套。

确保电源开关处于 OFF 位置。

新能源汽车动力
电池绝缘测试

### 2. 外观检查

（1）举升车辆，检查动力电池底部（见图 2-1-29）有无磕碰、划伤、损坏的现象。如有，应及时予以修理或更换。

（2）检查动力电池高低压插接件（见图 2-1-30）有无变形、松脱、密封及损坏等情况。如有，应及时予以修理或更换。

图 2-1-29 动力电池底部

图 2-1-30 检查动力电池高低压插接件

（3）动力电池固定螺栓力矩检测（见图 2-1-31），固定螺栓标准力矩为 135 N·m。

图 2-1-31 动力电池固定螺栓力矩检测

### 3. 使用诊断仪读取电池信息

（1）降下车辆，连接故障诊断仪插头与汽车上的诊断插座，踩下制动踏板，按下电源开关，车辆上电。

（2）打开诊断仪电源开关，向上滑动解锁屏幕，依次单击"新能源"选项→"比亚迪"选项→"e5"选项→"诊断"选项→"控制单元"选项→"动力模块"选项→"电池管理系统-水冷"选项→"读数据流"选项→"数据流"选项。

（3）向上滑动屏幕，观察数据流。

（4）依次单击"返回"选项→"采样信息"选项，向上滑动屏幕，观察数据流。数据流显示 168 个电池电压采样状态和 40 个温度采样状态，观察状态是否正常。

（5）依次单击"返回"选项→"模组信息"选项，向上滑动屏幕，观察数据流。数据流显示模组的最低单节电池电压及编号、最高单节电池电压及编号、最低温度电池号及最低单节电池温度、最高温度电池号及最高单节电池温度。

（6）单击"返回"，退至诊断初始界面，关闭诊断仪电源，将电源挡位退至"OFF"挡，取下诊断仪。

### 4. 整理设备

取下转向盘套、座椅套、地板垫，关闭车门。

### 单元小结

1. 纯电动汽车电能补充方式有充电与换电两种，其中，充电又可以分为快充与慢充两种。
2. 纯电动汽车充电系统的维护内容主要有：慢充检查、DC/DC 功能测试及快充口绝缘检测。
3. 动力电池的维护内容主要有：电池箱外观检查、BMS 通信检查及程序升级、动力电池相关测试等。

学习情境2 纯电动汽车保养与维护

# 驱动及冷却系统维护与保养

## 任务导入

小王在新能源汽车某4S店实习,今天带队师傅告诉他要对某品牌纯电动汽车驱动系统进行维护作业,你知道纯电动汽车驱动系统维护的内容有哪些吗?对其进行维护时有什么注意事项吗?

## 学习目标

1. 能快速找到驱动系统各零部件的安装位置、高低压线束及插接件位置。
2. 能正确对电机控制器进行维护。
3. 能正确地对减速驱动桥进行换油作业。
4. 能正确更换或添加冷却液。
5. 能正确对冷却液进行冰点测试。

## 理论知识

### 一、纯电动汽车驱动系统

新能源汽车驱动系统

**1. 纯电动汽车驱动系统组成及工作原理**

纯电动汽车驱动系统(见图2-2-1)主要由电控单元、驱动电机、电动机逆变器、各种传感器(加速踏板位置传感器、制动踏板开关、电机温度传感器等)、机械传动装置(变速器和差速器)和车轮等组成。

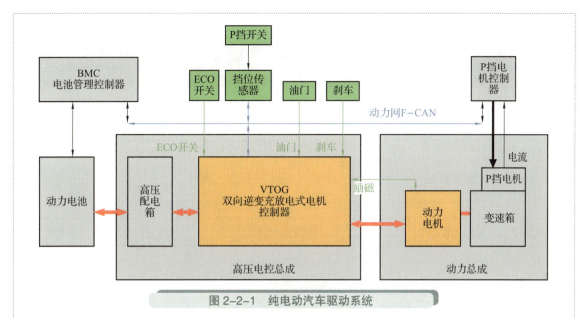

图 2-2-1 纯电动汽车驱动系统

比亚迪 e5 为前置前驱方式，动力传动路径为：

（1）动力电池 <-> （2）高压配电箱（高压电控总成内）<-> （3）电机控制器（高压电控总成内）<-> （4）前置动力电机 <-> （5）前置变速箱 -> （6）前传动轴 -> （7）传动轮，其中（1）¯（4）为电气部件，（5）¯（7）为机械部件。

它能够将动力电池输出的电能转换为车轮上的机械能，驱动电动汽车行驶，并能够在汽车减速制动时，将车轮的动能转化为电能充入动力电池，是电动汽车的关键组成部分。它以驾驶员的操作（主要是以加速踏板位置的操作）为输入，经过驱动系统电控单元的计算后，将输出转矩给定值提供给逆变器，最终逆变器根据这个给定值控制驱动电机输入功率（电流、电压），从而使电动汽车以驾驶员预期的状态行驶。

## 2. 纯电动汽车驱动系统的分类

根据驱动电机的不同，纯电动汽车驱动系统主要可以分为 4 大类，其特点和主要应用场合如表 2-2-1 所示。

表 2-2-1 纯电动汽车驱动系统分类

| 名称 | 直流电动驱动系统 | 感应电机驱动系统 | 永磁无刷电机系统 | 开关磁阻电机驱动系统 |
|---|---|---|---|---|
| 电机类型 | 直流电机 | 感应电机 | 永磁电机 | 开关磁阻电机 |
| 优点 | 速度控制简单、成本低；起动转矩和制动转矩大，易于快速起动和停止；调速范围广、调速方便 | 结构简单、坚固、成本低；免维护，工作性能稳定、可靠性好、使用寿命长；较直流电动机效率高、体积小、质量轻；转矩脉动小、噪声小、转速极限高、响应快；可采用空气冷却或液体冷却方式，冷却速度高；对环境的适应性好，并能实现再生反馈制动 | 体积小、调频范围宽、功率密度和效率高、惯性小、响应快 | 结构简单，使用安全可靠；低速转矩大、起动转矩高、起动电流小；转子无绕组、工作效率高、调频范围宽 |

续表

| 名称 | 直流电动驱动系统 | 感应电机驱动系统 | 永磁无刷电机系统 | 开关磁阻电机驱动系统 |
| --- | --- | --- | --- | --- |
| 缺点 | 重量大、体积大、可靠性差、需要定期维护；电刷、换向器等磨损使得效率较低 | 逆变器结构复杂，且容易损坏；驱动电路复杂，成本高 | 价格高，同时大功率的永磁电机做到体积小、质量轻很困难 | 开关磁阻电动机有严重的转矩脉动，使电动机的振动高和噪声大、非线性严重，逆变器复杂、价格高 |
| 应用场合 | 城市无轨电车 | 特斯拉 | 北汽EV | 景区观光车 |

## 二、比亚迪e5驱动系统

比亚迪e5是典型的大电池、单电机、固定变速比的纯电动汽车，其动力系统的基本构成如图2-2-2所示。

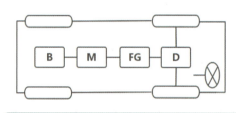

图2-2-2　比亚迪e5动力系统的基本构成

### 1. 驱动电机系统

驱动电机是纯电动汽车的三大核心部件之一，是车辆行驶的主要执行机构。其特性决定了车辆的主要性能指标，直接影响车辆动力性、经济性和用户驾乘感受。

比亚迪e5纯电动汽车的驱动系统是三相交流永磁电机系统，主要包括驱动电机系统和减速驱动桥总成（减速驱动桥总成是一个减速器与主减速器、差速器组合在一起的总成）。驱动电机是一个三相交流永磁电机，代替传统汽车的发动机。驱动电机额定功率为80 kW，最大功率为160 kW；额定扭矩为160 N·m，最大扭矩为310 N·m。驱动电机系统能完成电能和机械能的双向转换，它位于比亚迪e5的动力总成内。动力电机为三相永磁同步电机，在电机定子输入交流电流后，电机可以将电能转换成机械能，转动驱动变速箱，是电动机功能；汽车行驶带动电机的永磁转子的转动，也可以在定子上产生交流电流输出，是发电机功能。

比亚迪e5驱动方式为前置前驱，电机和变速箱都位于汽车前舱处。电池输出经过交流逆变后，驱动电机转动，经过变速箱传动到前轮带动后轮行进。驱动电机与减速驱动桥总成如图2-2-3所示。

图2-2-3　驱动电机与减速驱动桥总成

比亚迪 e5 驱动电机基本参数如表 2-2-2 所示。

表 2-2-2　比亚迪 e5 驱动电机基本参数

| 动力总成 | 技术参数 |
| --- | --- |
| 电动机最大输出扭矩 | 310 N·m/（0~4 929 r/min） |
| 电动机额定扭矩 | 160 N·m/（0~4 775 r/min） |
| 电动机最大输入功率 | 160 kW/（4 929~12 000 r/min） |
| 电动机额定功率 | 80 kW/（4 775~12 000 r/min） |
| 电动机最大输出转速 | 12 000 r/min |
| 电动机总成重量 | 103 kg |
| 总减速比 | 9.342 |
| 变速箱润滑油量 | 1.8 L |
| 变速箱润滑油类型 | 齿轮油 SAE80W-90<br>（冬季环境温度低于 -15℃ 地区推荐换用 SAE75W-90） |

## 2. 三相交流永磁电机内部结构

比亚迪 e5 采用的三相交流永磁电机依靠内置传感器来提供电机的工作信息，这些传感器包括：旋变传感器（见图 2-2-7），用以检测电机转子位置（见图 2-2-4、图 2-2-5），控制器解码后可以获知电机转速；温度传感器（见图 2-2-6），用以检测电机的绕组温度，控制器可以保护电机避免过热。

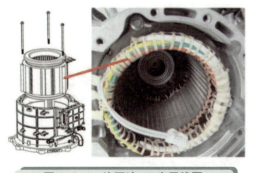

图 2-2-4　比亚迪 e5 定子线圈　　　　图 2-2-5　比亚迪 e5 电机转子

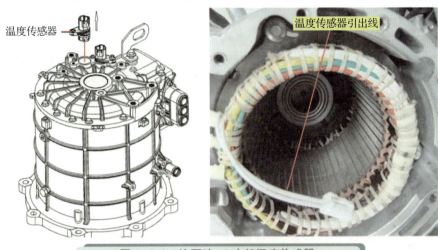

图 2-2-6　比亚迪 e5 电机温度传感器

图 2-2-7　比亚迪 e5 旋变传感器

### 3. 电机控制器

比亚迪 e5 的电机控制器位于前舱的高压电控总成内，动力电机、变速箱和 P 挡电机位于前舱高压电控总成的下方的动力总成内，如图 2-2-8 所示。

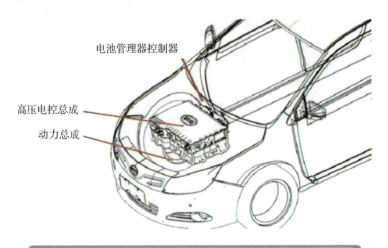

图 2-2-8　高压电控总成（含电机驱动器）和动力总成的位置

比亚迪 e5 的电机控制器全称为 VTOG 两电平双向逆变充放电式电机控制器,具有双向逆变功能。它可以将 650 V 高压直流电逆变成三相交流电,驱动动力电机转动,也就是放电过程;也可以将电机制动过程中产生的交流电或者交流充电设备注入的交流电,整流成高压直流电,充入动力电池,也就是能量回馈和交流充电过程。

比亚迪 e5 的动力控制机构包括挡位控制器、刹车控制器、油门控制器、ECO/SPORT 开关等传感器和执行器,将用户的操作转化成电机控制器的控制输入,最终控制电机的行为。其中:ECO/SPORT 开关,在 ECO(经济模式)和 SPORT(运动模式)之间切换,ECO 模式最节能,限制电机的扭矩范围和电流输出,动力非最优;SPORT 模式,不限制扭矩和电流输出,动力最优,能耗非最优。刹车和油门控制器除了控制电机加速外,还可用于控制电机的能量回收强度。

### 4. 减速驱动桥总成

比亚迪 e5 减速驱动桥(见图 2-2-9)与目前市面上大部分的纯电动汽车一样,采用单挡固定减速比的减速器,外加差速器构成。总减速比为 9.342(主减速比 2.958,一级减速比 3.158)。单挡变速箱采用浸油润滑方式,变速箱润滑油量 1.8 L,变速箱润滑油类型为齿轮油 SAE80W-90,冬季环境温度低于 -15℃ 地区推荐换用 SAE75W-90 润滑油。

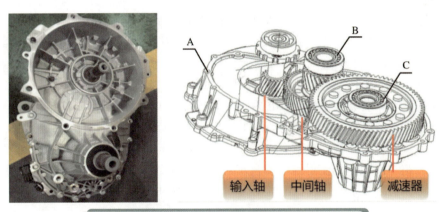

图 2-2-9 比亚迪 e5 减速驱动桥

## 三、纯电动汽车冷却系统

### 1. 新能源汽车热源发热机理及冷却系统分类

#### 1)新能源汽车中的热源和发热机理

新能源汽车电动机内部由铁芯和绕组线圈组成,电机通电运行都会有不同的发热现象。绕组有电阻,通电会产生损耗,损耗大小与电阻和电流的平方成正比,这就是我们常说的铜损。除直流电机外,电动汽车电机控制器输出的电流多为方波,不是标准的正弦波,会产生谐波损耗。铁芯有磁滞涡流效应,在交变磁场中也会产生损耗,其大小与材料、电流、频率、电压有关,这就是铁损。铜损和铁损都会以发热的形式表现出来,从而影响电机的效率。如果驱动电机得不到有效的冷却,电机的内部温度不断升高,将导致电机效率下降。如果温度过高，就会造成电机内部线圈烧蚀甚至导致线圈短路而使电机损坏。另外，多数电机内部均有磁性材料，如果温度过高，就会导致磁性材料稳定性下降，磁性降低，甚至磁性消失，也会导致电机损坏。所以，为了保证电机在一个稳定的冷热循环平衡的通风系统中安全可靠运行，需要有效的冷却介质及冷却方式来带走热量。电动机冷却系统的好坏将直接影响电动机的安全运行和使用寿命。

新能源汽车电机控制器是将蓄电池等能量储存系统的电能转换为驱动电机的电能，并输出给电机的部件。电机控制器的主要生热器件是输出级的功率绝缘栅型双极场效应管 MOSFET 器件。这些功率模块的损耗主要包括晶体管工作时的导通损耗、关断损耗、通态损耗、截止损耗和驱动损耗，这些功率损耗都会转换成热能，使控制器发热。最重要的是通态损耗和关断损耗，这两项损耗是电机控制器热量的主要来源。

新能源汽车动力电池作为汽车的动力源，其充电、放电的发热会一直存在。从电池充放电的基本原理分析，电池充电实际是在补充电池内部的电子，而放电则是在消耗电池内部的电子，无论是充电还是放电都会伴随着电子的剧烈运动，这种剧烈运动带来的结果就是热效应，而且这种热效应是无法避免的。动力电池的性能和电池温度密切相关。如果电动汽车电池组在高温下得不到及时通风散热，将会导致电池组系统温度过高或温度分布不均匀，最终将降低电池充放电循环效率，影响电池的功率和能量的输出，严重时还将导致热失控，影响电池的安全性与可靠性。为了尽可能延长动力电池的使用寿命并获得最大功率，需在规定温度范围内使用动力电池。原则上在 -40℃ ~+55℃（实际电池温度）动力电池单元处于可运行状态。因此，目前新能源汽车的动力电池单元都装有冷却装置。动力电池的冷却性能的好坏，直接影响电池的效率，同时也会影响到电池寿命和使用安全。

新能源汽车冷却系统主要对动力电池、驱动电机、电机控制器、DC/DC 以及车载充电器等多个电器单元进行冷却。由于纯电动汽车冷却系统针对的是电器部件，受温度影响更加明显，因此对温度的控制要求更加精确。同时，纯电动汽车的动力系统和供电系统的电子部件耐受温度低，整车降噪小，使得纯电动汽车对冷却系统的散热性能和噪声的要求更为严格。因此，高效可靠的冷却系统，成为纯电动汽车动力系统进一步提高效率、改善续驶里程的关键技术之一。

**2）新能源汽车冷却系统分类**

目前纯电动汽车的冷却系统按照冷却部件不同可以分为两部分：一是对动力系统的驱动电机、电机控制器和 DC/DC 等部件的冷却；二是对供电系统的动力电池和车载充电器的冷却。其按照冷却方式不同可以分为自然散热、风冷散热和液体循环散热，在个别高端电动汽车中动力电池的冷却方式有通过内部与空调系统连通的制冷剂循环回路进行冷却的空调循环冷却方式。

（1）自然散热。

自然散热就是指不采用特别的散热措施，让发热部件通过自身表面与环境空气的作用，或通过相邻部件的传导作用，将热量传送出去，达到散热的目的。

（2）风冷散热。

通过空气流过发热部件表面或特别设计的风道，带走发热部件内部所产生的热量，这种方式称为风冷散热。风冷散热可分为利用汽车行驶时与空气相对运动所产生的风进行散热和强制风冷散热两种形式。

(3)液体循环散热。

让液体(水、专用油或其他介质)通过发热部件内部专门设计的水道,吸收发热部件内部的热量,并将热量带到外部的散热器,通过风冷方式给散热器中的液体降温,再将降温后的液体送回发热部件内部继续吸收热量。其也称为液体强制循环冷却系统。

## 2. 比亚迪 e5 的冷却系统

比亚迪 e5 的发热部件主要有动力电池、驱动电机、电机控制器、车载充电机、DC/DC 等。这些部件产生的热量如果不能及时地散发出去,将导致车辆限扭矩运行甚至损坏零部件。冷却系统的功用是保证其在要求的温度范围之内稳定高效地工作。

比亚迪 e5 的冷却系统,分为两套独立的采用液体循环散热的冷却系统,一套负责动力系统的高压控制盒和驱动电机的冷却;另一套负责供电系统的动力电池的冷却(见图 2-2-10)。

图 2-2-10 比亚迪 e5 动力电池冷却系统示意图

比亚迪 e5 电机冷却系统是通过电动水泵驱动冷却液实现的独立循环系统(见图 2-2-11、图 2-2-12)。它由散热器、电子风扇、水管、水壶、电机水套、电机控制器、水泵组成。散热风扇和冷却电子水泵安装在电机前部底端;加注乙二醇型长效防锈防冻液(常温性:冰点 -25℃,适用于南方全年及北方夏季;耐寒性:冰点 -40℃,适用于北方冬季),用量 6.2 L。工作时冷却液从水泵出发,经过高压电控总成、动力总成带走热量,经过散热器冷凝后,又回到水泵。电子风扇可以进行高速运转、低速运转,由主控制器进行控制,通过监测电机控制器、电机以及冷却系统的水温,并且参考空调请求状态共同决定对冷却风扇的自动控制,确保各系统在正常温度下工作。

 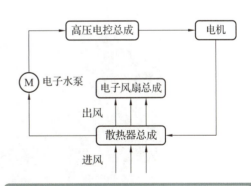

图 2-2-11 比亚迪 e5 水泵位置　　图 2-2-12 比亚迪 e5 驱动电机冷却系统示意图

冷却风扇的工作条件:

(1)冷却液水温:40℃~50℃低速请求;高于55℃高速请求。

(2)IPM:53℃~64℃低速请求;高于64℃高速请求;高于85℃报警。

(3)IGBT:55℃~75℃低速请求;高于75℃高速请求;高于90℃限制功率输出;高于

100℃报警。

（4）电机温度：90℃~110℃低速请求；高于110℃高速请求。

## 实践技能

### 四、比亚迪e5驱动系统的维护保养

#### 1. 高压电控总成和驱动电机的维护

高压电控总成和驱动电机的维护属于定期保养项目，每7 500 km或者6个月应该进店检查动力总成是否存在冷却液泄漏和磕碰现象；检查高压线束或插接件是否存在松动现象；检查高压电控总成外观是否存在变形和冷却液泄漏现象；利用专用诊断仪检查高压模块故障码。

#### 2. 减速驱动桥的维护保养

对于初次保养，减速器磨合后，建议行驶40 000 km或24个月更换润滑油，以后行驶48 000 km或者24个月进行定期维护。减速驱动桥维护周期以里程表读数或使用月数判断，以先到为准。在换油之前应先检查减速驱动桥是否漏油，对于非换油作业而举升车辆时，也应检查减速驱动桥是否漏油。

单挡变速箱采用浸油润滑方式，更换润滑油量1.8 L，变速箱润滑油类型齿轮油SAE80W-90，冬季环境温度低于-15℃地区推荐换用SAE75W-90润滑油。

##### 1）更换动力总成润滑油

（1）整车下电，下电作业流程见学生手册1.3车间安全与环保。

（2）水平举升车辆，检查减速驱动桥是否漏油，如有漏油，则查明原因并处理。

（3）拆下减速驱动桥放油螺塞，排放润滑油，放油螺塞位置如图2-2-13所示。

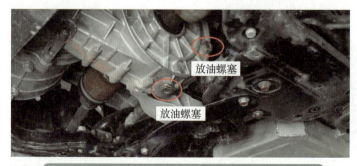

图2-2-13 加油螺塞与放油螺塞位置

（4）在放油结束后按规定扭矩（12~18 N·m）拧紧。如有需要可以在放油螺塞上涂抹少量密封胶（乐泰5699平面密封硅橡胶）。

（5）拆下加油螺塞。

（6）加注润滑油，直到加油螺塞孔有油液流出，说明油位合适，停止加注。

（7）按规定扭矩（12~18 N·m）拧紧加油螺塞。

（8）用抹布清洁减速器底部润滑油。

（9）试车运行一段时间后，重新检查加速驱动桥是否漏油。

### 2）减速驱动桥总成漏油及液位检查

（1）整车下电，下电作业流程见学生手册1.3 车间安全与环保。

（2）举升车辆，检查内外侧半轴球笼防尘套（见图2-2-14）有无裂纹、有无油污，如有，则更换防尘套。

（3）检查减速驱动桥总成是否漏油，如有漏油，则查明原因并处理。

（4）拆下放油螺塞，检查油位。如果润滑油能从加油螺塞孔缓慢流出，说明油位正常。否则，应补充规定的润滑油，直到加油螺塞孔有油液流出为止。

图 2-2-14 内外侧半轴球笼防尘套

## 五、比亚迪e5冷却系统的维护保养

### 1. 检查风扇及水泵是否工作正常

（1）检查风扇叶片的角度和叶片数是否符合厂家的规定。

（2）检查风扇叶片和散热器的距离，在正常情况下风扇叶片应有1/3左右被包在风扇罩内。

（3）检查水泵工作时是否有异响。

### 2. 驱动电机冷却液渗漏及液位检查

（1）按规定进行下电操作。

（2）举升车辆。

（3）检查水泵（水泵在车辆底部靠近右前翼子板附近，位置如图2-2-15所示）及各水管接头有无渗漏现象；如有渗漏，则视情况进行处理。

（4）降下车辆。

（5）检查膨胀水箱冷却液液位，如图2-2-16所示，液位应该在"MIN"和"MAX"之间并靠近"MAX"。

（6）根据情况适当添加冷却液。

注意：加注乙二醇型长效防锈防冻液（常温性：冰点-25℃，适用于南方全年及北方夏季；耐寒性：冰点-40℃，适用于北方冬季），用量6.2 L。由于冷却液会损坏漆面，因此在加注时应避免冷却液泼溅到车身漆面上。冷却液有毒，应避免与眼睛、皮肤等接触。

图 2-2-15 驱动电机冷却水泵位置

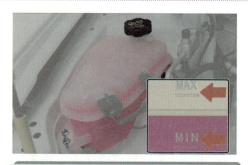
图 2-2-16 膨胀水箱冷却液液位

### 3. 更换驱动电机冷却液

驱动电机冷却液建议更换频次为每 4 年或 100 000 km 更换长效有机酸型冷却液,以先到者为准。冷却液型号为乙二醇型长效防锈防冻液(常温性:冰点 -25℃,适用于南方全年及北方夏季;耐寒性:冰点 -40℃,适用于北方冬季),整车加注量为风冷车载充电机车型 6.2 L。建议使用专用的冷却液自动更换机进行加注。手工加注流程(不建议使用)为:

新能源汽车
冷却液更换

(1)上电让水泵运行约 5 min,然后断电,重复 2~3 次。用手触摸,确认电机和膨胀水箱等已冷却。

(2)沿逆时针方向慢慢转动膨胀水箱盖,可将冷却系统中的残余压力全部释放,取下膨胀水箱盖。

(3)举升车辆。

(4)拧松散热器放水阀,其位置如图 2-2-17 所示,排放冷却液。将排出的冷却液存放于合适的容器内。待冷却液排净后,旋紧散热器放水阀。

图 2-2-17 散热器放水阀位置

(5)降下车辆。

(6)将比亚迪公司指定的冷却液倒入膨胀水箱,直至液面达到注入口颈部的底端。

(7)盖上膨胀水箱盖,并拧紧,上电让水泵运转约 5 min,然后将其断电。

(8)待电机和膨胀水箱等已冷却,取下膨胀水箱盖,将比亚迪公司指定的冷却液注入膨胀水箱内,直至液面达到注入口颈部的底端。

(9)盖上膨胀水箱盖,并拧紧,上电让水泵运转约 5 min,然后断电。

(10)待电机和散热器等已冷却,取下膨胀水箱盖,然后将比亚迪公司指定的冷却液注入膨胀水箱使其液面达到膨胀水箱上限(MAX)标记处。

(11)重复(9)~(10)步骤,直至不需再添加冷却液。冷却系统的容量约为 6.2 L。

(12)盖上膨胀水箱盖并旋至最终停止位,彻底拧紧并对其进行清洁。

注意:

(1)手工加注冷却液可能会导致实际加入量低于标准值,因为在此过程中,存在于驱动电机及控制器中的冷却液无法彻底排除。

(2)车辆在冬季或其他寒冷季节在加注完冷却液后要对其冰点进行测试,保证冷却系统中冷却液冰点能满足冬季使用要求。

### 4. 冷却液冰点测试

#### 1) 冰点测试仪调零

(1) 将冰点测试仪(见图2-2-18)前部对准光亮的方向,用调节手轮调节目镜的折光度,直至能看到清楚的刻度。

 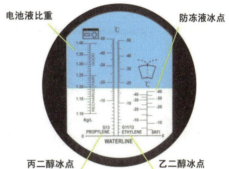

图2-2-18 冰点测试仪

(2) 打开盖板,在棱镜的表面滴一两滴蒸馏水,盖上盖板并轻轻压平。

(3) 调节螺钉,使明暗分界线和零刻度线一致。

#### 2) 测试冷却液冰点

(1) 打开冰点测试仪盖板,将棱镜表面和盖板上的水分用纱布擦拭干净。

(2) 打开膨胀水箱盖,并吸取少许冷却液。

(3) 滴一到两滴冷却液到棱镜表面上,盖上盖板并轻轻压平。

(4) 从明暗分界线的刻度上读出数值,该数值就是冷却液的冰点。

(5) 测量完成后,将棱镜和盖板表面上的液体擦干净,等棱镜和盖板表面变干后,将冰点测试仪收好。

(6) 盖上膨胀水箱盖。

### 单元小结 →

1. 比亚迪e5纯电动汽车的驱动系统是三相交流永磁电机系统,主要包括驱动电机系统和减速驱动桥总成(减速驱动桥总成是一个减速器与主减速器、差速器组合在一起的总成)。

2. 比亚迪e5的电机控制器全称为VTOG两电平双向逆变充放电式电机控制器,具有双向逆变功能。

3. 新能源汽车冷却系统主要是对动力电池、驱动电机、电机控制器、DC/DC以及车载充电器等多个电器单元进行冷却。

4. 初次保养,减速器磨合后,建议40 000 km或24个月更换润滑油,以后48 000 km或者24个月进行定期维护。驱动电机冷却液建议更换频次为每4年或100 000 km更换长效有机酸型冷却液,以先到者为准。

# 纯电动汽车底盘的维护与保养 3

## 任务导入

小王在新能源汽车某 4S 店实习,今天带队师傅告诉他要对某品牌纯电动汽车进行制动液更换作业,你知道更换制动液要如何进行吗?对其更换时有什么注意事项吗?

## 学习目标

1. 能快速找到转向系统各零部件的安装位置。
2. 能快速找到行驶系统各零部件的安装位置。
3. 能快速找到制动系统各零部件的安装位置。
4. 能正确快速地对转向系统机械部分进行保养作业。
5. 能正确快速地对行驶系统进行保养作业。
6. 能正确对制动真空系统进行检漏作业。
7. 能正确进行制动液更换作业。

## 理论知识

纯电动汽车底盘主要包括转向系统、制动系统和行驶系统。其中,转向系统关系到汽车的操纵稳定性。制动系统直接关系到汽车的制动性。它们都是汽车主动安全的重要评价指标,因而通过维护保养将其维持在良好的工作状态有助于保证汽车行驶安全。行驶系统主要关系到行驶的平顺性,表现在成员的舒适程度上。在追求安全、舒适的今天,对底盘的维护是非常必要的。

### 一、比亚迪 e5 纯电动汽车转向系统

#### 1. 电动助力转向系统(EPS)结构与组成

比亚迪 e5 纯电动汽车采用的是电动助力转向系统(EPS),如图 2-3-1 所示,由传感器

新能源汽车电动转向系统

（扭矩转角传感器、车速传感器）、控制器（EPS电子控制单元）、执行器（EPS电机）以及相关机械部件组成。转向系统的传动机构采用电机驱动，取代了传统机械液压机构。它能够在各种环境下给驾驶员提供实时转向盘助力。

图 2-3-1　比亚迪 e5 电动助力转向系统

EPS 系统由 EPS 电机提供助力，助力大小由 EPS 电子控制单元实时调节与控制。根据车速的不同提供不同的助力，改善汽车的转向特性，减轻停车泊位和低速行驶时的操纵力，提高高速行驶时的转向操纵稳定性，进而提高汽车的主动安全性。比亚迪 e5-EPS 转向器外部接口如图 2-3-2 所示。

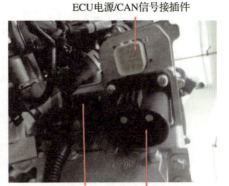

图 2-3-2　比亚迪 e5-EPS 转向器外部接口

## 2. EPS 系统的功能

### 1）助力控制功能

EPS 的助力特性属于车速感应型，即在同一转向盘力矩输入下，电机的目标电流随车速的变化而变化，能较好地兼顾轻便性与路感的要求。EPS 的助力特性采用分段型助力特性。EPS 电机根据转向盘偏离方向施加助力转矩，以保证低速时转向轻便，高速时操作稳定并获得较好的路感。

### 2）回正控制功能

转向时，转向轮主销后倾角和主销内倾角的存在，使得转向轮具有自动回正的作用。EPS 系统在机械转向机构的基础上，增加了 EPS 电机和减速机构。EPS 系统通过 EPS 电子控制单元对 EPS 电机进行转向回正控制，与前轮定位产生的回正力矩一起进行车辆的转向回正动作，使转向盘迅速回正，抑制转向盘振荡，保持路感，提高转向灵敏性和稳定性，优化转向回正特性，缩短收敛时间。回正控制通过调整回正补偿电流，进而产生回正作用转矩，该转矩沿某一方向使转向轮返回到中间位置。

3）阻尼控制功能

车辆高速行驶时，通过控制阻尼补偿电流进行阻尼控制，增强驾驶员路感，改善车辆高速行驶情况下转向的稳定性。

### 3. EPS系统工作原理

汽车转向时，扭矩及转角传感器把检测到的扭矩及角度信号的大小、方向经处理后传给EPS电子控制单元，EPS电子控制单元同时接收车速传感器检测到的车速信号，然后根据车速传感器和扭矩及转角传感器的信号决定电机的旋转方向和助力扭矩的大小。同时电流传感器检测电路的电流，对驱动电路实施监控，在同一转向盘力矩输入下，电机的目标电流随车速的变化而变化，最后由驱动电路驱动电机工作，实施助力转向。其工作原理如图2-3-3所示。

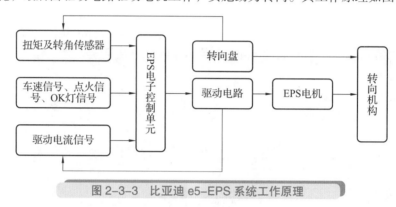

图2-3-3 比亚迪e5-EPS系统工作原理

## 二、比亚迪e5纯电动汽车行驶系统

### 1. 比亚迪e5的悬架

比亚迪e5的前悬架为麦弗逊式独立悬架，如图2-3-4所示，由螺旋弹簧、减震器、下摆臂和横向稳定杆组成，其具有结构紧凑、车轮跳动时前轮定位参数变化小、有良好的操纵稳定性等优点。

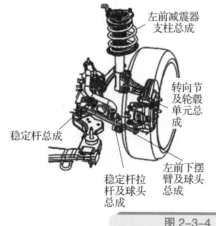 

图2-3-4 比亚迪e5前悬架系统

比亚迪e5的后悬架为多连杆式独立悬架，由连杆、减震器和减震弹簧组成。采用这种结构不仅可以保证拥有一定的舒适性，而且由于连杆较多，使得车轮与地面尽最大可能保持垂直、尽最大可能减小车身的倾斜、尽最大可能维持轮胎的贴地性，因此提升了整车的操控性。如图2-3-5所示。

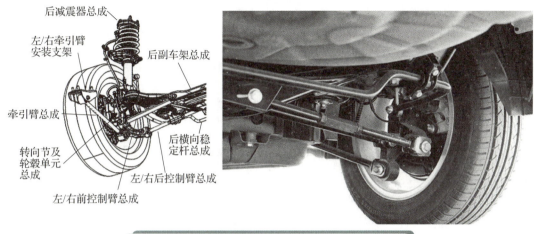

图2-3-5　比亚迪e5后悬架系统

## 2. 比亚迪e5的轮胎

比亚迪e5的前后轮胎使用的是佳通牌（Giti）轮胎，尺寸为205/55 R16、94 V，如图2-3-6所示。其标准胎压为250 kPa。要更换轮胎，必须选择与原厂尺寸相同的轮胎。轮胎属于消耗磨损部件，每个保养周期都要检查轮胎的气压以及使用磨损情况。按照厂家要求定期调换轮胎以及做轮胎动平衡。

比亚迪e5在每次检查轮胎充气状态时，还应该同时检查轮胎有无外伤、异物刺入及其磨耗情况，胎面或侧面的损伤及凸起。如发现任何一种情况，应更换轮胎。检查轮胎侧面的刮伤、裂缝或断裂。如能看到轮胎布或帘线，则应更换轮胎。车辆轮胎的胎面内部铸有磨耗标记。当胎面磨耗至此处时，您就会看到一条横跨胎画的带状标记，这表示轮胎只剩下厚度不足1.6 mm的胎面，磨耗至此种程度的轮胎，在湿滑路面上的附着力很小。若胎面上出现三条或更多的磨耗标记，便应更换轮胎。

图2-3-6　比亚迪e5轮胎标识

## 三、比亚迪e5纯电动汽车制动系统

比亚迪e5的制动系统为电动真空助力系统，电子真空泵（EVP）为电动汽车的真空助力器提供真空，真空助力器驱动制动液通过制动油管达到4个车轮的制动部件。比亚迪e5前后车轮均为盘式制动，依靠制动盘和液压控制的制动钳来实现制动。比亚迪e5制动路线及制动系统结构如图 2-3-7、图 2-3-8 所示。

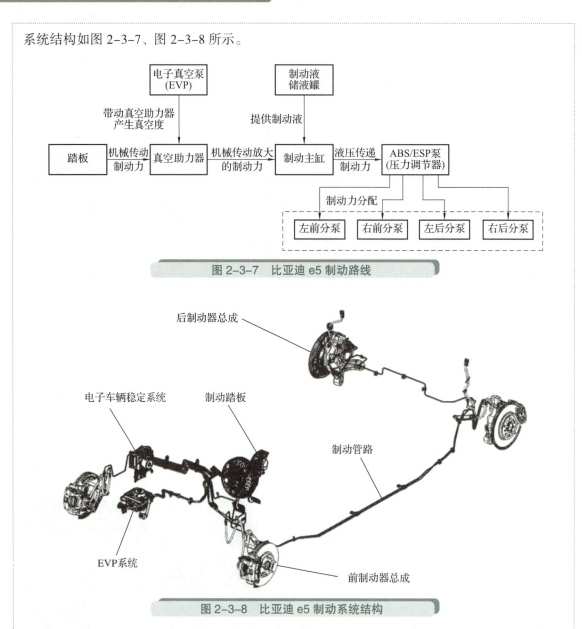

图 2-3-7　比亚迪 e5 制动路线

图 2-3-8　比亚迪 e5 制动系统结构

如果真空助力器不能获得真空或获得的真空不足，将导致制动系统助力效果差。比亚迪 e5 的电动真空助力系统包括电子真空泵、真空管路、真空压力传感器、制动主缸带真空助力器总成。系统由主控制器进行控制，对真空度压力传感器和脚刹传感器进行检测，实现对真空泵的控制，并在真空压力传感器故障时确保提供足够的制动力，保证行车安全。

比亚迪 e5 的制动系统为电动真空助力系统，如图 2-3-9 所示。

图 2-3-9　比亚迪 e5 电动真空助力系统部件

电动真空助力系统的真空度控制原理是：当驾驶员发动汽车时，只要 12 V 电源接通，主控制系统模块就开始自检，如果真空罐内的真空度小于设定值，真空压力传感器输出相应电压至主控制器，主控制器控制电子真空泵开始工作；当真空度达到设定值后，真空压力传感器输出相应电压至主控制器，主控制器控制电子真空泵停止工作；当真空罐中真空度因制动消耗而小于设定值时，电子真空泵再次开始工作，如此反复循环。

## 实践技能

### 四、比亚迪 e5 电动汽车转向系统维护

纯电动汽车的转向系统与传统汽车的转向系统有较大不同，主要表现在其助力系统中。传统汽车的转向助力系统通常采用液压助力，动力的来源是发动机；而电动汽车没有发动机，动力源是动力电池，所以转向助力系统采用的是电动助力。因此，电动汽车转向系统维护的内容相较于传统汽车有所减少，主要是转向系统机械部分的保养与维护，包括：

#### 1. 转向盘自由行程的检查

转向盘自由行程对于缓和路面冲击，使驾驶员操纵柔和，防止驾驶员过度紧张等是有利的。但不宜过大，以免过分影响转向灵敏性和产生转向摇摆现象。转向盘从相应于汽车直线行驶的中间位置向任何一个方向的自由行程不应超过 10°～15°，当超过 25°～30° 时，必须进行调整。

检查转向盘自由行程的方法如下：

（1）停车且轮胎朝向正前方；

（2）向左或向右轻轻转动转向盘，检查转向盘的自由行程。如图 2-3-10 所示，转向盘从相应于汽车直线行驶的中间位置向任何一个方向的自由行程不应超过 30 mm。如果自由行程超过最大值，则需检查转向系统。

转向盘自由行程过大是由于转向系统各机件之间装配不当或机件的磨损所致，如果转向盘自由行程超过规定值，应检查转向拉杆接头、转向节球头、转向器齿轮齿条是否磨损或损坏，零件安装或连接是否松动，如有不良，应更换相应零件。

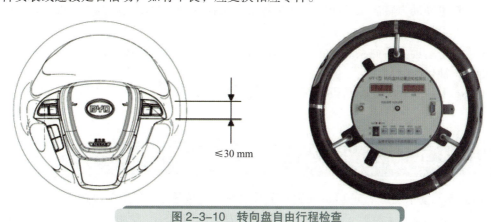

图 2-3-10 转向盘自由行程检查

## 2. 电动助力转向系统（EPS）机械传动部件检查维护

电动助力转向系统机械传动部件检查维护主要是检查各个连接处是否牢固，各防尘套是否开裂等。

（1）检查转向管柱万向节固定螺栓力矩，检查力矩为 30 N·m。
（2）检查转向管柱防尘套有无松脱、老化，如有则视情况处理。
（3）检查转向器固定螺栓有无松动。
（4）用手指用力压转向横拉杆防尘套，检查在防尘罩上是否有龟裂或者损伤，如果有则更换。
（5）检查转向横拉杆球头及球头固定螺母开口销，如图 2-3-11 所示。

图 2-3-11　转向横拉杆球头及球头固定螺母

（6）通过摆动车轮和转向横拉杆来检查转向横拉杆球头间隙，如果有旷动，则更换转向横拉杆球头。

## 3. 电动助力转向系统电动助力部件检查

（1）检查电动助力转向系统搭铁处是否有异物或者被烧蚀。
（2）检查电动助力转向系统 ECU 电源 /CAN 信号接插件是否松动、脱落，线束是否开路或短路，接插件引脚是否被烧蚀。
（3）检查电动助力转向系统扭矩及转角传感器接插件是否松动、脱落，线束是否开路或短路，接插件引脚是否被烧蚀。
（4）检查电动助力转向系统电机电源接插件是否松动、脱落，线束是否开路或短路，接插件引脚是否被烧蚀。
（5）检查电动助力转向系统 ECU 外观是否被腐蚀。

## 五、比亚迪 e5 电动汽车行驶系统维护

比亚迪 e5 制动系统每 7 500 km 或者 6 个月常规维护与保养项目主要包括：检查前后悬架装置、检查车轮轴承有无游隙、检查轮胎和重启压力（含 TPMS）、轮胎换位。

## 1. 前后悬架装置检查

### 1)悬架的基本状况检查

(1)测试减震器状况。

首先进行悬架就车测试,将车辆反复摇动3次或4次,每次推力尽量相同。回弹时,应注意支柱的阻力和车身回弹的次数,若松手后,回弹1~2次,车身立即停止回弹,且左右两侧回弹次数相同,则表明减震器(支柱)正常,如图2-3-12所示。

(2)确认汽车底盘高度正确。

按照维修手册,确定测量点J和K,对汽车从前到后或从左到右测量汽车离地高度,如图2-3-13所示。如果存在高度不同,则表明螺旋弹簧变软。

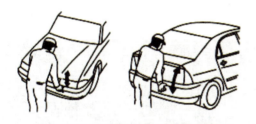

图2-3-12 悬架就车测试

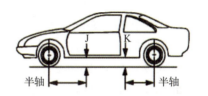

图2-3-13 汽车底盘高度测试

### 2)前悬架元件的检查

(1)目视检查减震器与车身的连接螺母。

打开发动机盖,两侧前减震器贯穿每个车轮上方的挡泥板,并用3个六角法兰面螺母固定。仔细检查这些紧固件,确保没有生锈、松动等损坏,如果没有正确固定或者锈蚀,可能会损坏零件以及固定零件的螺母和螺栓,导致前悬架无法正常工作。如图2-3-14所示。

(2)测量前轮的离地高度。

使用标尺或卷尺,测定驾驶员侧车轮顶部与挡泥板底部之间的距离。在乘客侧重复上述过程,看是否存在差异。虽然不到1 cm的微小差异是可以接受的,但应该尽量保持一致。如果不一致,则较低的一侧可能是问题所在;当一致时,悬架仍然可能存在问题。

(3)从车底下目视检查滑脂套和橡胶衬套是否有损坏迹象。

举升车辆,钻入车底后,从其中一个车轮开始,仔细检查悬架金属部件之间的橡胶衬套。它们通常是黑色的,使用时间变长后会逐渐变成灰色。悬架部件之间可能有多达40个衬套,通常是圆形的,中间有一个洞。悬架上的任何一个橡胶件都可以看作衬套。如发现任何衬套有裂缝或破损,应该更换。一旦橡胶衬套开始磨损,就会使悬架部件之间过度动作,从而导致悬架动力学特性改变,还会使乘坐时感觉更颠。衬套破损或缺失会严重影响车辆承受颠簸甚至转向的能力。悬架衬套故障通常出现在横向稳定杆两端的连杆、从动臂衬套、车桥枢轴点或上下控制臂衬套。

(4)检查拉杆球头是否有过多间隙。

找到动力转向器,将转向臂朝向车轮,检查拉杆球头是否有过多间隙,如图2-3-15所示。拉杆球头是转向器与车轮之间的连接点,因此,衬套受损会导致转向死角,降低操纵能力。如果方向盘上有"死角",那么很可能是拉杆球头不良导致间隙过多造成的。完全失效的拉杆球头非常危险,会妨碍驾驶员对车辆的控制。在拉杆球头磨损或完全失效之前进行更换。

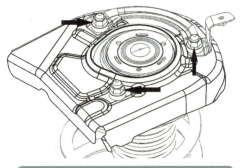

图 2-3-14 减震器与车身连接螺母

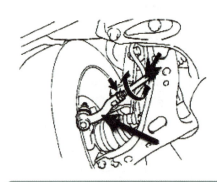

图 2-3-15 检查拉杆球头间隙

3)后悬架元件的检查

(1)擦拭干净每个接头,检查橡胶衬套是否断裂或撕裂。它们通常是黑色的,使用时间变长后会逐渐变成灰色。下摆臂球头、胶套及横向稳定杆胶套位置如图 2-3-16 所示。

图 2-3-16 下摆臂球头、胶套及横向稳定杆胶套位置

(2)检查螺栓和螺母是否生锈和紧固。检查固定悬架部件的螺母和螺栓,以及车身是否有过度生锈迹象,并确保紧固。用螺丝刀敲击看似生锈的紧固件,如果有块状脱落,应进行更换。发现任何螺母或螺栓逐渐松动,用合适的手动或套筒扳手再次拧紧。如果部分车架或悬架部件严重生锈,要找机修工修理。

## 2. 车轮轴承轴向间隙的检测(见图 2-3-17)

(1)举升车辆,确保支撑可靠,拆下车轮。

(2)安装合适的平垫圈和车轮螺母,然后将螺母锁紧到规定扭矩(110±5)N·m,将制动盘牢牢地固定在轮毂上。

(3)在轮毂帽上放置百分表,通过里外移动制动盘,测量轴承的轴向间隙。

注意:轴承轴向间隙标准值:前轮:0.07~0.10 mm;后轮:-0.01~0.04 mm。

如果轴承的轴向间隙大于标准值,则更换车轮轴承。

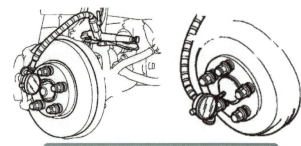

图 2-3-17 检测车轮轴承轴向间隙

## 3. 轮胎检查

(1)轮胎充气压力及气门嘴的检查。

保证轮胎正常的气压,是轮胎运行的首要条件。用轮胎气压表检查轮胎气压,同时检查

气门嘴帽有无缺失。轮胎气压过高,轮胎的刚性也随之升高,减少了轮胎的接地面积,易造成轮胎胎冠的早期磨损,从而降低使用寿命。轮胎气压过低,降低了轮胎的刚性,轮胎的径向形变增大,接地面积分布不均,导致轮胎过度发热,橡胶在高温下黏结力降低、线帘松散,易造成轮胎胎面早期磨损,从而降低使用寿命。

(2)检查轮胎侧面。

检查轮胎侧面有无划伤,胎冠面有无裂纹、鼓包的现象,如图2-3-18所示。汽车以高速驶过凹坑、障碍物及马路沿时,轮胎局部在巨大的撞击力下将发生严重变形,内部压力瞬间增大,这样的直接后果就是造成轮胎鼓包或刮伤。已经发生鼓包或严重刮伤的轮胎必须立即更换,否则就有爆胎的危险。如有异常情况,应进行修补或更换。

图2-3-18 检查轮胎侧面裂纹和鼓包

(3)检查轮胎磨耗标记。

当轮胎磨耗标记显露出来时,就应更换轮胎。小型车的轮胎在胎面上嵌入的磨耗标记一般有8条,宽度为12.5 mm;位于相应部位的轮胎侧壁印有"s""△"或"TW1"的记号(见图2-3-19)。当轮胎胎面花纹的深度小于1.6 mm时,磨耗指示带就会显露出来。如果能从邻近的两个以上的槽中看到磨耗指示带,轮胎就应及时更换。对于经常行驶在高速公路上的车辆,当其轮胎花纹深度小于2.4 mm时,应更换该轮胎。轮胎胎面的花纹深度小于4 mm时,将不具备在雪地行驶的效力,在冬季行车时应予更换。

图2-3-19 检查轮胎磨耗标记

(4)轮胎胎面的异常磨损检查。

轮胎异常磨损是指正常轮胎在行驶过程中所发生的磨损速度加快,胎面形状出现异常的状态。轮胎胎面的磨损情况,可以反映出车辆使用和转向系统的技术状况。它大大缩短了轮胎的正常使用寿命,说明车辆使用中存在隐患,应该根据轮胎的磨损特征找出原因,及时排除隐患,延长轮胎的使用寿命(见表2-3-1)。

表 2-3-1 轮胎异常磨损的特征及原因分析

| 异常磨损特征 | 异常特征图片 | 原因分析 |
|---|---|---|
| 胎冠内侧磨损呈内锥体 | | 前轮外倾角过小、轮内倾、车轴弯曲变形 |
| 胎冠外侧磨损呈外锥体 | | 前轮外倾角过大、前束值过大、前桥变形,破坏了前轮定位关系 |
| 胎面中部严重磨损、胎纹磨光 | | 轮胎气压长期偏高、轮胎胎面过宽、轮辋过窄,轮胎的磨损主要由胎面中部承担 |
| 胎面两侧严重磨损、胎缘磨光 | | 轮胎气压长期偏低、轮胎胎面过窄、轮辋过宽,轮胎的磨损主要由胎面两侧承担 |
| 胎面圆周方向局部凹痕状磨损 | | 轮胎气压不足、车轮不平衡、钢圈变形或制动鼓失圆、前束过大、转向杆件连接松旷、车轮定位参数不正确 |
| 胎面圆周方向呈波浪状磨损 | | 轮辋变形、车轮不平衡、轮毂轴承磨损松旷、前轮定位参数不正确、主销后倾角过小 |
| 胎面两侧花纹呈锯齿状磨损 | | 轮胎气压偏低、负荷过大、轮毂轴承磨损松旷、前轮定位参数不正确 |

(5) 检查轮胎表面有无嵌入或刺入异物,如嵌入异物,用螺丝刀将其剔除;如刺入异物,则需补胎或更换轮胎。

(6) 检查备胎气压,注意防油蚀。轮胎沾油后,很快就会发生胀蚀,这会大大降低备胎的使用寿命。备胎的寿命在 4 年左右,建议过了 4 年即使备胎一次也没有使用过也要更换,因为备胎很可能成了废胎。

## 六、比亚迪 e5 电动汽车制动系统维护

比亚迪 e5 制动系统每 7 500 km 或者 6 个月常规维护与保养项目主要包括:检查制动系统管路和软管、检查制动真空系统、检查前轮制动摩擦片的更换以及检查和更换制动液。

## 1. 制动系统管路和软管检查

（1）检查制动主缸的油杯或油杯油封、管路接头、制动主缸和助力装置之间有无损坏或漏油迹象，如有，应及时更换。

（2）检查制动管路是否损坏、锈蚀及泄漏。还要检查制动管路是否被碰弯。

（3）检查制动软管管路接头和与制动器连接端扁接头处是否有损坏或漏油迹象，软管和管路是否扭曲或损坏，必要时重新紧固或者更换。紧固要求力矩：制动硬管至制动软管：17.5 N·m，制动总泵至制动管路：17.5 N·m，制动软管至制动钳（连接螺栓）：32 N·m。

（4）检查制动钳活塞密封处、制动软管扁接头和排气阀螺钉处是否有损坏或漏油迹象，必要时重新紧固或者更换。

（5）检查 ESP 控制单元管路接头和液压单元处是否有损坏或漏油迹象，必要时重新紧固或者更换。

（6）检查电子真空泵和真空单向阀是否工作正常，真空管路及其接头密封性处是否有检查损坏或进气迹象，如果不正常，应及时更换。

注意：一旦检修制动管路，务必更换制动管路管夹。

## 2. 制动真空系统检查

制动真空系统检查需要两个人协助进行，因此在作业过程中应注意遵守操作规程，避免发生事故。

（1）维修工乙进入驾驶室后，维修工甲举升车辆。

（2）维修工乙按下起动开关，仪表盘显示 OK，连续 3 次完全踩下制动踏板。

（3）维修工甲观察制动电子真空泵（见图 2-3-20）工作情况，并记录制动电子真空泵起动时刻。如果不能正常起动，则进行相应的维修作业。

（4）从电子真空泵起动到真空度达到设定值，电子真空泵应在 10 s 内停止工作。如果电子真空泵起动 10 s 后仍然工作，则说明制动真空系统有漏气故障，需进行相应的维修作业。

图 2-3-20　电子真空泵及真空罐位置

（5）维修工乙连续踩动制动踏板，使制动真空泵运转 5 min。

（6）维修工甲检查真空泵有无异响、异味，各连接线和插接件有无变形发热现象。如果有上述现象，则可能是真空泵内部严重磨损。

（7）维修工甲降下车辆。

## 3. 前轮制动摩擦片的更换检查

如果检查发现前轮制动摩擦片磨损严重，则应建议客户进行更换。其作业流程为：

（1）松开车轮固定螺栓。

（2）举升车辆至合适的高度，拆下车轮固定螺栓，拆下车轮。

（3）举升车辆至某一较高高度，并锁止。

（4）松开两个制动钳滑销螺栓。

（5）旋转制动钳，取下摩擦片。如果制动钳与摩擦片之间间隙过小，则应用相应工具将制动轮缸活塞轻轻推入制动轮缸。在此过程中不要用力过猛，防止活塞密封圈漏油。

（6）安装摩擦片，旋转制动钳到安装位置，安装制动钳滑销螺栓。

（7）用扭力扳手将螺栓拧到规定力矩。

（8）降下车辆至合适位置，安装车轮，安装车轮固定螺栓。

（9）拧紧车轮固定螺栓。

（10）降下车辆，按规定力矩拧紧车轮固定螺栓，拧紧力矩为 110 N·m。

### 4. 检查和更换制动液

比亚迪 e5 用的制动液型号为 DOT 4（见图 2-3-21），每 7 500 km 或者 6 个月常规维护与保养时检查制动液储液罐内的液位，液位应处于储液罐罐壁上的下限（MIN）与上限（MAX）标记之间（见图 2-3-22）。如果液位处于或者低于下限（MIN）标记，则需要检查制动系统是否有渗漏以及制动摩擦片是否磨损。每行驶 2 年或 40 000 km 更换一次，每次更换需要（800±5）mL，更换时务必使用与原车型号相同的制动液，而且不同型号的制动液不能混合使用。

图 2-3-21　比亚迪 e5 使用的制动液

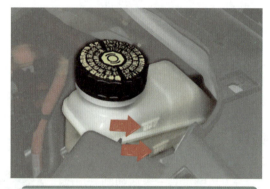

图 2-3-22　制动液储液罐液位

更换制动液的步骤为：

（1）打开车门，安装三件套。

（2）打开机舱盖，安装翼子板布及前格栅布。

（3）打开制动液储液罐加注口并取出滤网。

（4）清洁吸液管路表面后将抽吸机软管插入制动液储液罐。

（5）按下制动液抽吸机开关，将储液罐里制动液抽出。

（6）补充新制动液至储液罐适宜高度。

（7）将适量 DOT 4 型制动液加入加注灌。

（8）安装制动液加注罐。

（9）举升车辆。

（10）取下左后制动分泵放油口防尘罩。

（11）将放油扳手套在制动分泵放油螺栓上。

（12）将放油口连接器插入制动液抽吸机软管。

（13）将吸液管路连接到制动分泵放油口上。

（14）拧松放油口螺栓。

（15）按下制动液抽吸机开关，将旧制动液吸出，此时吸液管路呈黄色或浑浊的颜色，当看到有接近透明的新制动液流出时即可。

（16）拧紧放油口螺栓至规定扭矩。

（17）将连接器与制动分泵放油口分离，取下放油扳手。

（18）关闭制动液抽吸机开关。

（19）安装左后制动分泵放油口防尘罩。

用同样的方法按照右前、右后和左前的顺序更换其余三个车轮制动管路中的制动液。

（20）降下车辆。

（21）踩下制动踏板数次，应感觉制动踏板沉重。如果感觉不沉重，则说明制动系统有空气，需要重复上述过程排气。

（22）举升车辆。

（23）检查各轮制动分泵放油口有无漏油，如果有漏油，则视情况处理。

（24）降下车辆。

（25）取下制动液加注罐。

（26）安装储液罐滤网、储液罐加注口盖。

（27）取下翼子板布及前格栅布，关闭机舱盖。

（28）取下三件套。

没有制动液加注罐时，更换完左后轮制动液后需降下车辆补充制动液，然后按右前、右后和左前的顺序更换制动液，而且每更换一个车轮都要降下车辆补充制动液。排出的制动液不可再次使用。须使用纯正的 DOT 4 制动液。使用非规定制动液可能会造成腐蚀，并缩短系统使用寿命。请勿让制动液溅洒在车辆上，否则，可能损坏油漆。如果制动液已经溅洒在漆层上，应立即用水清洗。在开始进行排气时，制动总泵储液罐的液位必须处于最大液位标志处（上液位），每个制动钳排放之后都必须检查。最后应把制动总泵储液罐注满，使液面达到"MAX"（最高液位）标线。

## 单元小结

1. 比亚迪 e5 纯电动汽车采用的是电动助力转向系统（EPS），由传感器（扭矩转角传感器、车速传感器）、控制器（EPS 电子控制单元）、执行器（EPS 电机）以及相关机械部件组成。

2. 比亚迪 e5 的前悬架为麦弗逊式独立悬架，由螺旋弹簧、减震器、下摆臂和横向稳定杆组成。后悬架为纵臂扭转梁式独立悬架，由螺旋弹簧、减震器、纵臂和扭力梁组成。比亚迪 e5 的后悬架为多连杆式独立悬架，由连杆、减震器和减振弹簧组成。

3. 比亚迪 e5 的制动系统为电动真空助力系统，电子真空泵（EVP）为电动汽车的真空助力器提供真空，真空助力器驱动制动液通过制动油管达到 4 个车轮的制动部件。比亚迪 e5 前后车轮均为盘式制动，依靠制动盘和液压控制的制动钳来实现制动。

4. 比亚迪 e5 用的制动液型号为 DOT 4，每 7 500 km 或者 6 个月常规维护与保养时检查制动液储液罐内的液位，液位应处于储液罐壁上的下限（MIN）与上限（MAX）标记之间。

学习情境2　纯电动汽车保养与维护

# 空调系统维护与保养

## 任务导入

小王在新能源汽车某4S店实习,今天带队师傅告诉他要对某品牌纯电动汽车空调系统进行维护作业,你知道纯电动汽车空调系统维护内容有哪些吗?对其进行维护时有什么注意事项吗?

## 学习目标

1. 能迅速找到空调系统各零部件的安装位置。
2. 能正确使用空调系统。
3. 能正确检查空调系统制冷能力、制暖能力。
4. 能迅速更换空调滤芯。
5. 能正确规范地对电动压缩机进行绝缘测试。

## 理论知识

空调(Air Condition,缩写为A/C)即空气调节,是指在封闭的空间内,对空气温度、湿度、流速及空气的清洁度进行部分或全部调节的过程。汽车空调就是将车内空间的环境调整到对人体最适宜的状态,创造良好的劳动条件和工作环境,以提高驾驶员的劳动生产率和行车安全。汽车空调一般由制冷系统、暖风系统、配气系统、电气控制系统和通风与净化系统组成。

## 一、内燃机汽车的空调系统

### 1. 内燃机汽车空调制冷系统

以循环离合器膨胀阀制冷系统(如图2-4-1)为例,内燃机汽车空调制冷系统主要由压缩机、冷凝器、膨胀阀、蒸发器、储液干燥器、空调压力开关、制冷管路、鼓风机、冷凝器散热风扇等部件组成,制冷剂和冷冻机油在封闭的系统中循环流动。

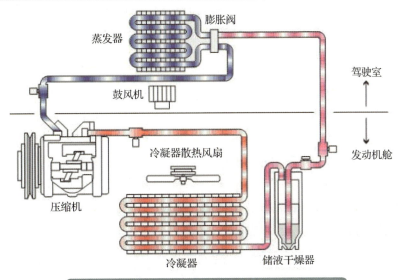

图 2-4-1 循环离合器膨胀阀制冷系统的组成

压缩机一般由发动机通过电磁离合器带动,当压缩机运转时,将蒸发器内的低压低温制冷剂气体吸入气缸,经过压缩后,形成高压高温蒸气并排入冷凝器。在冷凝器中,高压高温的制冷剂气体与外面的空气进行热交换,放出热量使制冷剂冷凝成高压中温液体,然后经储液干燥器干燥和过滤后流入膨胀阀。高压中温液体制冷剂经膨胀阀的节流,压力和温度急剧下降,制冷剂以低压低温的气液混合状态进入蒸发器。在蒸发器里,低压低温液体制冷剂吸取车厢内空气的热量,气化成低压低温制冷剂气体并进入压缩机进行下一轮循环。这样,制冷剂在封闭的系统内经过压缩、冷凝、节流和蒸发四个过程,完成了一个制冷循环。

## 2. 内燃机汽车空调暖风系统

汽车空调暖风系统的主要作用是能与蒸发器一起将空气调节到让乘员舒适的温度;在冬季向车内提供暖气,提高车内环境温度;当车上玻璃结霜和结雾时,可以输送热风,用来除霜和除雾。轿车、载货汽车和小型客车多采用发动机余热水暖式暖风系统,其组成及工作原理如图 2-4-2 所示。

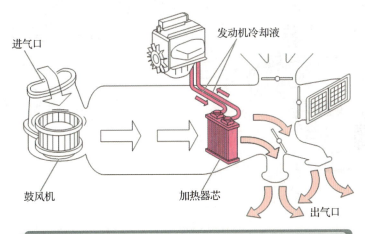

图 2-4-2 发动机余热水暖式暖风系统的组成及工作原理

该系统将温度较高的发动机冷却液引入加热器芯，由鼓风机将车厢内或车外部空气吹过加热器芯而使之升温。水阀安装在发动机缸体出水口处，通过控制水阀的开度调节水流量的大小，可调节暖风机的供热量。

### 3. 汽车空调配气系统

汽车空调配气系统包括鼓风机、风道、风门和出风口等，风门把车外的新鲜空气引入车内，通过排风口把车内的污浊空气排出车外。

## 二、比亚迪 e5 空调系统

纯电动汽车空调系统和传统汽车的空调系统有着很大的不同，主要表现在两个方面：一是压缩机动力源；二是暖风系统热源。

传统汽车压缩机动力源自发动机，暖风系统热源多数利用的是发动机余热；而纯电动汽车没有发动机，因此要用其他的方案进行解决。通常采用的是：压缩机由动力电池进行驱动，暖风系统采用辅助热源进行解决。

### 1. 比亚迪 e5 空调系统的基本组成

比亚迪 e5 空调系统为 BC14 电动压缩机自动调节空调。系统主要由电动压缩机、冷凝器、HVAC 总成、制冷管路、PTC 以及暖风水管、风道、空调控制器等零部件组成，如图 2-4-3 所示。其具有制冷、采暖、除霜除雾、通风换气四种功能。该系统利用 PTC 水加热器采暖，利用气体压缩式制冷循环制冷，制冷剂为 R410a，加注量 600 g；冷冻油型号为 POE，加注量 135 mL。控制方式为按键操纵式。自动空调箱体的模式风门、冷暖混合风门和内外循环风门都是电机控制。

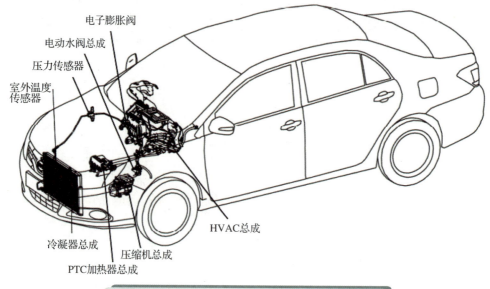

图 2-4-3　比亚迪 e5 空调系统组成及相对位置

1）电动压缩机

制冷系统采用电动压缩机，额定功率 2 kW，在机舱靠左侧，固定在变速器上。系统工作时，高压压力 2.0~3.0 MPa；低压压力 0.5~1.0 MPa；在空调系统回路中起驱动制冷剂的作用，其将机械能转换为热能；基本功能：驱动和建立压力差。

目前电动压缩机的主流趋势是控制单元与压缩机本体集成的方式，简而言之，就是压缩机加电控的组合体，比亚迪 e5 车型也不例外，采用适合高电压、变频节能的一体化压缩机，类型为涡旋式，如图 2-4-4 所示。螺旋型内盘由三相交流同步电机通过一个轴驱动并进行偏心旋转。通过固定式螺旋型外盘（静盘）上的两个开口吸入低温低压气态制冷剂，然后通过动盘向中部移动使制冷剂压缩、变热。以偏心方式转动三圈后，吸入的制冷剂压缩、变热，可通过外盘中部的开口以气态形式释放。高温高压气态制冷剂从此处经机油分离器流至电动压缩机出口。经过消声器输送到冷凝器，冷凝器放热后变成高温高压气态制冷剂，经干燥瓶到膨胀阀，节流后变成低温低压液雾状进入蒸发器；制冷剂吸收鼓风机吹过的空气变成低温低压气态制冷剂。变冷的空气进入车内。

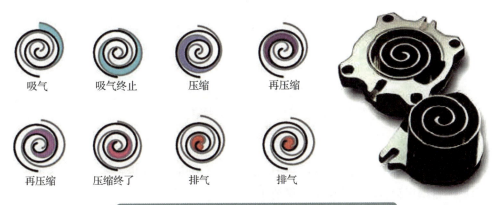

图 2-4-4　涡旋压缩机压缩工作原理

空调压力保护方式是通过压力传感器，当压力过高或过低时进行压力保护。温度保护方式分为蒸发器温度保护（低温保护 0~2℃）和压缩机温度过高保护（高温保护（130±5）℃）。

2）电子膨胀阀

电子膨胀阀和变频压缩机一起有效工作，如图 2-4-5 所示。利用它精确控制流量的功能整体提升空调系统工作效率。可实时调节开阀速度、开度，比 TXV 有更灵活的可控性。根据控制器的脉冲电压信号，线圈驱动步进转子旋转；通过精密丝杆传动，转子将旋转运动转化为阀芯的轴向直线移动；通过上述运动，阀芯在控制器的控制下实现调节阀体通道大小，从而达到制冷剂的设计流量。

3）充注阀口

比亚迪 e5 空调系统采用的是 R410a 系统：抽真空和加注分开为 2 套设备。R410a 系统属于高压空调系统，空调系统维修过程中，如需要更换零部件，一定要用制冷剂回收设备或者压力表放出制冷剂。避免高压制冷剂喷出，对维修人员带来伤害。

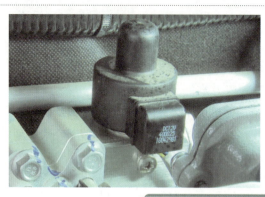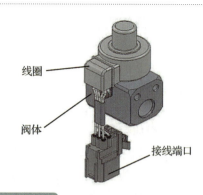

图 2-4-5　电子膨胀阀

4）PTC 水加热器

暖风系统采用 PTC 水加热器，额定功率 6 kW，PTC 加热冷却液后供给暖风芯体，具体含义如图 2-4-6 所示。

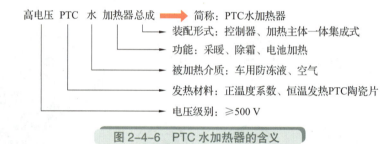

图 2-4-6　PTC 水加热器的含义

该 PTC 水加热器自带水温传感器、高压互锁装置、IGBT 温度传感器、电压采集、电流采集以及对应的自动保护程序，如图 2-4-7 所示。

图 2-4-7　PTC 水加热器

PTC 水加热器上布置有水温传感器，用以监测流经 PTC 水加热器后的水温数值。PTC 水加热器的功率大小由空调控制器根据室内温度、设定温度、水温等信息综合判断后决定。

5）暖风电子水泵

其安装在电动压缩机后上方、左传动轴上方、四合一总成安装支架上，如图 2-4-8 所示。

图 2-4-8 暖风电子水泵

6）空调控制器

空调控制器是整个空调系统（包括制冷、采暖）的总控中心，协调控制空调系统的工作，它安装在蒸发箱体底部，如图 2-4-9 所示。空调控制器在整车 CAN 网络上属于舒适网，但它与电动压缩机模块、PTC 模块组成一个空调子网。

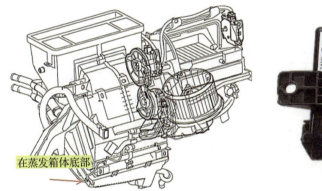 

图 2-4-9 空调控制器

## 2. 比亚迪 e5 空调系统的工作原理

### 1）制冷系统原理

由空调驱动器驱动的电动压缩机将气态的制冷剂从蒸发器中抽出，并将其压入冷凝器。高压气态制冷剂经冷凝器时液化而进行热交换（释放热量），热量被车外的空气带走。高压液态的制冷剂经膨胀阀的节流作用而降压，低压液态制冷剂在蒸发器中气化而进行热交换（吸收热量），蒸发器附近被冷却了的空气通过鼓风机吹入车厢。气态的制冷剂又被压缩机抽走，泵入冷凝器，如此使制冷剂进行封闭的循环流动，不断地将车厢内的热量排到车外，使车厢内的气温降至适宜的温度。如图 2-4-10 所示。

### 2）暖风系统原理

暖风系统采用 PTC 水加热模块，额定功率 6 kW，PTC 加热冷却液后供给暖风芯体；空调电子水泵安装在电动压缩机上端。暖风系统采用 PTC 水加热器总成加热冷却液，冷却液先由水泵抽空调暖风副水箱总成内的冷却液，泵进 PTC 水加热器总成，加热后的冷却液流经暖风芯体，再回至空调暖风副水箱总成，如此循环。加热后的空气，通过鼓风机鼓风将热量送至乘员舱或风窗玻璃，用以提高车厢内温度和除霜。如图 2-4-11 所示。

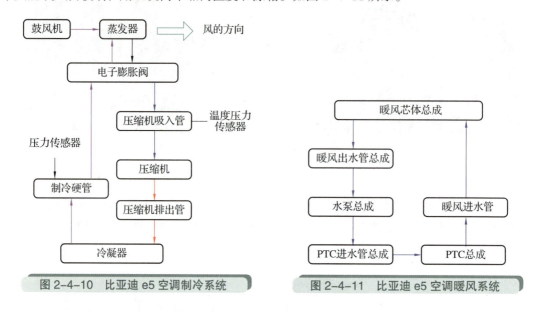

图 2-4-10　比亚迪 e5 空调制冷系统　　　图 2-4-11　比亚迪 e5 空调暖风系统

## 实践技能

比亚迪 e5 空调系统每 7 500 km 或者 6 个月常规维护与保养项目主要包括：检查普通空调滤网。另外，每 4 年或 100 000 km（以先到者为准）需要更换长效有机酸型空调冷却液。

比亚迪 e5 空调系统的日常维护内容主要有：检查压缩机有无异响、制冷能力、制热能力以及更换空调滤芯和空调系统除异味等。

## 三、比亚迪 e5 空调制冷系统维护

### 1. 检查压缩机有无异响

（1）打开车门并安装三件套。
（2）按下起动开关，仪表盘显示 OK，上电正常。
（3）按下压缩机启停按键，位置如图 2-4-12 所示。
（4）按下风量升按键，调节风量至最大风量位置；按下温度降按键，调节温度至最低温度位置，如图 2-4-12 所示。
（5）将所有车门打开。
（6）举升车辆并穿戴绝缘防护用具。
（7）判定压缩机工作声音是否正常，可用听诊器直接放在空调压缩机上听取，有电机及内部零件运转及摩擦声音，属正常工作声音。

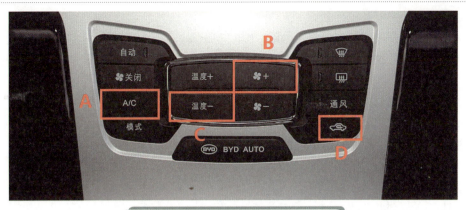

图 2-4-12 空调控制面板

A—压缩机启停按键；B—风量升按键；C—温度降按键；D—内外循环按键

注意：

（1）空调压缩机是一个高压设备，在其与电源相连的任何时候接触空调压缩机，操作人员都必须采取必要的安全防护措施。

（2）如发现压缩机异常，应立即关闭空调系统，防止增大损坏的程度。

## 3. 制冷能力检查

制冷能力检查的流程为：

（1）打开车门并安装三件套。

（2）按下起动开关，仪表盘显示 OK，上电正常。

（3）按下压缩机启停按键，开启压缩机。

（4）按下风量升按键，调节风量至最大风量位置；按下温度降按键，调节温度至最低温度位置。

（5）检查各出风口有无冷风，并用手背感觉出风口温度。

（6）关闭空调。

（7）电源挡位退至"OFF"挡。

（8）取下三件套并关闭车门。

注意：

（1）如果感觉出风口温度不够低，则通过歧管压力表组检测空调制冷系统压力。如果制冷剂量不足，则应建议客户进行维修。

（2）当空调高低压侧达到平衡后，高低压侧压力应为 0.6 MPa，如果空调制冷系统已经打开并运行了一段时间，则高压侧压力应在 1.3~1.5 MPa，低压侧压力应在 0.25~0.3 MPa。

## 四、比亚迪 e5 暖风系统保养与维护

暖风效果检查流程为：

（1）打开车门并安装三件套。

（2）按下起动开关，仪表盘显示 OK，上电正常。

（3）按下风量升按键，调节风量至最大风量位置；按下温度升按键，调节温度至最高温度位置。

（4）检查各出风口有无暖风。

（5）暖风功能打开工作几分钟之后，检查吹出的风有无焦煳味，如有焦煳味，则建议客户进行维修。

（6）按下关闭按键，关闭空调。

（7）电源挡位退至"OFF"挡。

（8）取下三件套并关闭车门。

## 五、更换空调滤芯

空调滤清器的作用：过滤从外界进入车厢内部的空气，使空气的洁净度提高。一般的过滤物质是指空气中所包含的杂质、微小颗粒物、花粉、细菌、工业废气和灰尘等。空调使用一段时间以后，空调滤芯上吸附了大量的污染物，此时如果不及时更换不仅起不到过滤的作用，还会成为车里的一大污染源，因此要对空调滤芯进行定期更换。比亚迪 e5 空调滤芯建议每 7 500 km 或者 6 个月进行检查，必要时进行更换。

更换空调滤芯的流程为：

（1）拆下副驾驶座位前方的手套箱，如图 2-4-13 所示。

（2）取下空调滤清器盒盖板，如图 2-4-14 所示。

（3）取出空调滤清器支架，如图 2-4-15 所示。

（4）从支架上取出旧的空调滤清器，把新的空调滤清器安装到支架上（见图 2-4-16～图 2-4-18）。

（5）把空调滤清器支架放回空调滤清器盒。

（6）扣上空调滤清器盒盖板，如图 2-4-19 所示。

（7）安装手套箱，如图 2-4-20 所示。

图 2-4-13　取下手套箱

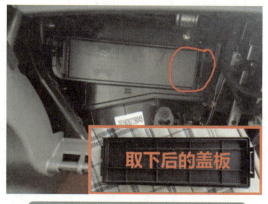

图 2-4-14　取下空调滤清器盒盖板

图 2-4-15　取出空调滤清器支架

图 2-4-16　新旧空调滤清器对比

图 2-4-17　安装新空调滤清器到支架上

图 2-4-18　安装空调滤清器支架

图 2-4-19　扣上空调滤清器盒盖板

图 2-4-20　安装手套箱

## 单元小结

1. 传统汽车压缩机动力源自发动机，暖风系统热源多数利用的是发动机余热；而纯电动汽车没有发动机，因此要用其他的方案进行解决。通常采用的是：压缩机由动力电池进行驱动，暖风系统采用辅助热源进行解决。

2. 比亚迪 e5 空调系统采用 BC14 电动压缩机自动调节空调，主要由电动压缩机、冷凝器、HVAC 总成、制冷管路、PTC 以及暖风水管、风道、空调控制器等零部件组成。

3. 比亚迪 e5 空调系统每 7 500 km 或者 6 个月常规维护与保养项目主要包括：检查普通空调滤网。另外，每 4 年或 100 000 km（以先到者为准）需要更换长效有机酸型空调冷却液。

4. 比亚迪 e5 空调系统的日常维护内容主要有：检查压缩机有无异响、制冷能力、制热能力以及更换空调滤芯和空调系统除异味等。

# 纯电动汽车车身的维护与保养

## 任务导入

小王为新能源汽车某 4S 店维修工,今天有一辆某品牌纯电动汽车进店做保养,小王要对其车身进行维护与保养,你知道纯电动汽车车身维护内容有哪些吗?

## 学习目标

1. 能快速找到照明与信号指示灯的位置。
2. 能正确使用车身各低压电器。
3. 能正确对照明与信号系统进行维护作业。
4. 能正确地进行灯光调节。
5. 能正确根据仪表盘各警报指示灯状态判断汽车故障类型。
6. 能正确使用冰点测试仪检测玻璃水冰点。

## 理论知识

### 一、汽车灯光系统

照明系统为汽车夜间行驶提供照明,车外照明灯具主要有前照灯、倒车灯、牌照灯、雾灯等,车内照明灯具主要有室内灯、门灯、各开关背光灯等。各种灯具装在各自所需照明的位置,并配以各自的控制开关和线路及熔断器等,组成照明系统。照明系统同时带有信号提示功能,产生光信号,向其他车辆的司机和行人发出警告,以引起注意,确保车辆行驶的安全,包括转向信号、制动信号、危险警告信号及示廓信号、倒车信号等。如图 2-5-1 所示。

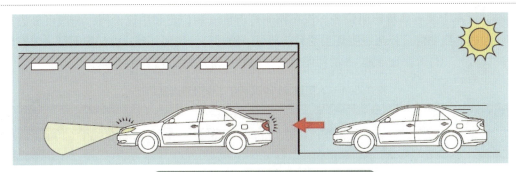

图 2-5-1　汽车灯光的作用

比亚迪 e5 除了具有传统灯光照明功能外，还配有自动灯光及大灯延时退电功能，使灯光的使用更便利及人性化。将组合开关调到 AUTO 挡，BCM 会根据光照强度、传感器采集的外界光照强度进行判定，自动控制灯光开启和关闭，并根据光强不同开启小灯或大灯。当大灯打开，车辆电源从 ON 挡退电到 OFF 挡时，大灯不会立即熄灭，前舱配电盒自动计时让大灯再亮 10 s 后断开灯光继电器，熄灭大灯。

汽车照明与信号装置构成了汽车电系统中一个独立的电路系统。一般轿车有 15~25 个外部照明灯和 40 多个内部照明灯。这就说明灯光系统在现代汽车上的重要作用，如图 2-5-2 所示。

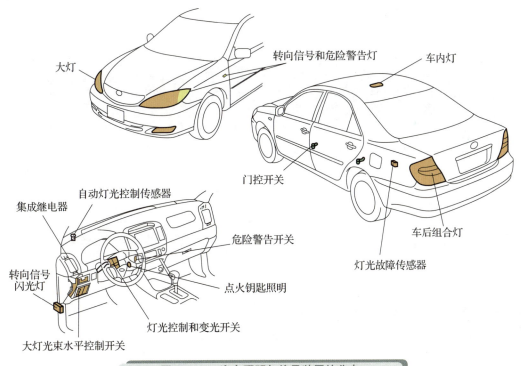

图 2-5-2　汽车照明与信号装置的分布

## 1. 汽车的灯光照明系统

汽车照明灯是汽车夜间行驶必不可少的照明设备，为了提高汽车的行驶速度，确保夜间行车安全，汽车上装有多种照明设备。汽车照明灯根据安装位置和用途不同，一般可分为外部照明灯和内部照明灯。外部照明灯主要有前照灯、防雾灯、牌照灯等；内部照明灯主要有仪表灯、阅读灯、顶灯等。比亚迪 e5 的照明灯工作时特点及用途如表 2-5-1 所示。

表 2-5-1　比亚迪 e5 的照明灯工作时特点及用途

| 种类 | 外照明灯 | | | 内照明灯 | | |
|---|---|---|---|---|---|---|
| | 前照灯 | 雾灯 | 牌照灯 | 顶灯 | 仪表灯 | 行李厢灯 |
| 工作时的特点 | 白色常亮（远、近光变化） | 黄色或橙色单丝常亮 | 白色常亮 | 白色常亮 | 白色常亮 | 白色常亮 |
| 用途 | 为驾驶员安全行车提供保障 | 雨、雪、雾天保证有效照明及提供信号 | 用于照亮汽车尾部牌照 | 用于夜间车内照明 | 用于夜间观察仪表时的照明 | 用于夜间拿取行李物品时的照明 |

### 2. 汽车的灯光信号系统

汽车上除照明灯外，还有用以指示其他车辆或行人的灯光信号标志，这些灯称为信号灯。

信号灯也分为外信号灯和内信号灯，外信号灯指转向指示灯、制动灯、尾灯、示廓灯、倒车灯，内信号灯泛指仪表板的指示灯，主要有转向、机油压力、充电、制动、关门提示等仪表指示灯。比亚迪 e5 信号灯工作时特点及用途如表 2-5-2 所示。

表 2-5-2　比亚迪 e5 信号灯工作时特点及用途

| 种类 | 外信号灯 | | | | | 内信号灯 | | | |
|---|---|---|---|---|---|---|---|---|---|
| | 转向灯 | 示廓灯 | 停车灯 | 制动灯 | 倒车灯 | 转向指示灯 | READY指示灯 | 充电指示灯 | 其他指示灯 |
| 工作时的特点 | 琥珀色交替闪亮 | 白或黄色常亮 | 白或红色常亮 | 红色常亮 | 白色常亮 | 绿色闪亮 | 绿色常亮 | 黄色常亮 | |
| 用途 | 告知路人或其他车辆将转弯 | 标志汽车宽度轮廓 | 表明汽车已经停驶 | 表示已减速或将停车 | 告知路人或其他车辆将倒车 | 提示驾驶员车辆的行驶方向 | 表示上电正常 | 表示需要充电 | 提示驾驶员车辆的状态 |

## 二、汽车座椅及安全带系统

### 1. 汽车座椅

现代轿车已经不是一个单纯的运载工具，它已经是"人、汽车与环境"的组合体。座椅作为汽车使用者的直接支承装置，在车厢部件中具有非同小可的重要性。汽车座椅的主要功能是为驾驶员或乘客提供便于操纵、舒适、安全和不易疲劳的驾驶或乘坐座位。

### 1）座椅的调整功能

汽车座椅的调整功能，是根据人机工程学原理按不同身材的人而设置座椅的可调节性。一般来说，座椅有如下功能：座椅前后调节、上下调节，靠背角度调节，头枕上下调节、角度调节，坐垫深度调节，靠背腰托支撑调节，座椅整体旋转（360°/180°），座椅折叠、翻转等。座椅调节可以是手动的，也可以是电动的。

座椅还可以加载其他装置，使乘坐更加舒适。比如坐垫加热、靠背通风等，头枕还可以装备 DVD 显示屏，方便后排的乘客观看。

### 2）座椅的分类

汽车座椅的分类有多重方式：

（1）按位置分：前排座椅和后排座椅；

（2）按调节功能分：手动四向、六向、八向调节座椅；电动六向、八向调节座椅。汽车八向座椅的调节方向如图 2-5-3 所示。

（3）按面料分：针织面料座椅、织绒面料座椅、半真皮面料座椅及真皮面料座椅等。

当然，按强调部分的不同，座椅还有其他许多分类方法。

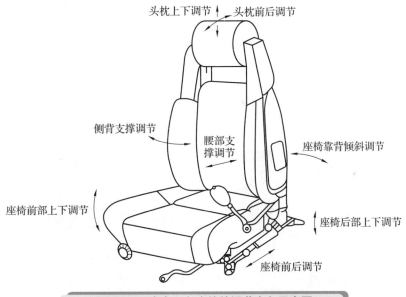

图 2-5-3　汽车八向座椅的调节方向示意图

## 2. 汽车安全带

### 1）安全带的作用

汽车安全带的作用是在车辆紧急制动或发生碰撞时，将驾驶员和乘客紧缚在座椅上，以免前冲，从而保护驾驶员和乘客避免受二次碰撞造成伤害；当安全带受到的收束力超过一定限度时，安全带就会适当放松，保证人员胸部受力在一定范围之内。

汽车事故调查表明，在发生正面撞车时，如果系了安全带，可使死亡率减少 57%，侧面撞车时可减少 44%，翻车时可减少 80%。

### 2）安全带的工作原理

现在大多数安全带都有一个卷收器的设计。卷收器是常用的三点式安全带的重要组件之一。其内部有一个卷轴与安全带相连，而这个卷轴又由一个弹簧提供旋转力来收回安全带。安全带锁紧并不是靠这个弹力，而是卷收器内部的一个锁止机构！当锁止机构被触发时，安全带就会被锁死，无法伸缩。

（1）"快拉"锁止。

离心式离合器是快速拉动锁止的主要部件。快速拉动安全带，卷轴旋转的离心力也会突然加大，这时离合器杆就会向外伸出，并推动凸轮带动滑动销，从而使卷轴棘轮锁死，实现安全带锁止。如图2-5-4所示。

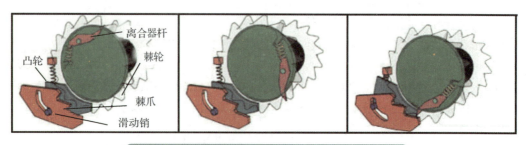

图2-5-4 "快拉"锁止时锁紧装置工作原理

（2）"急刹"锁止。

这种锁止由我们急刹或发生意外时的汽车运动变化触发。其核心部件是一个"钟摆"，当汽车急减速时，摆锤会因为惯性而向前大幅摆动，这个摆动会使与其相连的棘爪与卷收器棘轮发生接触并锁死，这时安全带也就实现锁止了。如图2-5-5所示。

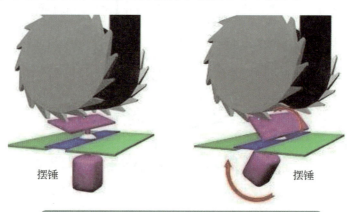

图2-5-5 "急刹"锁止时锁紧装置工作原理

无论哪种安全带锁止，其实都是一个纯机械工作过程。即使惯性已经消了，棘轮上特殊的"倒刺"还是会保持锁止状态无法立即恢复正常，必须凭借卷收器的收缩力（向后收放一小段安全带）使棘轮发生反向运动，各部位才会恢复正常。

（3）安全带的预收紧功能。

在某些新型安全带系统中，还会使用预紧器来收紧安全带。预紧器的设计理念是：在发生碰撞时收紧安全带的任何松弛部分。卷收器的传统锁定机构使安全带无法进一步拉伸，而预紧器的作用则是拉回安全带。预紧器通常与传统锁定机构一起使用，而不是代替它们。

市场上有多种不同的预紧器系统。某些预紧器会将整个卷收器向后拉，某些则会旋转卷轴本身。通常，预紧器会连接到激活汽车安全气囊的中央控制处理器。处理器监控机械或电子运动传感器，这些传感器可响应因撞击产生的突然减速。当探测到撞击时，处理器将激活预紧器，然后激活安全气囊。某些预紧器采用了电动机或螺线管，但当今的多数设计采用点火方式来拉入安全带，如图2-5-6所示。当燃气点燃时，压力会推动活塞上行，从而旋转卷收器。

这种预紧器中的核心元件是一个燃气室。在燃气室内，还有一个包含易爆点火材料的小燃烧室。这个小燃烧室带有两个电极，并连接至中央处理器。当处理器探测到撞击时，它会立即在电极上施加一个电流。电极产生的火花将点燃点火材料，从而将燃气室中的燃气点燃。燃烧的气体会产生很大的外推力。该压力推动位于燃气室内的活塞，使其高速向上运动。活塞的一侧固定有一个齿条。当活塞弹起时，齿条将与一个连接到卷收器卷轴的齿轮啮合。高速运动的齿条会快速旋转卷轴，从而卷起安全带。

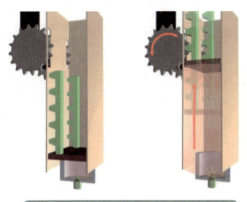

图2-5-6 点火式预紧器

## 三、比亚迪e5电动汽车低速提示音系统（AVAS）

在燃油车的时代里面，车辆所产生的声音越小越好，毕竟声音小的车辆的乘坐舒适性会大大提高，但是电动汽车由于车辆本身的特征，在行驶的过程当中是比较安静的，不像燃油车一样在行驶的过程当中会有发动机的轰鸣声音。对于周围的人来讲，电动汽车的静音容易对周边的人带来一些危害，就是会发生危险的可能性，尤其是走在路上的一些老人，低速行驶的电动汽车在接近行人的时候，噪声太小，行人未必能够感觉到车辆的存在。再加上现在在路上行驶，尤其是一些小区里面是禁止鸣喇叭的，所以对电动车或者是插电式混合动力汽车加装必要的提示音，可以避免发生交通事故。随着电动汽车的日益增多，给车辆在低速或怠速行驶的时候增加安全警示功能已经成为一种趋势。根据新国标，纯电动汽车和插电式混合动力汽车在汽车起步且车速低于20 km/h时，需要给出提示的声音，这种发出来的声音基本上就是类似于车辆在倒车的时候，雷达所发出来的滴滴的声音。

比亚迪e5配置了一个发动机音模拟器来充当低速提示音系统。当车速小于30 km/h时，模拟发动机声音，用来提醒行人车辆靠近，注意安全。发动机音模拟器可以发出连续而均匀的声响，没有振扰声。要求25 000个发声循环后，外观和功能正常，试验前后声压级的变化不超过2 dB。耐久性满足Q/BYDQ-A1906.4598—2016《发动机音模拟器技术条件》及勘误单内容。

发动机音模拟器应满足以下功能：

（1）当车辆速度由0~30 km/h变化时，该发动机音模拟器将自动发出模拟发动机的声音；

（2）车辆加速时，该发动机音模拟器有加速声调的变化，车辆减速时，该发动机音模拟器有减速音调的变化。当车辆速度达到 30km/h 以上时，发动机音模拟器报警声为 0 dB，当收到仪表关闭信号后，AVAS 停止工作且发送关闭信号，如图 2-5-7 所示。

（3）当倒车时，发出倒车报警，报警声压级一定。（具体声压级要求以我方主观评价为准）

（4）当整车 CAN 通信异常时，仪表提示相应信息，同时记录故障码，发动机音模拟器不工作。

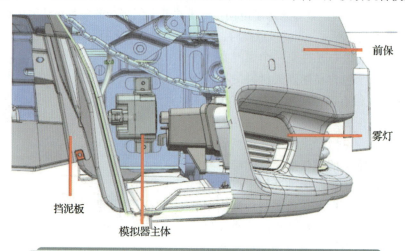

图 2-5-7 低速提示音系统的发动机音模拟器安装位置

## 拓展阅读

## 四、车身低压电器系统

车身低压电器系统主要包括刮水与洗涤系统、电动天窗、电动门锁、电动后视镜、电动喇叭、收音机及导航系统等。

### 1. 刮水与洗涤系统

#### 1）刮水系统的功用及组成

汽车刮水系统的功用是刮除风窗玻璃上的雨水、积雪、尘土和污物，为驾驶员提供良好的视野，确保行车安全。汽车刮水系统可分为电动式和气动式两种，汽车普遍采用电动式刮水系统，如图 2-5-8 所示。

电动刮水系统由刮水器和控制开关组成。刮水器由刮水电动机、传动机构、控制机构和刮水片组件组成，如图 2-5-9 所示。

图 2-5-8 电动式刮水系统

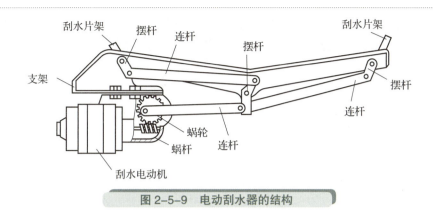

图 2-5-9　电动刮水器的结构

#### 2）刮水系统的工作原理

电动机电枢轴端的蜗杆驱动装在连杆上的蜗轮上，蜗轮转动带动连杆往复运动，从而带动刮水片架上的刮水片左右摆动。蜗轮蜗杆机构有降低速度、增大扭矩的作用，因为驱动橡胶刮水片在挡风玻璃表面摩擦需要很大的动力，尤其风雨较大时更是如此。

电动刮水器有高、低两种工作速度。由于电动机的转速与电源电压、电枢电阻、电压降、磁通及电刷间串联导体数有关，故汽车上常采用改变磁通或电刷间串联导体数的方法，对直流电动机进行变速，如图 2-5-10 所示。

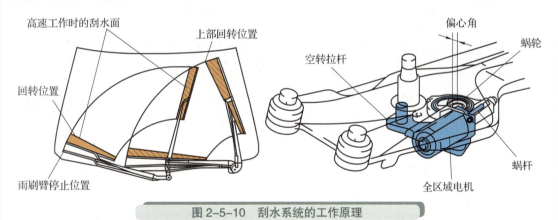

图 2-5-10　刮水系统的工作原理

#### 3）洗涤系统的功用及组成

为了清除附在风窗玻璃上的赃物，现代汽车上增设了风窗玻璃洗涤器，并与刮水器配合工作，保持驾驶员的良好视线，其结构组成如图 2-5-11 所示。

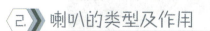

现代汽车上都装有喇叭，用以

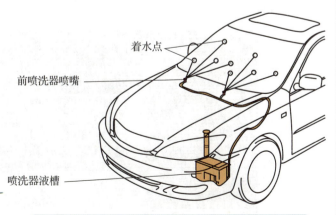

图 2-5-11　洗涤系统的功用及组成

警告行人和车辆,保证行车安全。喇叭按发声动力不同有气动和电动两种。由于电动喇叭能源方便、结构简单、声音洪亮、音质悦耳,故广泛使用于各种类型的车辆,如图2-5-12所示。

图 2-5-12　比亚迪 e5 喇叭的安装位置

## 实践技能

## 五、比亚迪 e5 照明与信号系统维护与保养

比亚迪 e5 照明与信号系统的保养内容主要包括:检查仪表各警报指示灯的工作状态,检查整车灯光及大灯调节功能和检查自动灯光功能,如有必要,还要进行手动灯光调节。

汽车灯光检查

### 1. 检查仪表各警报指示灯的工作状态

仪表各警报指示灯的位置及名称如图2-5-13、表2-5-3所示。指示灯发亮的应对措施如表2-5-4所示。

图 2-5-13　仪表各警报指示灯的位置及名称

表 2-5-3 指示灯

| 指示灯图形 | 指示灯名称 | 指示灯图形 | 指示灯名称 |
| --- | --- | --- | --- |
|  | 驻车制动故障警告灯 * |  | ESP OFF 警告灯（装有时） |
|  | 驾驶员座椅安全带指示灯 * |  | 防盗指示灯 |
|  | 充电系统警告灯 * |  | 主告警指示灯 * |
|  | 前雾灯指示灯 | ECO | ECO 指示灯（装有时） |
|  | 后雾灯指示灯 |  | 动力电池电量低警告灯 |
|  | 智能钥匙系统警告灯 * |  | 动力电池故障警告灯 * |
|  | ABS 故障警告灯 * |  | 胎压故障警告灯（装有时）* |
|  | 电机冷却液温度过高警告灯 |  | 电子驻车状态指示灯 |
|  | ESP 故障警告灯（装有时）* | OK | OK 指示灯 |
|  | 车门状态指示灯 * |  | 动力系统故障警告灯 * |
|  | SRS 故障警告灯 * |  | 动力电池过热警告灯 * |
|  | EPS 故障指示灯 |  | 动力电池充电连接指示灯 |
|  | 小灯指示灯 |  | 巡航主指示灯（装有时） |
|  | 远光灯指示灯 | SET | 巡航控制指示灯（装有时） |
|  | 转向指示灯 |  |  |

注：具有"*"的指示标记是保养提示指示灯。有关细节，可参看"保养提示指示灯和警告蜂鸣器"部分。

表 2-5-4 指示灯发亮的应对措施

| 序号 | 指示灯 | 应对措施 |
| --- | --- | --- |
| 1 |  | 驻车制动故障警告灯<br>可能存在的情况：制动液位低、制动系统故障、电子驻车系统故障、真空泵故障<br>立即停车并建议与比亚迪汽车授权服务店联系 |
| 2 |  | 驾驶员座椅安全带指示灯<br>驾驶员应系上安全带 |
| 3 |  | 充电系统警告灯<br>立即停车并建议与比亚迪汽车授权服务店联系 |

续表

| 序号 | 指示灯 | 应对措施 |
|---|---|---|
| 4 | | 智能钥匙系统警告灯<br>检查钥匙是否在车内或是否电池电量低 |
| 5 | | ABS故障警告灯<br>建议将车辆送到比亚迪汽车授权服务店进行检查。如果此时驻车制动故障警告灯点亮，应立即停车并与比亚迪汽车授权服务店联系 |
| 6 | | SRS故障警告灯<br>建议将车辆送到比亚迪汽车授权服务店进行检查 |
| 7 | | EPS故障警告灯<br>该警告灯常亮时，建议将车辆送到比亚迪汽车授权服务店进行检查 |
| 8 | | 胎压故障警告灯（装有时）<br>该警告灯常亮或闪烁时，建议将车辆送到比亚迪汽车授权服务店进行检查 |
| 9 | | ESP故障警告灯（装有时）<br>该警告灯常亮时，建议将车辆送到比亚迪汽车授权服务店进行检查<br>该警告灯闪烁时，ESP系统工作正常 |
| 10 | | ESP OFF警告灯（装有时）<br>如果ESP OFF警告灯点亮，在紧急转弯以及躲避突然出现的障碍物时，驾驶员务必提高警惕并保持低速行驶 |
| 11 | | 电子驻车状态指示灯<br>表示电子驻车已启动 |
| 12 | | 车门状态指示灯<br>检查并确认所有车门均已关闭 |
| 13 | | 动力系统故障警告灯<br>该警告灯常亮时，建议将车辆送到比亚迪汽车授权服务店进行检查 |
| 14 | | 电机冷却液温度过高警告灯<br>常亮时表示温度过高，请停车冷却车辆；闪烁时表示冷却液液位低，请及时添加冷却液 |
| 15 | | 动力电池过热警告灯<br>该警告灯点亮时应停车使电池冷却 |
| 16 | | 动力电池故障警告灯<br>该警告灯常亮时，建议将车辆送到比亚迪汽车授权服务店进行检查 |
| 17 | | 动力电池电量低警告灯<br>该警告灯常亮时，请及时给车辆进行充电 |
| 18 | | 主告警指示灯<br>应注意信息显示屏的提示信息 |

## 2. 检查整车灯光及灯光调节功能

（1）检查整车灯光。

按下起动开关，仪表盘显示OK，上电正常，依次检查示廓灯（前后四个）、近光灯、远光灯、前雾灯、后雾灯、左转向灯、右转向灯、双闪和制动灯,然后打开行李厢检查行李厢灯。如图 2-5-14 所示。

(2)检查灯光调节功能。

比亚迪 e5 电动汽车具有前大灯调节开关功能,根据乘员人数和车辆的载重状况,旋转前大灯调节开关,可调整前照灯和光束方向,调节开关可在 1~5 挡选择。如图 2-5-15 所示。

图 2-5-14　灯光组合开关

图 2-5-15　前大灯调节开关

### 3. 检查自动灯光功能

自动灯光功能:当将灯光调节开关旋至 AUTO 位置时,大灯在黑暗环境中会自动点亮,当环境亮度变好后大灯会自动熄灭。检查自动灯光功能的方法是:

(1)按下起动开关,仪表盘显示 OK,上电正常。

(2)将灯光组合开关旋至 AUTO 位置,如图 2-5-16 所示。

组合开关根据光照强度传感器所感受到的光照强度情况而自动点亮或熄灭。

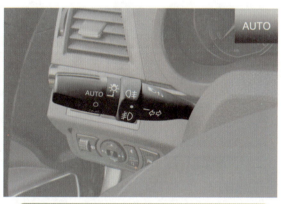

图 2-5-16　组合开关打到"AUTO"挡

## 六、比亚迪 e5 座椅及安全带系统维护与保养

汽车座椅及安全带系统的保养内容主要有:检查座椅调整功能,检查安全带状态,检查安全气囊外壳是否损坏等。

检查座椅调整功能及安全带状态的作业流程为:

(1)打开驾驶员侧车门并安装三件套。

(2)检查驾驶员座椅靠背角度调节功能、前后调节功能,座椅前后调节扳手及靠背角度调节扳手位置如图 2-5-17 所示。

(3)将驾驶员侧安全带从自动回卷装置中缓慢迅速地拉出并放松,检查其回卷功能。如果安全带拉出或回卷时发生故障,则进行相应修理。

(4)将驾驶员侧安全带从自动回卷装置中快速地拉出,检查其锁止功能。如果没有锁止功能,则整体更换安全带。

(5)关闭驾驶员侧车门,打开左后车门。

(6)检查后排座椅有无松旷。

(7)用同样的方法检查左后安全带。

(8)关闭左后车门,打开右后车门。

(9)检查后排座椅有无松旷。

(10)用同样的方法检查右后安全带。

(11)关闭右后车门,打开副驾驶侧车门。

(12)检查副驾驶位座椅靠背角度调节功能、前后调节功能。

(13)用同样的方法检查副驾驶位安全带。

(14)关闭副驾驶侧车门。

安全带高度调节器及解锁安全带如图 2-5-18、图 2-5-19 所示。

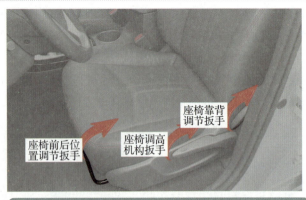

图 2-5-17　座椅前后调节扳手及靠背角度调节扳手位置

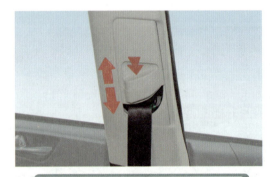

图 2-5-18　安全带高度调节器

图 2-5-19　解锁安全带

## 七、比亚迪 e5 车身低压电器维护与保养

比亚迪 e5 车身低压电器的保养内容主要包括：洗涤系统检漏与玻璃水添加、玻璃水冰点测试、雨刮片检查与更换、各低压电器系统功能检查。如有必要,还要进行玻璃水喷嘴调节,需要注意的是比亚迪 e5 前喷嘴不可调整,只能调整后喷嘴。

### 1. 洗涤系统检漏与玻璃水添加

洗涤系统检漏与玻璃水添加的步骤是：

(1)举升车辆。

(2)观察玻璃水箱有无渗漏,如有渗漏,则视情况进行维修。

(3)降下车辆。

(4)打开机舱盖并安装翼子板布、格栅布。

（5）观察玻璃水水箱液位，如果水位低于MAX，则打开玻璃水箱盖并添加玻璃水到MAX处。

（6）进行玻璃水冰点测试，保证玻璃水在此时的环境温度下结冰。

（7）取下格栅布翼子板布。

（8）关闭机舱盖。

## 2. 玻璃水冰点测试

玻璃水冰点测试的步骤为：

### 1）冰点测试仪调零

（1）将冰点测试仪（见图2-5-20）前部对准光亮的方向，用调节手轮调节目镜的折光度，直至能看到清楚的刻度。

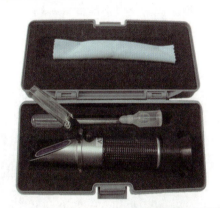 

图 2-5-20  冰点测试仪

（2）打开冰点测试仪盖板，在棱镜的表面滴一两滴蒸馏水，盖上盖板并轻轻压平。

（3）调节螺钉，使得明暗分界线和零刻度线一致。

### 2）测量玻璃水冰点

（1）打开机舱盖并铺设翼子板布、格栅布。

（2）打开冰点测试仪盖板，将棱镜表面和盖板上的水分用纱布擦拭干净。

（3）打开玻璃水箱盖，用吸管取少许玻璃水。

（4）滴一两滴玻璃水到棱镜表面上，盖上盖板，轻轻压平。

（5）从明暗分界线的刻度上读出数值，该数值就是玻璃水的冰点。

（6）测量完成后，用布把棱镜和盖板表面上的液体擦干净。

（7）等棱镜和盖板表面晾干之后，将冰点测试仪收好。

（8）盖上玻璃水箱。

（9）取下格栅布、翼子板布，关闭机舱盖。

## 3. 低压电器功能检查

车身各低压电器检查的步骤为：

(1)检查中控门锁功能:按动中控门锁开关,门锁应能正常开闭。

(2)打开车门并安装三件套。

(3)按下起动开关,仪表盘显示 OK,上电正常。

(4)检查电动汽车车窗功能:按动左前门电动汽车车窗开关,左前门电动汽车车窗应能正常开闭;其他车窗也用此方法进行检查。

(5)检查电动后视镜调整功能:将后视镜调整旋位于 0 位置时可关闭、打开后视镜;将后视镜调整旋位于 L 位置时可调节左侧后视镜镜面角度;将后视镜调整旋位于 R 位置时可调节右侧后视镜镜面角度。

(6)检查喇叭。

(7)检查收音机及导航功能:打开中控台,检查收音机及导航能否正常使用。

(8)检查前风挡玻璃雨刮片,如果雨刮片停留位置不正确,则应进行调整(见图 2-5-21)。

(9)检查天窗:将点火开关置 ON 位,检查天窗功能。如有卡滞等现象,应对天窗滑轨进行清洁并涂抹适量润滑脂(见图 2-5-22)。

电源挡位退至"OFF"挡。

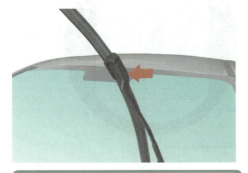

图 2-5-21 雨刮片总成

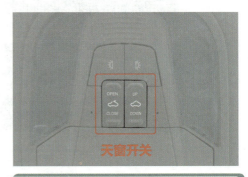

图 2-5-22 比亚迪 e5 天窗开关

## 单元小结

1.车外照明灯具主要有前照灯、倒车灯、牌照灯、雾灯等,车内照明灯具主要有室内灯、门灯、各开关背光灯等。

2.汽车信号灯分为外信号灯和内信号灯,外信号灯指转向指示灯、制动灯、尾灯、示廓灯、倒车灯,内信号灯泛指仪表板的指示灯,主要有转向、机油压力、充电、制动、关门提示等仪表指示灯。

3.比亚迪 e5 照明与信号系统的保养内容主要包括:检查仪表各警报指示灯的工作状态,检查整车灯光及大灯调节功能,检查自动灯光功能,如有必要,还要进行手动灯光调节。

4.汽车安全带的作用是在车辆紧急制动或发生碰撞时,将驾驶员和乘客紧缚在座椅上,以免前冲,从而保护驾驶员和乘客避免受二次碰撞造成伤害;当安全带受到的收束力超过一定限度时,安全带就会适当放松,保证人员胸部受力在一定范围之内。

5.车身低压电器系统主要包括刮水与洗涤系统、电动天窗、电动门锁、电动后视镜、电动喇叭、收音机及导航系统等。

# 学习情境 3
## 混合动力汽车保养与维护

**【学习目标】**

1. 能正确对混合动力汽车进行日常维护作业。
2. 能快速规范地完成发动机机油和机油滤清器的更换。
3. 能快速规范地完成发动机冷却液的更换。
4. 能快速规范地完成减速驱动桥油的添加或更换。
5. 能准确规范地进行辅助蓄电池及其充电系统的检查作业。
6. 能正确规范地完成混动汽车制动系统的保养作业。
7. 能正确规范地完成混动汽车空调系统的保养作业。
8. 能熟练地使用冰点测试仪对冷却液、玻璃水进行冰点测试。
9. 能根据环保要求，正确处理对环境和人体有害的辅料、废气液体和损坏零部件。

# 混合动力汽车日常保养

### 任务导入

小王为丰田某4S店销售接待，今天有一客户想购买1辆混动卡罗拉轿车。客户询问小王："混动卡罗拉的保养项目有哪些？""日常使用时要怎么进行保养？"你知道混动卡罗拉的保养项目有哪些吗？日常使用中又要进行哪些保养呢？

### 学习目标

1. 能够正确向客户讲解混动卡罗拉日常保养的项目及注意事项。
2. 能够正确向客户讲解混动卡罗拉定期保养的项目及周期。
3. 能够正确完成混动卡罗拉的电子钥匙电池更换。
4. 能够正确完成轮胎换位。
5. 能够正确操作车辆，做好维修/维护前车辆防护。

### 理论知识

## 一、混合动力汽车的保养计划

燃油汽车、纯电动车和混动汽车在动力系统上有很大的区别，燃油汽车的动力系统包括传统发动机在内的复杂机械结构，纯电动车只有电机系统，而混动汽车则同时拥有两个系统。对于混动汽车而言，其保养工作大致相当于保养两个系统：燃油系统和电机系统。对于燃油系统，需要更换机油，保养皮带等；而对于电机系统，只需要定期对电机和电池组进行常规检查和相应清洁工作即可。当然，混动汽车除了对以上两个系统的保养外，还需要对汽车进行日常保养，例如更换空调滤芯，更换防冻液和制动液；每50 000 km换变速箱油；每次保养检查底盘、灯光、轮胎等。虽然混动汽车需要对两个系统进行保养，但由于除长途出行外，一般情况下都是使用混动模式，因此其燃油系统的保养频率低于普通燃油汽车，电机系统的保养费用远低于燃油系统,所以混动汽车的维护成本与传统的内燃机车类似。在对混动汽车进行保养时,最好选择正规4S店,按照厂家的建议周期进行保养,一切按照正常流程即可。我们以混动卡罗拉为例来看一下混动汽车的保养计划。

混动卡罗拉的保养计划和保养内容如表3-1-1所示,表中I表示检查,R表示更换、更改或润滑。保养计划中主要保养内容有:发动机基本部件的保养、点火系统的保养、燃油和排放控制系统的保养、底盘和车身的保养。保养间隔以里程表读数或月数确定,以先到者为准。

表3-1-1 混动卡罗拉的保养计划和保养内容

| 保养间隔:里程表读数或月数,以先到者为准 | | 里程表读数(10 000 km) | | | | | | | | 月数 |
|---|---|---|---|---|---|---|---|---|---|---|
| | | 0.1 | 1 | 2 | 3 | 4 | 5 | 6 | 7 | 8 | |
| 发动机基本部件 | | | | | | | | | | | |
| 1 | 发动机机油 | | R | R | R | R | R | R | R | R | 12 |
| 2 | 机油滤清器 | | R | R | R | R | R | R | R | R | 12 |
| 3 | 冷却和加热系统 | | | I | | I | | I | | I | 注1 |
| 4 | 发动机冷却液 | | | | | | | | | I | 注2 |
| 5 | 动力控制单元冷却液 | | | | | | | | | I | 注3 |
| 6 | 排气管和装配件 | | | I | | I | | I | | I | 12 |
| 点火系统 | | | | | | | | | | | |
| 7 | 火花塞 | | 每行驶100 000 km更换一次 | | | | | | | | — |
| 8 | 12 V蓄电池 | | I | I | I | I | I | I | I | I | 12 |
| 燃油和排放控制系统 | | | | | | | | | | | |
| 9 | 燃油滤清器 | | | | | | | | | R | 96 |
| 10 | 空气滤清器 | | | I | | R | | I | | R | I: 24 R: 48 |
| 11 | 燃油箱盖、燃油管路、接头和燃油蒸气控制阀 | | | I | | I | | I | | I | 注1 |
| 12 | 炭罐 | | | | | I | | | | I | 24 |
| 底盘和车身 | | | | | | | | | | | |
| 13 | 制动踏板和驻车制动器 | | I | I | I | I | I | I | I | I | 6 |
| 14 | 制动衬块和制动盘 | | | I | I | I | I | I | I | I | 6 |

## 学习情境 3 混合动力汽车保养与维护

续表

| 保养间隔：里程表读数或月数，以先到者为准 | | 里程表读数（10 000 km） | | | | | | | | | 月数 |
|---|---|---|---|---|---|---|---|---|---|---|---|
| | | 0.1 | 1 | 2 | 3 | 4 | 5 | 6 | 7 | 8 | |
| 15 | 制动液 | | I | I | I | R | I | I | I | R | I：6 R：12 |
| 16 | 制动管及软管 | | | I | | I | | I | | I | 12 |
| 17 | 方向盘、转向传动机构和转向器壳 | | | I | | I | | I | | I | 12 |
| 18 | 驱动轴套 | | | I | | I | | I | | I | 24 |
| 19 | 悬架球头和防尘套 | | | I | | I | | I | | I | 12 |
| 20 | 变速器油 | | | | | I | | | | I | 24 |
| 21 | 前、后悬架 | | | I | | I | | I | | I | 12 |
| 22 | 轮胎和轮胎气压 | I | I | I | I | I | I | I | I | I | 6 |
| 23 | 车灯、喇叭、刮水器和喷洗器 | I | I | I | I | I | I | I | I | I | 6 |
| 24 | 空调滤清器 | | | R | | R | | R | | R | — |
| 25 | 空调制冷剂量 | | | I | | I | | I | | I | 12 |

注 1：行驶 80 000 km 或 48 个月后检查一次，之后每行驶 20 000 km 或每隔 12 个月检查一次。

注 2：行驶 160 000 km 更换一次，之后每行驶 80 000 km 更换一次。

注 3：行驶 240 000 km 更换一次，之后每行驶 80 000 km 更换一次。

如果车辆工作在以下一种或多种特殊条件下，则需要更加频繁地执行保养计划中的某些项目，以使车辆保持良好状态，特殊路况和行驶条件如表 3-1-2 所示。

表 3-1-2 混动卡罗拉特殊路况和行驶条件

| A：路况 | B：行驶条件 |
|---|---|
| 在颠簸、泥泞或融雪道路上行驶 | 重载车辆（例如：使用车顶行李架等） |
| | 反复进行 8 km 以内的短距离行驶且车外温度保持在零摄氏度以下（发动机温度将不会达到正常温度） |
| 在多尘道路上行驶（非铺装、铺装率低或经常尘土飞扬且空气干燥区域的道路） | 长时间怠速和 / 或长距离低速行驶，例如：警车、出租车或上门送货车 |
| | 持续高速行驶（最高车速的 80% 或更高）超过 2 h |

在特殊行驶条件下需要更加频繁地执行常规保养计划项目，如表 3-1-3 所示。

表 3-1-3　在特殊行驶条件下需更加频繁地执行常规保养计划项目

| A-1：在颠簸、泥泞或融雪道路上行驶 | |
| --- | --- |
| 检查制动衬块和制动盘 | 每行驶 5 000 km 或每隔 3 个月 |
| 检查制动管和软管 | 每行驶 10 000 km 或每隔 6 个月 |
| 检查悬架球头和防尘罩 | 每行驶 10 000 km 或每隔 6 个月 |
| 检查驱动轴套 | 每行驶 10 000 km 或每隔 12 个月 |
| 检查方向盘、转向机构和转向器壳 | 每行驶 5 000 km 或每隔 3 个月 |
| 检查前、后悬架 | 每行驶 10 000 km 或每隔 6 个月 |
| 紧固底盘和车身上的螺栓和螺母[①] | 每行驶 10 000 km 或每隔 6 个月 |
| **A-2：在多尘道路上行驶（非铺装、铺装率低或经常尘土飞扬且空气干燥区域的道路）** | |
| 更换发动机机油 | 每行驶 5 000 km 或每隔 6 个月 |
| 更换发动机机油滤清器 | 每行驶 5 000 km 或每隔 6 个月 |
| 检查或更换空气滤清器芯 | 检查：每行驶 2 500 km 或每隔 3 个月<br>更换：每行驶 40 000 km 或每隔 48 个月 |
| 检查制动衬块和制动盘 | 每行驶 5 000 km 或每隔 3 个月 |
| 更换空调滤清器 | 每行驶 15 000 km |
| **B-1：重载车辆（例如：使用车顶行李架等）** | |
| 更换发动机机油 | 每行驶 5 000 km 或每隔 6 个月 |
| 更换发动机机油滤清器 | 每行驶 5 000 km 或每隔 6 个月 |
| 检查制动衬块和制动盘 | 每行驶 5 000 km 或每隔 3 个月 |
| 检查或更换变速器油 | 检查：每行驶 40 000 km 或每隔 24 个月<br>更换：每行驶 80 000 km 或每隔 48 个月 |
| 检查前、后悬架 | 每行驶 10 000 km 或每隔 6 个月 |
| 紧固底盘和车身上的螺栓和螺母 | 每行驶 10 000 km 或每隔 6 个月 |
| **B-2：反复进行 8 km 以内的短距离行驶且车外温度保持在零摄氏度以下（发动机温度将不会达到正常温度）** | |
| 更换发动机机油 | 每行驶 5 000 km 或每隔 6 个月 |
| 更换发动机机油滤清器 | 每行驶 5 000 km 或每隔 6 个月 |
| **B-3：长时间怠速和/或长距离低速行驶，例如：警车、出租车或上门送货车** | |
| 更换发动机机油 | 每行驶 5 000 km 或每隔 6 个月 |
| 更换发动机机油滤清器 | 每行驶 5 000 km 或每隔 6 个月 |
| 检查制动衬块和制动盘 | 每行驶 5 000 km 或每隔 3 个月 |
| **B-4：持续高速行驶（最高车速的 80% 或更高）超过 2 h** | |
| 检查或更换变速器油 | 检查：每行驶 40 000 km 或每隔 24 个月<br>更换：每行驶 80 000 km 或每隔 48 个月 |

注：①座椅安装螺栓及前、后悬架横梁固定螺栓。

## 二、汽车的日常保养

日常保养是由驾驶员每日出车前、行车中和收车后负责执行的车辆保养/维护作业。其作业中心内容是清洁、补给和安全检视。车辆的日常维护是驾驶员必须完成的日常性工作，主要内容是：

（1）坚持"三检"，即出车前、行车中、收车后检视车辆的安全机构及各部机件连接的紧固情况。

（2）保持"四清"，即保持机油、空气、燃油滤清器和蓄电池的清洁。

（3）防止"四漏"，即防止漏水、漏油、漏气、漏电。

（4）保持车容整洁。

## 三、混动卡罗拉日常保养的注意事项

发动机舱内有大量机械装置和油液，它们可能突然移动、变热或开始通电。为避免发生严重伤害甚至死亡，请遵守下列注意事项。

### 1. 对发动机舱实施作业时

（1）确保多信息显示屏上的"电源打开"消失且"READY"指示灯熄灭。

（2）保持双手、衣服和工具远离转动的风扇和发动机传动皮带。

（3）不要在驾驶后马上触摸发动机、动力控制单元、散热器、排气歧管等，因为它们可能很烫。机油和其他油液也可能很烫。

（4）请勿将诸如纸张和抹布之类的易燃物留在发动机舱内。

（5）请勿吸烟或将明火暴露在燃油附近。燃油和发动机舱内挥发的气体是易燃物。

（6）处理制动液时务必小心，因为制动液可能伤害双手或眼睛，也会对漆面造成损伤。

### 2. 在电动冷却风扇或散热器格栅附近作业时

要确保电源开关关闭。电源开关处于 ON 模式时，如果空调打开和/或冷却液温度很高，则电动冷却风扇可能会自动开始运转。

### 3. 要佩戴护目镜

佩戴护目镜，以防飞起或落下的物体、喷出的液体等伤到眼睛。

### 4. 已经拆除空气滤清器滤芯时

如果已经拆除了空气滤清器滤芯，在此情况下驾驶会导致空气中的污物进入发动机，造成发动机过度磨损。

### 5. 如果油液液位过低或过高

（1）如果储液罐油液经常过低，需要频繁加注，则可能存在严重故障。
（2）制动衬块磨损或蓄压器中液位较高时，制动液液位会略有下降，这是正常现象。

## 四、混动卡罗拉日常保养的内容

### 1. 车外的日常保养内容

混动卡罗拉车外的日常保养项目如表3-1-4所示，主要检查位置有轮胎及车轮、车门及发动机罩、挡风玻璃及刮水片和车下。

表3-1-4 混动卡罗拉车外的日常保养项目

| 检查位置 | 检查项目 | 处理方法 |
| --- | --- | --- |
| 轮胎及车轮 | 轮胎气压 | 如有必要，则进行调节 |
| | 检查轮胎表面是否开口、损坏或过度磨损 | |
| | 检查车轮螺母是否松动或缺失 | 如有必要，则拧紧螺母 |
| | 轮胎换位 | 根据用户手册进行轮胎换位 |
| 车门及发动机罩 | 检查并确认所有车门和发动机罩都能顺畅操作并所有锁栓/扣都牢固锁止 | |
| | 松开主锁栓时，检查并确认发动机罩副锁栓能够防止发动机打开 | |
| 挡风玻璃及刮水片 | 检查挡风玻璃是否有划痕、凹痕或磨损 | |
| | 检查刮水片能否将挡风玻璃清洁干净 | |
| | 检查其刮水片是否磨损或破裂 | 如有必要，则将其更换 |
| 车下 | 检查车下是否有液体泄漏，包括燃油、机油、冷却液和其他液体 | 如果闻到燃油味或发现任何泄漏，则检查原因并进行纠正 |

### 2. 车内的日常保养内容

混动卡罗拉车内的日常保养项目如表3-1-5所示。主要检查位置有灯光及喇叭，挡风玻璃刮水器、清洗器和除霜器，后视镜和遮阳板，方向盘，座椅及安全带，加速踏板、制动踏板，制动系统，混合动力传动桥"驻车"机构，地板垫。

表 3-1-5 混动卡罗拉车内的日常保养项目

| 检查位置 | 检查项目 | 处理方法 |
| --- | --- | --- |
| 灯光及喇叭 | 检查并确认前照灯、刹车灯、尾灯、转向信号灯和其他车灯正常点亮或闪烁，同时检查其照明亮度是否足够 | |
| | 检查并确认前照灯对光准确 | |
| | 检查并确认所有警告灯和蜂鸣器都工作 | |
| | 检查喇叭是否正确工作 | |
| 挡风玻璃刮水器、清洗器和除霜器 | 检查并确认清洗器正确对准 | |
| | 检查并确认清洗液正好喷射到挡风玻璃上每个刮水器工作范围的中心 | 如有必要，调整喷嘴 |
| | 检查刮水器是否有条纹 | 如有必要，则将其更换 |
| | 空调处于除霜器设置时，检查并确认除霜器出口出风 | |
| 后视镜和遮阳板 | 检查并确认后视镜安装牢固 | |
| | 检查并确认遮阳板能自由移动并牢固安装 | |
| 方向盘 | 检查并确认方向盘的自由行程正确 | 如果自由行程超过最大值，则需要检查转向系统 |
| | 检查是否转向困难并发出异常噪声 | |
| 座椅及安全带 | 检查并确认座椅调节器、座椅靠背倾角调节器和其他座椅控制器平稳工作 | |
| | 检查并确认所有位置的锁栓都牢固锁定 | |
| | 检查并确认头枕能上下平稳移动 | |
| | 检查并确认座椅安全带零部件（如锁扣、卷收器和锚定器）能正常平稳地工作 | |
| | 检查并确认安全带没有切口、磨损或损坏 | |
| 加速踏板、制动踏板 | 检查并确认加速踏板操作顺畅，检查并确认加速踏板的阻力均匀并且不会卡在某位置 | |
| | 检查并确认制动踏板操作顺畅 | |
| | 检查并确认制动踏板具有正确的行程余量和自由行程 | |
| 制动系统 | 检查驻车制动杠杆行程 | |
| | 检查并确认在缓坡上仅用驻车制动器就可以停稳车辆 | |
| | 在安全的地方检查并确认施加制动时车身不向某侧跑偏 | |
| 混合动力传动桥"驻车"机构 | 检查 P 位置开关的工作情况 | |
| | 检查并确认通过操作换挡杆可解除驻车挡 | |
| | 车辆处于缓坡上时，选择驻车挡并松开所有制动器，检查并确认车辆能够停稳 | |
| 地板垫 | 检查并确认使用正确的地板垫且安放正确 | 如有必要，则进行调整 |

## 3. 发动机罩下部的日常保养内容

混动卡罗拉发动机罩下部的日常保养项目如表 3-1-6 所示，主要检查项目有各油液、散热器及软管和排气系统。

## 任务 1 混合动力汽车日常保养

表 3-1-6 混动卡罗拉发动机罩下部的日常保养项目

| 检查位置 | 检查项目 | 处理方法 |
| --- | --- | --- |
| 油液 | 检查挡风玻璃清洗液是否足够 | 如有必要，则进行添加 |
| | 检查并确认发动机冷却液位处于透明储液罐的"FULL"和"LOW"刻度之间 | 如有必要，则进行添加 |
| | 检查逆变器冷却液液位 | 如有必要，则进行添加 |
| | 检查蓄电池电解液处于外壳的上下刻度线之间 | |
| | 检查并确认制动液液位处于透明储液罐的上刻度线附近 | 如有必要，则进行添加 |
| | 检查并确认将电源开关置于 OFF 位置时发动机机油油位处于机油尺的满油位和低油位标记之间 | 如有必要，则进行添加 |
| 散热器与软管 | 检查并确认散热器前部干净，且未被树叶、灰尘和昆虫堵塞 | 必要时清洁散热器 |
| | 检查散热器和软管是否出现损坏、腐蚀、泄漏等 | |
| 排气系统 | 目视检查是否严重腐蚀、破裂、有洞或支架松动 | |

发动机罩下部日常保养项目对应的位置如图 3-1-1 所示。

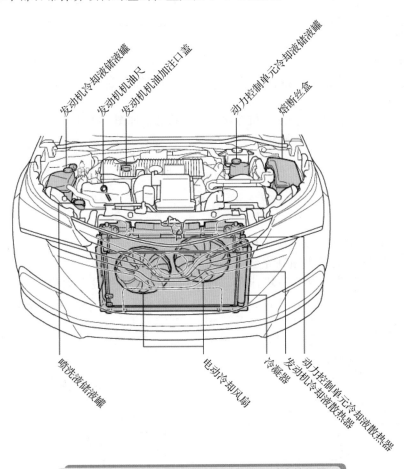

图 3-1-1 发动机罩下部日常保养项目对应的位置

## 实践技能

### 五、发动机舱内日常保养

#### 1. 检查机油油位

雅阁混动车型保养和日常维护

检查发动机机油时,要保证发动机处于工作温度且已经关闭。

1)打开发动机盖

(1)拉起发动机盖锁释放杆,发动机盖锁释放杆在驾驶室左前方,如图3-1-2所示。

(2)向上拉起辅助卡钩把手(见图3-1-3)并提起发动机盖。

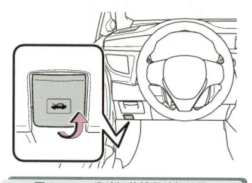

图3-1-2 发动机盖锁释放杆位置

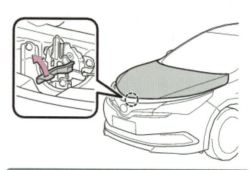

图3-1-3 辅助卡钩把手位置及解锁方向

(3)将支撑杆插入槽内,使发动机盖保持打开状态,如图3-1-4所示。

2)暖机

将车辆停放在水平地面上。使发动机暖机并关闭混合动力系统后等待5 min,以使机油回流到发动机底部。

3)检查机油油位

(1)在机油尺端部下方放一块抹布,拉出机油尺。

(2)将机油尺擦干净,并重新完全插入。

(3)在机油尺端部下方放一块抹布,重新拉出机油尺并检查油位。如图3-1-5所示,①表示低油位,需要适当添加;②表示正常油位;③表示高油位,需要吸出部分机油。

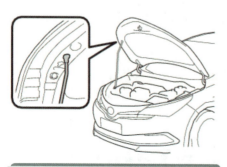

图3-1-4 安装支撑杆

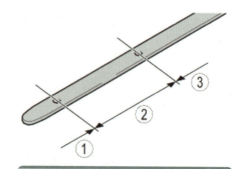

图3-1-5 机油尺油位刻度

（4）擦净机油尺后再重新完全插入。

## 2. 添加发动机机油

如果机油油位低于或接近低油位标记，则添加与发动机内现有机油类型相同的机油。添加机油时的注意事项有：

（1）不要让发动机机油溅到车辆部件上；

（2）避免过量加注，否则可能会损坏发动机；

（3）给车辆加注机油时，应先用机油尺检查油位；

（4）加注完成后，要确保机油加注口盖已正确拧紧。

添加机油的步骤是：

（1）逆时针转动机油加注口盖以将其拆下，机油加注口位置如图 3-1-6 所示。

（2）缓慢添加发动机机油并检查机油尺。

（3）顺时针转动以安装机油加注口盖。

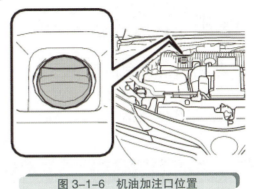

图 3-1-6　机油加注口位置

## 3. 冷却液检查及添加

### 1）检查冷却液液位

如果混合动力系统冷机时储液罐中的冷却液液位在满（FULL 或 F）和低（LOW 或 L）标志线之间，则冷却液液位正常。如果液位未超过低（LOW 或 L）标志线，则要添加冷却液至满（FULL 或 F）标志线。

发动机冷却液储液罐盖及标志线如图 3-1-7 所示。

动力控制单元冷却液储液罐盖及标志线如图 3-1-8 所示。

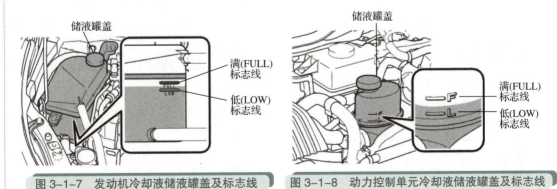

图 3-1-7　发动机冷却液储液罐盖及标志线　　图 3-1-8　动力控制单元冷却液储液罐盖及标志线

### 2）添加冷却液

警告：当混合动力系统很热时，请勿拆卸发动机/动力控制单元冷却液储液罐盖。冷却系统内部可能存在压力，如果拆下储液罐盖，则可能喷出滚烫的冷却液，从而导致烫伤等。

仅可使用丰田超长效冷却液（Toyota Super Long Life Coolant）或类似的高质量乙烯乙二醇冷却液。添加时要防止冷却液溅出。

注意：如果补充冷却液后不久液位就下降，则要进行以下操作。

目视检查散热器、软管、发动机/动力控制单元冷却液储液罐、放水开关以及水泵是否泄漏。如果发现泄漏，则进行相应处理。如果未发现泄漏，则需要到丰田4S店检查冷却系统是否泄漏。

## 六、车内日常保养

### 1. 检查各警告灯等警告信息

开车前检查仪表盘各警告灯状态，如果出现警告灯常亮，则需要进行相应处理，主要警告灯及出现时的处理方法如表3-1-7所示。

表3-1-7 主要警告灯及出现时的处理方法

| 警告灯 | 名称 | 处理方法 |
| --- | --- | --- |
| ! | 制动系统警告灯 | 立即将车辆停在安全地点并联系丰田经销店 |
| (!) | 制动系统警告灯（呈黄色） | 立即联系丰田经销店检查车辆 |
| 电池 | 充电系统警告灯 | 立即将车辆停在安全地点并联系丰田经销店 |
| 油壶 | 发动机油压不足警告灯 | 立即将车辆停在安全地点并联系丰田经销店 |
| 发动机 | 故障指示灯 | 立即联系丰田经销店检查车辆 |
| 水温 | 发动机冷却液温度过高警告灯 | 立即联系丰田经销店检查车辆 |
| 气囊 | 安全气囊警告灯 | 立即联系丰田经销店检查车辆 |
| ABS | ABS指示灯 | 立即联系丰田经销店检查车辆 |

| 警告灯 | 名称 | 处理方法 |
| --- | --- | --- |
| | 电动转向系统警告灯（警告蜂鸣器） | 立即联系丰田经销店检查车辆 |
| | 前照灯光束高度自动调节系统警告灯 | 立即联系丰田经销店检查车辆 |
| | 燃油指示灯 | 给车辆加注燃油 |
| | 安全带提示灯（警告蜂鸣器） | 请系紧安全带 |
| | TCS系统指示灯，说明TCS系统已经关闭 | 请联系丰田经销店检查车辆 |
| | 主警告灯 | 请联系丰田经销店检查车辆 |

## 2. 更换电子钥匙电池

如果电子钥匙电池电量不足可能会出现：

（1）智能进入和起动系统、按钮式起动及无线遥控不能正常使用；

（2）有效工作范围变小。

更换电子钥匙电池的流程为：

（1）取出机械钥匙，如图3-1-9所示，按箭头方向拨动锁止钮，拉出机械钥匙。

（2）拆下钥匙外壳，如图3-1-10所示，用布包住一字螺丝刀头部，以防损坏钥匙。

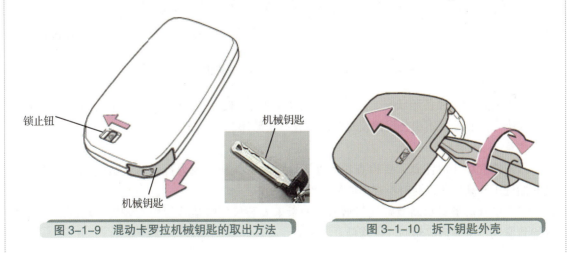

图3-1-9  混动卡罗拉机械钥匙的取出方法        图3-1-10  拆下钥匙外壳

(3)取下电路板(见图3-1-11),电池在电路板的后面。

4)换下电量耗尽的电池,换上新电池,使正极朝上。

5)安装电路板。

6)安装外壳并插入机械钥匙。

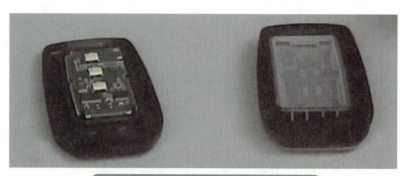

图 3-1-11　电子钥匙电路板

## 七、车外日常保养

### 1. 检查轮胎

检查轮胎磨损:

(1)检查轮胎外胎磨损标记,如图3-1-12所示;如果轮胎上显示已经磨到外胎磨损标记,则需要更换轮胎。外胎磨损标记的位置由模压在各轮胎侧壁上的"△"标记或"TWI"进行指示。

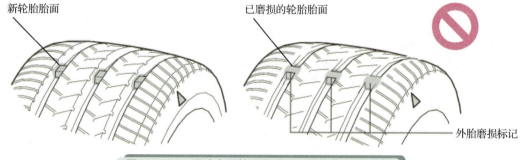

图 3-1-12　混动卡罗拉新轮胎胎面及磨损轮胎胎面

(2)检查胎压和备胎状况,轮胎的标准气压为2.3 bar。为确保适当的轮胎气压,每月应至少检查一次胎压。丰田公司建议每两周检查一次胎压。

注意:

(1)检查胎压时注意,要检查轮胎处于冷态时的气压。因为行驶后轮胎内产生热量,会使轮胎气压升高,所以此时检查不能测出准确值。

(2)检查后务必重新装好气门嘴盖。如果未安装气门嘴盖,污物或湿气可能进入气门嘴并导致漏气,从而造成轮胎气压降低。

## 2. 轮胎换位

轮胎换位的顺序如图 3-1-13 所示,丰田公司建议每行驶约 10 000 km 进行一次轮胎换位。

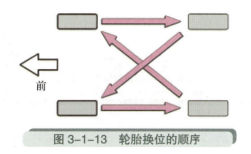

图 3-1-13 轮胎换位的顺序

注意:

(1)安装车轮螺母时,务必使其锥形端朝内,如图 3-1-14 所示。如果锥形端朝外安装,则会造成车轮损坏,甚至可能会在行驶过程中脱落造成事故,导致严重伤害甚至死亡。

图 3-1-14 安装车轮螺母时要使锥面向外

(2)切勿在车轮螺母或螺栓上涂抹机油或润滑脂。

## 单元小结

1. 日常维护是由驾驶员每日出车前、行车中和收车后负责执行的车辆维护作业。其作业中心内容是清洁、补给和安全检视。车辆的日常维护是驾驶员必须完成的日常性工作。

2. 混动卡罗拉保养计划中主要保养内容有:发动机基本部件的保养、点火系统的保养、燃油和排放控制系统的保养、底盘和车身的保养。保养间隔以里程表读数或月数确定,以先到者为准。

3. 混动卡罗拉车外的日常保养主要检查位置有车轮及轮胎、车门及发动机罩、挡风玻璃及刮水片和车下。

4. 混动卡罗拉车内的日常保养主要检查位置有灯光及喇叭,挡风玻璃刮水器、清洗器和除霜器,后视镜和遮阳板,方向盘,座椅及安全带,加速踏板、制动踏板,制动系统,混合动力传动桥"驻车"机构,地板垫。

5. 混动卡罗拉车外的日常保养主要检查项目有各油液、散热器及软管和排气系统。

## 混动卡罗拉发动机保养

### 任务导入

一辆混动卡罗拉轿车,要进行 80 000 km 保养。你知道混动卡罗拉 80 000 km 保养时,发动机的保养项目有哪些吗?如何对其进行保养呢?

### 学习目标

1. 能够正确更换发动机机油。
2. 能够正确使用 GTS 进入检查模式并进行发动机漏油检查。
3. 能够正确检查 DC/DC 功能。
4. 能够正确拆装维修塞把手。
5. 能够正确使用 GTS 进行主动测试。

### 理论知识

## 一、混动卡罗拉发动机及保养计划

### 1. 混动卡罗拉发动机的特点

混动卡罗拉发动机采用了型号为 8ZR-FXE 的自然吸气发动机,其基本参数如表 3-2-1 所示。

表 3-2-1 混动卡罗拉发动机的基本参数

| 项目 | 技术数据 |
| --- | --- |
| 发动机型号 | 8ZR-FXE |
| 气缸数及排列方式 | 直列 4 缸 |
| 气门机构 | 链条正时,4 气门(进 2、排 2),双顶置凸轮轴,进气侧可变气门正时 |

续表

| 项目 | 技术数据 |
|---|---|
| 排量 | 1 798 mL |
| 缸径 × 行程 | 80.5 mm × 88.3 mm |
| 压缩比 | 13 : 1 |
| 最大功率 | 73 kW |
| 最大扭矩 | 142 N·m（2 800~4 400 r/min） |
| 点火顺序 | 1-3-4-2 |

这款发动机最大的特点就是采用了阿特金森循环。所谓阿特金森循环，是指膨胀比大于压缩比的工作循环，以往是通过复杂的连杆机构使得活塞做功行程大于压缩行程来实现的。而在 8ZR-FXE 发动机中，是通过进气门"晚关"的方法，使吸入气缸的混合气再被"挤出"一些，来达到实质上的膨胀比大于压缩比。8ZR-FXE 发动机进气门的关闭时刻要明显晚于常规发动机。这样做最大的好处是提高了发动机热效率，节省了燃油，但带来的问题就是低转速时的输出功率和扭矩均明显低于同排量采用奥托循环的常规发动机。不过对于混合动力车型来说，电动机的扭矩特性恰好弥补了阿特金森循环发动机的不足。

## 2. 混动卡罗拉发动机的保养内容

混动卡罗拉发动机的保养内容及方法如表 3-2-2 所示。

表 3-2-2 混动卡罗拉发动机的保养内容及方法

| 保养项目 | 检查方法 | 处理方法 |
|---|---|---|
| 机油 | 目视检查 | 添加或更换 |
| 机油滤清器 | 定期检查 | 更换 |
| 发动机冷却液 | 目视检查发动机冷却液液位和颜色 | 添加或更换 |
| 火花塞 | 检查火花塞电极 | 更换火花塞或点火线圈总成 |
| 辅助蓄电池 | 目视检查辅助蓄电池是否损坏或变形 | 更换辅助蓄电池 |
| | 检查电解液液位 | |
| | 检查辅助蓄电池电压 | 对辅助蓄电池充电或更换蓄电池 |
| | 检查 AMD 端子 | 紧固 |
| | 检查蓄电池端子、熔断丝 | 紧固端子、更换熔断丝 |
| | 检查 DC/DC 转换器功能 | 更换带转换器的逆变器总成 |
| 空气滤清器滤芯 | 检查脏污情况 | 清洁或更换 |

续表

| 保养项目 | 检查方法 | 处理方法 |
| --- | --- | --- |
| 排气管及安装件 | 目视检查管路、吊架及连接处有无严重腐蚀、泄漏或损坏 | 更换 |
| 燃油箱盖衬垫 | 目视检查燃油箱盖总成及衬垫有无变形或损坏 | 更换 |
| 燃油管路 | 目视检查燃油管路有无破裂、泄漏、接头松动或变形 | 更换 |
| 燃油箱箍带 | 检查燃油箱箍带有无松动或变形 | 更换 |
| 检查炭罐 | 用 GTS 检查 | 更换清污阀、线束或 ECM |

混动卡罗拉发动机的主要保养内容有更换机油及机油滤清器、检查辅助蓄电池、更换空气滤清器滤芯和检查燃油管路等。

## 实践技能

### 二、更换发动机机油和机油滤清器

注意:

(1) 长期反复地接触发动机机油,会导致皮肤失去表层天然油脂,皮肤变得干燥、容易过敏并易生皮炎。此外,用过的发动机机油内含有潜在的危害性污染物,可能会导致皮肤癌。

(2) 穿戴防护服和手套,避免接触使用过的机油。如果发生接触,应使用肥皂或免水洗手剂清洗皮肤,不要使用汽油、稀释剂或溶剂清洗皮肤。

(3) 为保护环境,只能在指定的报废地点处理使用过的机油和机油滤清器。

更换机油及机油滤清器的步骤为:

#### 1) 拆下发动机中央 4 号底罩

拆下 4 个螺钉,然后拆下发动机中央 4 号底罩,如图 3-2-1 所示。

#### 2) 排空机油

(1) 拆下机油加注口盖分总成。

(2) 拆下油底壳放油螺塞和衬垫,并将机油排放到容器中。

(3) 清洁油底壳放油螺塞。

(4) 更换新衬垫并安装放油螺塞,紧固力矩为 37 N·m。

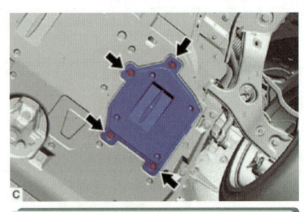

图 3-2-1 发动机中央 4 号底罩

### 3）拆卸机油滤清器分总成

用 SST 拆下机油滤清器分总成。

### 4）安装机油滤清器分总成

（1）检查并清洁机油滤清器分总成安装表面（发动机侧）。

（2）在新的机油滤清器分总成衬垫上涂抹干净的机油。

（3）用手轻轻旋转机油滤清器分总成，将其固定到位，直至衬垫与滤清器座接触。

（4）用 SST 紧固机油滤清器分总成。如果有足够的空间，则使用扭力扳手进行紧固，紧固力矩为 17.5 N·m。如果没有足够的空间使用扭力扳手，则用手或普通扳手将机油滤清器分总成紧固 3/4 圈。

### 5）加注新的发动机机油

加注新的发动机机油并安装机油加注口盖分总成。加注机油等级及加注量如表 3-2-3 所示。

表 3-2-3 加注机油等级及加注量

| 机油等级 | 机油黏度 | 项目 | 加注量 |
| --- | --- | --- | --- |
| API 级 SL 节能型、SM 节能型、SN 环保型或 ILSAC 多级发动机机油 | 0W-20<br>5W-20<br>5W-30<br>10W-30 | 更换机油滤清器时，排空后重新加注 | 4.2 L |
| API 级 SL、SM、SN 多级发动机机油 | 15W-40 | 不更换机油滤清器时，排空后重新加注 | 3.9 L |

### 6）检查是否泄漏

（1）将发动机置于检查模式（保养模式）。

注意：

①激活检查模式前，关闭空调，选择驻车挡（P）的情况下起动混合动力系统，检查并确认发动机在起动后数秒内停机。目的是确认发动机暖机。

②检查完成后立即取消检查模式。未取消检查模式的情况下驾驶车辆可能损坏混合动力传动桥。

使用 GTS 激活保养模式的步骤为：

①将 GTS 连接到 DLC3。

②将电源开关置于 ON（IG）位置。

③打开 GTS，进入以下菜单：混合动力控制/工具/检查模式/2WD（尾气排放），如图 3-2-2 所示。

④检查并确认多信息显示屏上显示"2WD（FWD）MAINTENANCE MODE"（二轮驱动（前轮驱动）保养模式）。

⑤踩下制动踏板时，通过将电源开关置于 ON（READY）位置起动发动机。

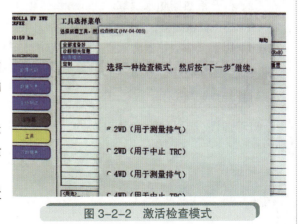

图 3-2-2 激活检查模式

提示：保养模式下的怠速转速约为 1 000 r/min，踩下加速踏板时，发动机升高至 1 500 ~ 2 500 r/min。

（2）检查发动机，确保发动机机油不会从工作区域泄漏。

（3）解除检查模式（保养模式）。

将电源开关置于 OFF 位置并至少等待 30 s，同时关闭混合动力系统。

7）检查机油油位

（1）在机油尺端部下方放一块抹布，拉出机油尺。

（2）将机油尺擦干净，并重新完全插入。

（3）在机油尺端部下方放一块抹布，重新拉出机油尺并检查油位。如图 3-2-3 所示，①表示低油位，需要适当添加；②表示正常油位；③表示高油位，需要吸出部分机油。

（4）擦净机油尺后再重新完全插入。

如果机油不足，则需适量添加并重新检查，直到油位合适为止。

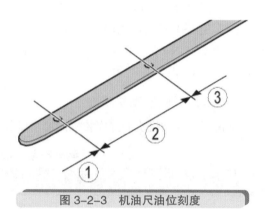

图 3-2-3 机油尺油位刻度

8）安装发动机中央 4 号底罩

用 4 个螺钉安装发动机中央 4 号底罩。

## 三、更换发动机冷却液

### 1. 排空发动机冷却液

注意：

发动机和散热器总成仍很热时，不要拆下储液罐盖或散热器防水螺塞。高压高温的发动机冷却液和蒸汽可能会释放出来并导致严重烫伤。

（1）将内径为 9 mm 的软管连接到散热器放水开关上，如图 3-2-4 所示。

（2）松开散热器防水螺塞。

（3）拆下储液罐盖，然后排空发动机冷却液。

（4）用手紧固散热器防水螺塞，并从防水开关上取下软管。

### 2. 加注发动机冷却液

（1）加注发动机冷却液至储液罐总成的 B-HV 刻度线，如图 3-2-5 所示。规定容量为 5.7 L。

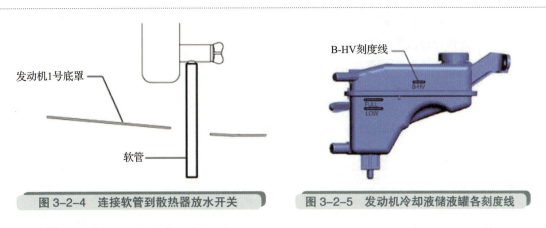

图 3-2-4 连接软管到散热器放水开关　　图 3-2-5 发动机冷却液储液罐各刻度线

注意:
①不要用普通的水代替发动机冷却液。
②为避免损坏发动机冷却系统及产生其他技术问题,只能使用丰田 SLLC 或类似的优质乙二醇基冷却液。

(2)用手挤压散热器 1 号、2 号软管数次(见图 3-2-6),然后检查发动机冷却液液位。如果液位过低,则加注适量冷却液。

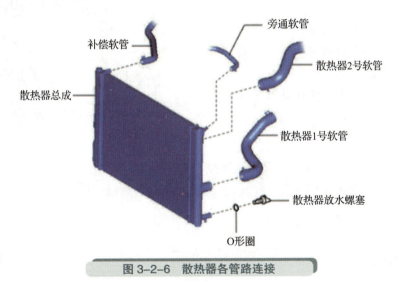

图 3-2-6 散热器各管路连接

(3)安装储液罐盖。
(4)将发动机置于检查模式(保养模式)。
(5)对冷却系统进行排气。

注意:
①起动发动机前,关闭空调开关。
②将加热器控制调节为最高温度设置。
③将鼓风机转速调节为低速设置。
a. 发动机暖机至带节温器的进水口分总成打开,然后等冷却液循环几分钟。
b. 用手挤压散热器 1 号、2 号软管数次,以对系统进行放气。

挤压散热器1号、2号软管时要注意：
①此时水管内冷却液温度很高，要佩戴保护手套。
②手要远离散热风扇。
（6）关闭保养模式。
（7）等发动机冷却后，检查并确认发动机冷却液液位在FULL刻度线和LOW刻度线之间，如果低于LOW刻度线，则加注冷却液至FULL刻度线。

### 3. 检查冷却液是否泄漏

（1）拆下储液罐盖。
（2）安装散热器盖检测仪（如果冷却液不足，则需要先添加冷却液），如图3-2-7所示。
（3）将发动机置于检查模式（保养模式）。
（4）使发动机暖机。
（5）泵吸散热器盖检测仪至108 kPa，然后检查压力是否下降。如果压力下降，则检查软管、散热器总成和发动机水泵总成是否泄漏。如果没有发现冷却液有外部泄漏迹象，则检查加热器芯、气缸体分总成和气缸盖分总成。
（6）拆下散热器盖检测仪并安装储液罐盖。

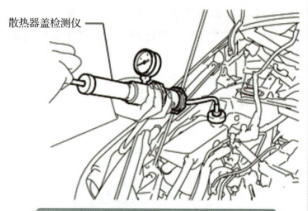

图3-2-7　安装散热器盖检测仪

## 四、检查辅助蓄电池及其充电系统

### 1. 检查辅助蓄电池

蓄电池使用维护

#### 1）外观检查

（1）检查辅助蓄电池是否损坏和变形。如果发现严重损坏、变形或泄漏，则更换辅助蓄电池。
（2）检查电解液液位。如果电解液液位低于下线，则更换辅助蓄电池。

#### 2）检查辅助蓄电池端子及熔断丝

（1）检查并确认辅助蓄电池端子未松动或腐蚀。如果端子松动或腐蚀，则紧固或清洁端子。正负极端子紧固力矩均为5 N·m。
（2）测量辅助蓄电池充电系统中各熔断丝电阻：辅助蓄电池正极处的熔断丝盒总成中熔断丝的电阻（位置如图3-2-8所示，结构及外观如图3-2-9所示）应小于1Ω；DC/DC熔断丝的电阻应小于1Ω（DC/DC熔断丝位于发动机室1号继电器盒/接线盒中，位置如图3-2-10所示，DC/DC熔断丝的位置如图3-2-11所示）。如果结果不符合规定，则必要时更换熔断丝。

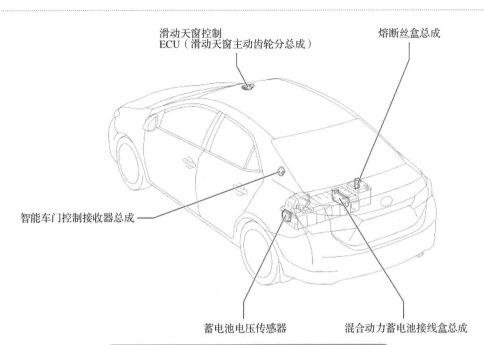

图 3-2-8 蓄电池正极处的熔断丝盒总成的位置

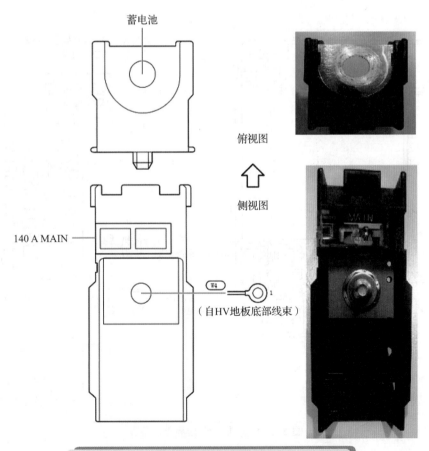

图 3-2-9 熔断丝盒总成的结构及外观

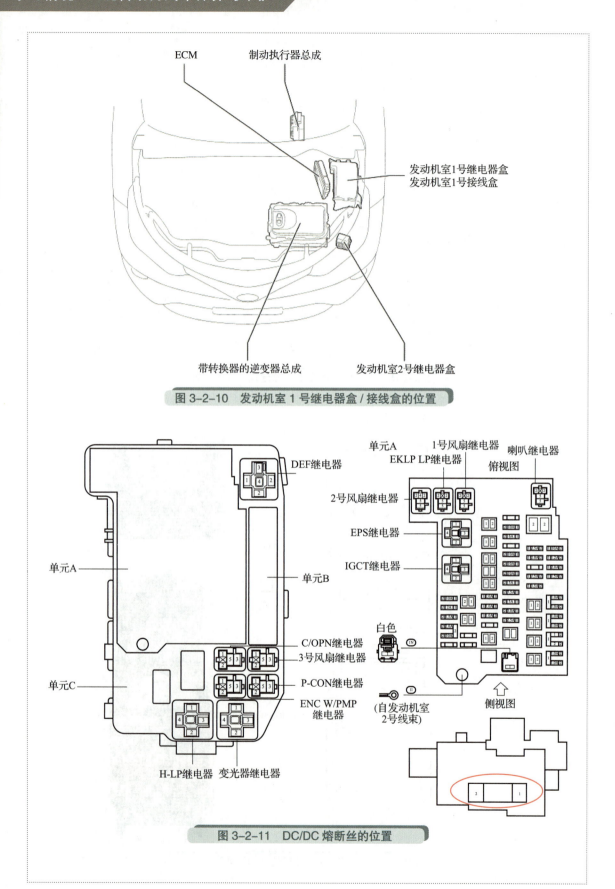

图 3-2-10 发动机室 1 号继电器盒 / 接线盒的位置

图 3-2-11 DC/DC 熔断丝的位置

### 3）检查辅助蓄电池电压

（1）将电源开关置于 OFF 位置并点亮远光灯 30 s，去除辅助蓄电池表面电荷。

（2）测量辅助蓄电池电压，根据测量值做相应处理，辅助蓄电池电压及处理方法如表 3-2-4 所示。

表 3-2-4　辅助蓄电池电压及处理方法

| 测量条件 | 电压值 /V | 处理方式 |
| --- | --- | --- |
| 20℃，电源开关置于 OFF 位置 | 12.6~12.8 | 正常 |
|  | 12.2~12.4 | 对辅助蓄电池充电 |
|  | 11.8~12.0 | 更换辅助蓄电池 |

### 4）对辅助蓄电池进行充电

（1）对辅助蓄电池充电，充电时要注意充电电流要小于 5 A。

（2）将电源开关置于 OFF 位置并点亮远光灯 30 s，去除辅助蓄电池表面电荷。

（3）测量辅助蓄电池电压，根据测量值做相应处理，辅助蓄电池电压及处理方法如表 3-2-4 所示。

## 2. 检查辅助蓄电池充电系统

### 1）检查 AMD 端子

（1）拆下维修塞把手。

①检查 DTC，确认未输出 POAA6（混合动力蓄电池（HV 蓄电池）电压系统绝缘故障）。如果输出该故障码，则先对该 DTC 进行故障排除。

②将电源开关置于 OFF 位置，断开辅助蓄电池负极端子。断开并重新连接辅助蓄电池后，某些系统需要初始化。

③拆卸行李厢前装饰罩。

④从 HV 蓄电池上拆下 2 个螺母和 8 号 HV 蓄电池屏蔽板，如图 3-2-12 所示。

图 3-2-12　8 号 HV 蓄电池屏蔽板及固定螺栓位置

⑤佩戴绝缘手套并按图 3-2-13 中箭头所示顺序转动维修塞把手的手柄,并拆下维修塞把手。

(2)检查并确认 AMD 端子连接牢固且无接触故障。如果有任何电弧痕迹,则更换受影响的零件。

(3)检查并确认 AMD 端子螺栓紧固至规定扭矩,扭矩值为 8.5 N·m。

(4)安装维修塞把手。

①佩戴绝缘手套并按图 3-2-14 中箭头 1 方向安装维修塞把手。

   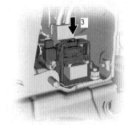

图 3-2-13　维修塞把手的拆卸方法　　　　图 3-2-14　维修塞把手的安装方法

②朝 HV 蓄电池转动维修塞把手的手柄 90°(见图 3-2-14 中箭头 2),并沿图 3-2-14 中箭头 3 的方向滑动直至听到咔哒声,表示安装到位。

③用两个螺母安装 8 号 HV 蓄电池屏蔽板,紧固力矩为 7.5 N·m。

④安装行李厢前装饰罩。

(5)连接辅助蓄电池负极端子。

2)检查 DC/DC 转换器功能

(1)将检测仪 AC/DC 400 A 探针连接到辅助蓄电池正极电缆上,如图 3-2-15 所示。

(2)将电源开关置于 ON(READY)位置并静置车辆直至流入辅助蓄电池的电流变为 10 A 或更大。

(3)打开远光灯,将鼓风机电动机开关转至 HI 位置并打开后窗除雾器。

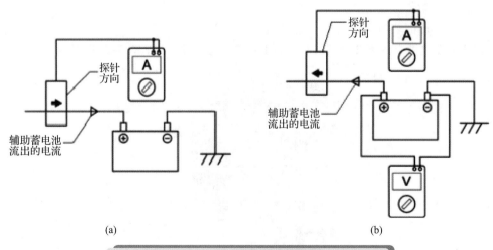

图 3-2-15　检测仪连接方法

(a)辅助蓄电池正极电缆连接方法;(b)辅助蓄电池正极端子—辅助蓄电池负极端子连接方法

（4）测量电压和电流值，并根据表 3-2-5 中规定值进行比较，如果结果不符合规定，则更换带转换器的逆变器总成。

表 3-2-5　DC/DC 功能对照表

| 项目 | 检测仪连接 | 条件 | 规定状态 |
| --- | --- | --- | --- |
| 辅助蓄电池流出的电流 | 辅助蓄电池正极电缆（连接方法如图 3-2-15（a）所示） | 将电源开关置于 ON（READY）位置（远光灯打开、鼓风机电动机开关转至 HI 位置并且后窗除雾器打开） | 0 A 或更小 |
| 辅助蓄电池电压 | 辅助蓄电池正极端子—辅助蓄电池负极端子（连接方法如图 3-2-15（b）所示） | | 13~15 V |

## 五、检查燃油和排放控制系统

燃油和排放控制系统的主要检查项目：检查空气滤清器滤芯，检查燃油箱盖、燃油管路、接头和燃油箱箍带以及检查炭罐。

### 1. 检查空气滤清器滤芯

（1）拆下空气滤清器滤芯。
（2）检查并确认空气滤清器滤芯未严重脏污。如果空气滤清器滤芯严重脏污，则更换。
（3）用压缩空气清洁空气滤清器滤芯，如图 3-2-16 所示。
（4）重新安装空气滤清器滤芯。

### 2. 检查燃油箱盖、燃油管路、接头和燃油箱箍带

（1）目视检查并确认燃油箱盖总成和衬垫没有变形或损坏，如图 3-2-17 所示。如果燃油箱盖总成和衬垫变形或损坏，则将其更换。

图 3-2-16　用压缩空气清洁空气滤清器滤芯

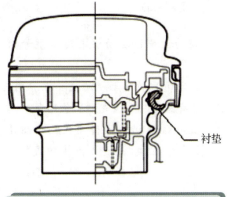

图 3-2-17　燃油箱盖衬垫的位置

（2）目视检查燃油管路和软管有无破裂、泄漏，接头有无松动或变形，检查燃油箱箍带有无松动或变形。

## 3. 检查炭罐

### 1) 检查燃油蒸气排放控制系统

(1) 将 GTS 连接到 DLC3，起动发动机使发动机暖机，然后打开 GTS。

(2) 从清污阀上断开 1 号燃油蒸气供给软管，1 号燃油蒸气供给软管位置如图 3-2-18 所示。

(3) 进入 GTS 并进行主动测试，测试项目为 Activate the VSV for EVAP Control（为 EVAP 控制激活 VSV）。

(4) 检查并确认清污阀口出现真空。如果未出现真空，则按顺序检查清污阀、连接进气歧管和清污阀的 2 号燃油蒸气供给软管、ECM PRG 端子电压。

(5) 退出主动测试模式并将 1 号燃油蒸气供给软管连接到清污阀上。

(6) 进入数据列表查看 EVAP Purge VSV 的数据。

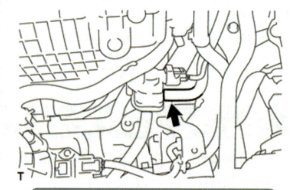

图 3-2-18　1 号燃油蒸气供给软管位置

(7) 使发动机暖机并驾驶车辆。

(8) 确认清污阀打开。如果数据列表显示结果不符合规定，则更换清污阀、线束或 ECM。

### 2) 检查空气滤清器

(1) 起动发动机暖机，然后使发动机怠速运转 15 min。

(2) 打开燃油箱盖总成以释放燃油箱总成中的压力。

(3) 关闭燃油箱盖总成，然后使发动机怠速运转 30 s。

(4) 再次打开燃油箱盖总成并检查吸气声。正常情况下应听不到吸气声。如果闻到汽油味并听到放气声，则正在释放燃油箱中的正压力，这属于正常现象。

## 单元小结

1. 混动卡罗拉发动机采用了型号为 8ZR-FXE 的自然吸气发动机，采用了阿特金森循环。

2. 混动卡罗拉发动机的主要保养内容有更换机油及机油滤清器、检查辅助蓄电池、更换空气滤清器滤芯和检查燃油管路等。

3. 使用 GTS 进入检查模式的步骤是：混合动力控制/工具/检查模式/2WD。同时，多信息显示屏显示"已进入检查模式"。

# 混动卡罗拉底盘的保养

## 任务导入

一辆混动卡罗拉轿车,要进行 40 000 km 保养,要调节踏板高度、检查并调整前轮前束。混动卡罗拉如何进行踏板高度测量与调整?如何测量并调整前轮前束?

## 学习目标

1. 能够正确检查并调整制动踏板高度。
2. 能够正确更换制动摩擦片。
3. 能够正确检查并调节前轮定位参数。
4. 能够正确使用 GTS 进行横摆率和加速度传感器校准。

## 理论知识

### 一、混动卡罗拉制动系统

混动卡罗拉电控制动系统主要由制动助力泵总成、带主缸的制动助力器总成、制动踏板行程传感器总成、空气囊传感器总成、组合仪表总成、混合动力车辆混合动力控制 ECU、动力转向 ECU 总成、VSC OFF 开关和制动器等组成。

混动卡罗拉采用了非接触型制动踏板行程传感器,如图 3-3-1 所示,功能是检测制动踏板行程范围并将其传输至防滑控制 ECU。

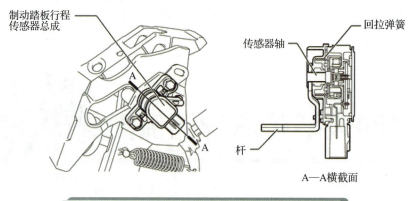

图 3-3-1　制动踏板行程传感器

前后制动器的形式为前通风盘式制动器、后盘式制动器，如图 3-3-2 和图 3-3-3 所示。

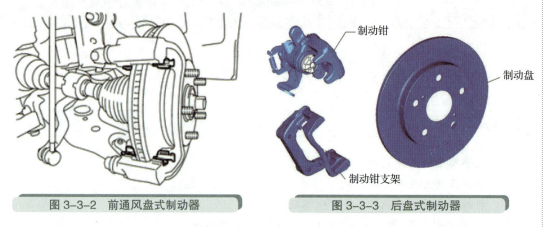

图 3-3-2　前通风盘式制动器　　　图 3-3-3　后盘式制动器

混动卡罗拉制动系统的保养内容如表 3-3-1 所示，主要有检查制动踏板高度及行程、检查驻车制动器、更换制动摩擦片和更换制动液等。

表 3-3-1　混动卡罗拉制动系统的保养内容

| 保养项目 | 检查方法 | 处理方法 |
| --- | --- | --- |
| 制动管路和软管 | 目视检查 | 更换或修理 |
| 制动踏板 | 检查制动踏板高度及行程 | 调整 |
| 驻车制动器 | 检查驻车制动杠杆行程 | 调整 |
| 前后制动器 | 检查摩擦片和制动盘厚度 | 更换摩擦片或制动盘 |
| 制动液 | 检查制动液液位 | 更换制动液 |

## 二、混动卡罗拉转向及行驶系统

混动卡罗拉的转向系统为电动助力转向，助力形式为转向柱助力；除了正常转向外还要和防滑控制 ECU 进行协同控制。其主要组成及相对位置如图 3-3-4 所示。

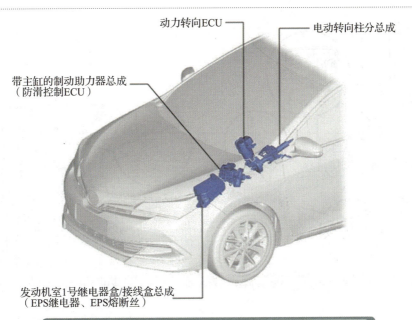

图 3-3-4 混动卡罗拉电动助力转向系统组成和相对位置

混动卡罗拉的悬架系统采用前麦弗逊式悬架、后纵臂扭转梁式悬架的布置形式。

混动卡罗拉转向及行驶系统的保养内容如表 3-3-2 所示,主要有:检查方向盘自由行程,检查前轮、后轮定位参数及轮胎。

表 3-3-2 混动卡罗拉转向及行驶系统的保养内容

| 保养项目 | 检查方法 | 处理方法 |
| --- | --- | --- |
| 方向盘 | 检查方向盘自由行程 | 修理或相应处理 |
| 转向传动机构 | 目视检查 | 更换或相应处理 |
| 防尘罩 | 目视检查 | 更换 |
| 前悬架 | 测量车辆高度、检查前轮定位参数 | 进行四轮定位 |
| 后悬架 | 检查后轮定位参数 | 调节 |
| 轮胎 | 检查胎压、车轮动平衡 | 轮胎换位、调整车轮动平衡 |

## 实践技能

### 三、制动系统的保养

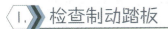 检查制动踏板

1)拆卸 1 号前围板隔热垫

(1)分离 10 个卡爪并拆下左前门防磨板,卡爪的位置如图 3-3-5 所示。
(2)拆下卡子,并分离卡爪以拆下左前围侧饰板,卡子和卡爪位置及形式如图 3-3-6 所示。

汽车制动系统性能检查

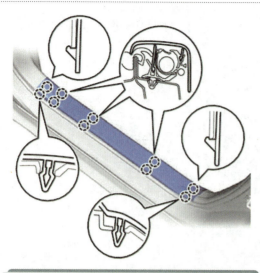
图3-3-5 左前门防磨板卡爪的位置及形式

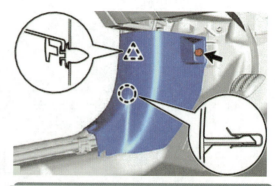
图3-3-6 左前围侧饰板卡子和卡爪位置及形式

（3）翻起前地板地垫总成。

（4）逆时针转动卡子，并拆下1号前围板隔热垫，卡子位置及形式如图3-3-7所示。

2）检查制动踏板高度

（1）翻起前围板隔热垫总成。

（2）测量制动踏板表面和地板之间的最短距离，如图3-3-8所示。

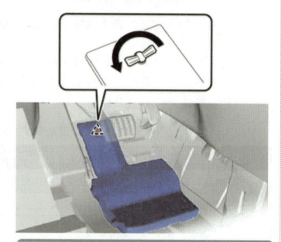
图3-3-7 1号前围板隔热垫卡子位置及形式

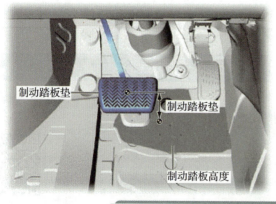

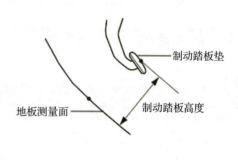

图3-3-8 测量制动踏板表面和地板之间的最短距离

制动踏板表面距离地板的高度应该在153.1~163.1 mm，如果踏板高度不正确，则需要调节。

3）调节制动踏板高度

（1）拆下制动灯开关总成。

①拆下仪表盘1号底罩分总成两个固定螺钉，固定螺钉位置如图3-3-9所示。

②分离卡爪和导销，拆下仪表盘1号底罩分总成。

③分离7个卡子，并拆下仪表板下装饰板分总成。卡子位置及形式如图3-3-10所示。

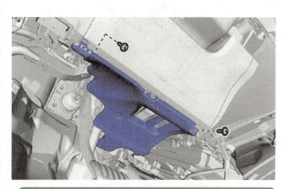 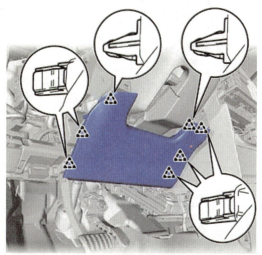

图3-3-9　仪表盘1号底罩分总成固定螺钉位置　　图3-3-10　仪表板下装饰板分总成卡子位置及形式

④断开连接器并逆时针转动制动灯开关总成以将其拆下，连接器及制动灯开关总成位置及拆卸方法如图3-3-11所示。

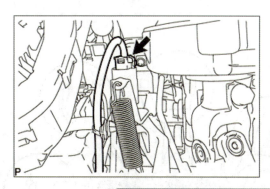 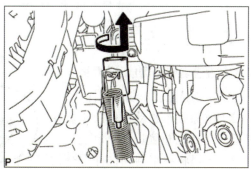

图3-3-11　连接器及制动灯开关总成位置及拆卸方法

（2）调节制动踏板高度。

①松开锁紧螺母，其位置如图3-3-12所示。

②通过转动推杆调节制动踏板高度，高度在153.1~163.1 mm。

③紧固锁紧螺母，紧固力矩为25.5 N·m。

（3）安装制动灯开关总成。

注意：

插入制动灯开关总成时，从后面支撑制动踏板，使踏板不会被按入。

①插入制动灯开关总成，直到螺纹套筒触及踏板。
②顺时针转动制动灯开关总成四分之一圈，以将其安装，如图 3-3-13 所示。拧紧力矩为 1.5 N·m 或更小。

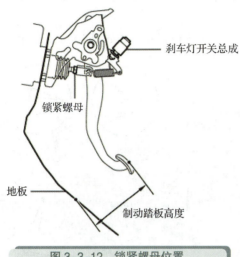

图 3-3-12 锁紧螺母位置

图 3-3-13 顺时针转动制动灯开关总成四分之一圈使柱塞凸出一段距离

③安装线束连接器。
④检查柱塞凸出部分，如图 3-3-13 所示，长度应在 0.5~2.6 mm。如果凸出部分不符合规定，则重新检查开关安装情况，如有必要，则检查制动踏板调节情况。
⑤拆下仪表板下装饰板分总成。
⑥安装仪表板 1 号底罩分总成。

## 2. 检查驻车制动器

### 1）检查驻车制动杠杆行程

（1）牢固拉起驻车制动杠杆。
（2）解除驻车制动杠杆锁止器并使其返回到 OFF 位置。
（3）慢慢将驻车制动杠杆完全拉起，并计算"咔嗒"声的次数。驻车制动杠杆行程在 200 N 时为 5~8 个槽口。

如果驻车制动杠杆行程不符合规定，则调节驻车制动杠杆行程。

### 2）调节驻车制动杠杆行程

（1）拆下地板控制台上面板分总成。
①分离 4 个卡爪和 5 个卡子，其位置如图 3-3-14 所示。

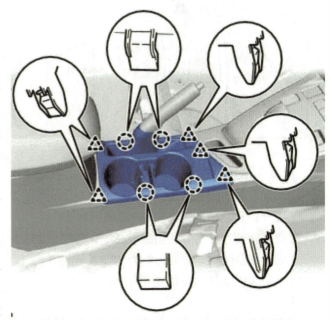

图 3-3-14 地板控制台上面板分总成各卡爪与卡子的位置

②拆下地板控制台上面板分总成。

(2) 解除驻车制动杠杆锁止器并使其返回到 OFF 位置。

(3) 松开锁紧螺母和 2 号线束调节螺母以完全松开驻车制动器拉索，锁紧螺母和 2 号线束调节螺母位置如图 3-3-15 所示。

(4) 起动发动机并踩下制动踏板数次。

(5) 将点火开关置于 OFF 位置。

(6) 转动 2 号线束调节螺母，直到驻车制动杠杆行程恢复至正常范围。

(7) 使用扳手固定 2 号线束调节螺母并紧固锁紧螺母，紧固力矩为 60 N·m。

(8) 操作驻车制动杠杆 3~4 次，并检查其行程。

(9) 检查并确认驻车制动器未卡滞。

(10) 安装地板控制台上面板分总成。

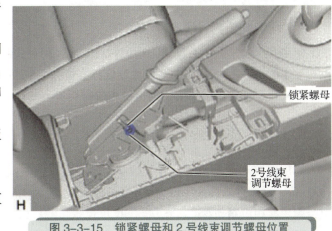

图 3-3-15　锁紧螺母和 2 号线束调节螺母位置

### 3) 检查后盘式制动器制动缸操作杆和制动器之间的间隙

(1) 松开驻车制动杠杆。

(2) 检查后盘式制动器制动缸操作杆和制动器的相对位置和间隙，如图 3-3-16 所示。

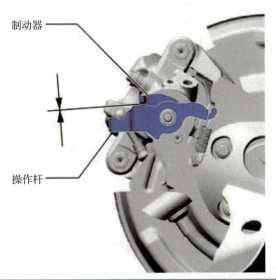

图 3-3-16　后盘式制动器制动缸操作杆和制动器的相对位置和间隙

间隙应小于 0.5 mm，如果间隙不符合规定，则更换后盘式制动器制动缸总成。

### 3. 检查前后制动器

#### 1) 检查制动器衬块厚度

使用直尺测量前、后盘式制动器衬块厚度。前盘式制动器衬块厚度标准值为 12.0 mm，最小厚度 1.0 mm；后盘式制动器衬块厚度标准值为 9.5 mm，最小厚度 1.0 mm。如果前、后盘式制动器衬块厚度小于最小值，则更换相应衬块。

#### 2) 检查制动盘

（1）检查前后制动盘轴厚度。

使用螺旋测微器，测量前、后制动盘厚度。前制动盘标准厚度为 22.0 mm，最小厚度为 19.0 mm；后制动盘标准厚度为 9.0 mm，最小厚度为 7.5 mm。如果前、后制动盘厚度小于最小值，则更换相应制动盘。

（2）检查前后制动盘轴向跳动。

以检查前制动盘轴向跳动为例进行说明。

①拆卸车轮总成。

②使用 5 个轮毂螺母暂时安装前制动盘，紧固力矩为 103 N·m。

③使用百分表在距离前制动盘外缘 10 mm 处测量制动盘轴向跳动，如图 3-3-17 所示。制动盘最大轴向跳动为 0.05 mm。如果轴向跳动超过最大值，则改变前制动盘的安装位置以减小轴向跳动。如果即使改变安装位置后，轴向跳动仍超过最大值，则更换前制动盘。

注意：百分表的磁铁要远离前桥轮毂分总成和前轮速度传感器。

④拆下 5 个轮毂螺母。

⑤安装前轮总成，并按对角交叉的顺序拧紧轮毂螺母，拧紧力矩为 103 N·m。

后制动盘轴向跳动的检查方法与上述步骤相同，区别在于后制动盘最大轴向跳动量为 0.15 mm。

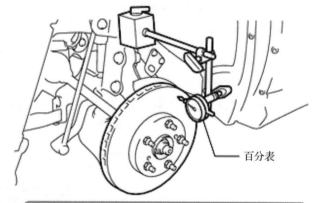

图 3-3-17 使用百分表测量制动盘轴向跳动

### 4. 检查或添加制动液

将电源开关置于 ON（IG）位置时，检查制动液液位是否高于 MIN 线。如有必要，在电源开关置于 ON（IG）位置时，加注制动液至液位支撑线，如图 3-3-18 所示。混动卡罗拉制动液型号为 SAE J1703 或 FMVSS No.116 DOT3。

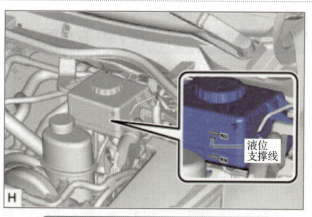

图 3-3-18 制动液液位支撑线

## 四、转向及行驶系统的保养

### 1. 检查转向传动机构和转向机

#### 1）检查方向盘自由行程

（1）将电源开关置于 ON（READY）位置并确保车辆处于动力转向可以工作的状态。

（2）停止车辆，使前轮对准正前方。

（3）向左和向右慢慢转动方向盘，检查方向盘的自由行程。方向盘的最大行程为 30 mm。如果超过最大值，则检查转向系统。

#### 2）检查转向传动机构

（1）检查并确认横拉杆接头没有任何间隙。

（2）检查并确认防尘密封和防尘套没有损坏。

（3）检查并确认防尘套卡夹没有松动。

（4）检查并确认转向机壳没有损坏。

### 2. 检查前后悬架

#### 1）检查前轮定位

前轮定位主要检查转向轴线外倾角、后倾角和内倾角，进行检查时要保证是空载状态。

（1）安装前轮定位仪并将前轮放在转向半径仪中央，如图 3-3-19 所示。

（2）检查外倾角、后倾角和内倾角，其标准值如表 3-3-3 所示。

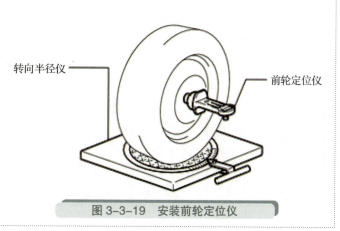

图 3-3-19 安装前轮定位仪

表 3-3-3 空载状态下的前轮定位参数

| 项目 | 轮胎制造商及尺寸 | 角度 | 左右差值 |
|---|---|---|---|
| 外倾角 | | −0° 08′ +/−0° 45′（−0.13° +/−0.75°） | 0° 45′（0.75°）或更小 |
| 后倾角 | TFTM 制造（195/65R15） | 5° 43′ +/−0° 45′（5.72° +/−0.75°） | 0° 45′（0.75°）或更小 |
| | TFTM 制造（205/55R16） | 5° 44′ +/−0° 45′（5.73° +/−0.75°） | |
| | GTMC 制造 | 5° 43′ +/−0° 45′（5.72° +/−0.75°） | |
| 内倾角 | | 11° 55′（11.92°） | |

2）调节外倾角

如果外倾角测量值不在规定的范围内，则使用下面的公式计算所需的调节量。

外倾角调节量 = 规定值范围的中间值 − 测量值

检查安装螺栓的组合，从表 3-3-4 中选择适当的螺栓以将外倾角调节至规定值。

表 3-3-4 调节外倾角的螺栓选择

| 将车桥轮毂移向正侧（图 3-3-22 中 +） | | | 将车桥轮毂移向负侧（图 3-3-22 中 −） | | |
|---|---|---|---|---|---|
| 原外倾角 | 原螺栓组合代码 | 新螺栓组合代码 | 原外倾角 | 原螺栓组合代码 | 新螺栓组合代码 |
| −1° 30′ 至 −1° 15′（1.50° 至 −1.25°） | F | G | −1° 30′ 至 −1° 15′（1.50° 至 −1.25°） | G | F |
| −1° 15′ 至 −1° 00′（−1.25° 至 −1°） | E、F | G、A | −1° 15′ 至 −1° 00′（−1.25° 至 −1°） | G、A | E、F |
| −1° 00′ 至 −0° 45′（−1° 至 −0.75°） | D、E、F | G、A、B | −1° 00′ 至 −0° 45′（−1° 至 −0.75°） | G、A、B | D、E、F |
| −0° 45′ 至 −0° 30′（−0.75° 至 −0.50°） | C、D、E、F | G、A、B、C | −0° 45′ 至 −0° 30′（−0.75° 至 −0.50°） | G、A、B、C | C、D、E、F |
| −0° 30′ 至 −0° 15′（−0.50° 至 −0.25°） | B、C、D、E、F | G、A、B、C、D | −0° 30′ 至 −0° 15′（−0.50° 至 −0.25°） | G、A、B、C、D | B、C、D、E、F |
| −0° 15′ 至 0°（−0.25° 至 0°） | A、B、C、D、E、F | G、A、B、C、D、E | −0° 15′ 至 0°（−0.25° 至 0°） | G、A、B、C、D、E | A、B、C、D、E、F |
| 0° 至 0° 15′（0° 至 0.25°） | G、A、B、C、D、E | A、B、C、D、E、F | 0° 至 0° 15′（0° 至 0.25°） | A、B、C、D、E、F | G、A、B、C、D、E |
| 0° 15′ 至 0° 30′（0.25° 至 0.50°） | G、A、B、C、D | B、C、D、E、F | 0° 15′ 至 0° 30′（0.25° 至 0.50°） | B、C、D、E、F | G、A、B、C、D |
| 0° 30′ 至 0° 45′（0.50° 至 0.75°） | G、A、B、C | C、D、E、F | 0° 30′ 至 0° 45′（0.50° 至 0.75°） | C、D、E、F | G、A、B、C |
| 0° 45′ 至 1° 00′（0.75° 至 1°） | G、A、B | D、E、F | 0° 45′ 至 1° 00′（0.75° 至 1.°） | D、E、F | G、A、B |
| 1° 00′ 至 1° 15′（1° 至 1.25°） | G、A | E、F | 1° 00′ 至 1° 15′（1° 至 1.25°） | E、F | G、A |
| 1° 15′ 至 1° 30′（1.25° 至 1.5°） | G | F | 1° 15′ 至 1° 30′（1.25° 至 1.5°） | F | G |

螺栓组合及代码如图 3-3-20 所示。

| 项目 | A | B | C | D | E | F | G |
|---|---|---|---|---|---|---|---|
| 1 | *c | *c | *c | *d | *e | *f | *c |
| 2 | *d | *e | *f | *f | *f | *f | *c |

| *c | 标准螺栓 | *d | 90105-17009 |
|---|---|---|---|
| *e | 90105-17010 | *f | 90105-17011 |

图 3-3-20　螺栓组合及代码

（1）拆下前轮。
（2）拆下前减震器总成下侧的两个螺母，其位置如图 3-3-21 所示。
（3）逐一拆下顶部和底部螺栓，确认转向节可在前减震器上自由移动。确认能自由移动后按表选择相应螺栓并安装。
　　如果不能自由移动，则清洁前减震器总成与转向节的接触面。
（4）暂时安装两个螺母，然后按所需的调节方向将前桥轮毂或推或拉，如图 3-3-22 所示。

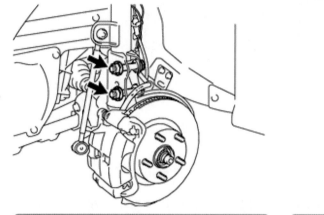

图 3-3-21　前减震器总成下侧两个螺母的位置　　　图 3-3-22　增大/减小主销外倾角时的调节方向

（5）紧固两个螺母，紧固力矩为 240 N·m。紧固时应防止螺栓旋转。
（6）安装前轮。
（7）上下弹动车辆各角数次，以稳定悬架。
（8）检查外倾角。如果外倾角还不在规定范围内，则重复上述过程。
　　调节外倾角后要检查前束。

3）检查前束

检查前轮前束要在空载时进行。
（1）上下弹动车辆各角数次，以稳定悬架。
（2）解除驻车制动并将换挡杆移至 N 位置。
（3）向正前方推车，使其移动约 5 m。

（4）在前轮最靠后的部位做好胎面中心标记，并测量标记间的距离（尺寸 B），如图 3-3-23 所示。

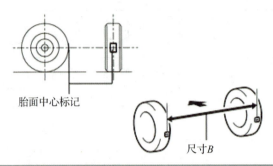

图 3-3-23　测量车轮后侧胎面中心标记间距离的方法

（5）缓慢地向正前方推动车辆，使其前轮旋转 180°（可以以前轮胎气门为参考点）。

注意：不要让车轮旋转超过 180°。如果超过 180°，则再从步骤（3）开始重新进行操作。

（6）测量车轮前侧胎面中心标记间的距离（尺寸 A），如图 3-3-24 所示。

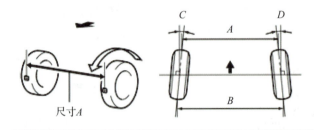

图 3-3-24　测量车轮前侧胎面中心标记间距离的方法

前轮前束的规定值 B-A 为：2.0+/-2.0 mm。如果前束不在规定范围之内，则在转向齿条接头处进行调节。

**4）调节前束**

（1）确保左右转向齿条接头的螺纹长度几乎相同，如图 3-3-25 所示。标准值为 1.5 mm 或更小。

（2）拆下转向齿条防尘套卡子。

（3）拧松横拉杆接头分总成拧紧螺母，如图 3-3-26 所示。

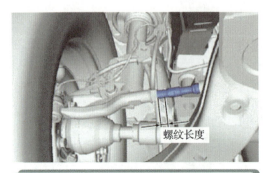

图 3-3-25　齿条接头螺纹的长度

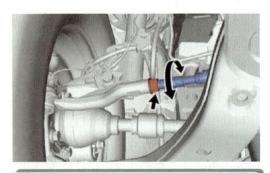

图 3-3-26　拧松横拉杆接头分总成拧紧螺母

（4）如果左右转向齿条接头间的螺纹长度差不在规定范围内，则调节转向齿条接头。如果前束测量值大于规定值，则加长较短的齿条接头以使长度差在规定范围内；如果前束测量值小于规定值，则缩短较长的齿条接头以使长度差在规定范围内。

（5）等量转动左右转向齿条接头，以调节前束；进行调节时应尽可能地接近标准范围的中间。

（6）确保左右转向齿条接头的螺纹长度相同。

（7）紧固横拉杆接头分总成锁紧螺母，紧固力矩为 74 N·m。

（8）将转向齿条防尘套放到套座上，并安装转向齿条防尘套卡子。

5）检查前轮转角

（1）在转向半径仪最靠后的部位做好胎面中心标记。

（2）将方向盘向左、右打到底并测量其转向角，如图 3-3-27 所示。

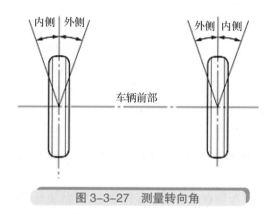

图 3-3-27　测量转向角

空载时混动卡罗拉车轮转向角的标准值如表 3-3-5 所示。

表 3-3-5　空载时混动卡罗拉车轮转向角的标准值

| 轮胎尺寸 | 内侧车轮 | 外侧车轮 |
| --- | --- | --- |
| 195/65R15 | 39°29′ +/-2°00′（39.48° +/-2°） | 33°16′（33.27°） |
| 205/55R16 | 39°31′ +/-2°00′（39.52° +/-2°） | 33°16′（33.27°） |

如果车轮左右内侧转角不在规定范围内，则检查并调节左右转向齿条接头长度。

6）进行横摆率和加速度传感器校准

在更换任何 VSC 相关零部件或进行车轮定位调节后，应清除并读取传感器校准数据。进行车轮定位调节后要进行清除零点校准数据和进行横摆率和加速度传感器零点校准。

注意：

（1）获取零点时，车辆应保持静止状态，不要振动、倾斜、移动或摇动。

（2）确保在水平面上执行此程序。

（3）获取零点时，确保轮胎压力符合规定且车辆与地面完全接触。

进行横摆率和加速度传感器校准可以使用 GTS 或 SST，以使用 GTS 时的作业为例进行说明。

#### 1）清除零点校准数据

（1）将电源开关置于 OFF 位置。

（2）检查并确认方向盘处于中间位置。

（3）检查并确认选择驻车挡。

（4）将 GTS 连接到 DLC3。

（5）将电源开关置于 ON（IG）位置。

（6）打开 GTS。

（7）使用 GTS 选择防滑控制 ECU（带主缸的制动助力器总成），以清除零点校准数据。进入 ABS/VSC/TRC，进行重新校准。

（8）将电源开关置于 OFF 位置。

#### 2）对横摆率和加速度传感器进行零点校准

（1）将电源开关置于 OFF 位置。

（2）检查并确认方向盘处于中间位置。

（3）检查并确认选择驻车挡。如果未选择驻车挡，将存储 DTC C1210（横摆率传感器的零点校准未完成）和 DTC C1336（加速度传感器的零点校准未完成）。

（4）将 GTS 连接到 DLC3。

（5）将电源开关置于 ON（IG）位置。

（6）打开 GTS。

（7）使用 GTS 将防滑控制 ECU（带主缸的制动助力器总成）切换到测试模式。进入 ABS/VSC/TRC，进行主动测试。

（8）进入测试模式后，使车辆在水平面上保持静止 2 s 或更长时间。

（9）检查并确认 ABS 警告灯、制动警告灯 / 黄色（轻微故障）和打滑指示灯点亮数秒，然后在测试模式下闪烁。如果 ABS 警告灯、制动警告灯 / 黄色（轻微故障）和打滑指示灯不闪烁，则需要再次进行零点校准。再次进行零点校准前先清除存储数据。

（10）将电源开关置于 OFF 位置并关闭 GTS。

## 单元小结

1. 混动卡罗拉电控制动系统主要由制动助力泵总成、带主缸的制动助力器总成、制动踏板行程传感器总成、空气囊传感器总成、组合仪表总成、混合动力车辆混合动力控制 ECU、动力转向 ECU 总成、VSC OFF 开关和制动器等组成。

2. 混动卡罗拉制动系统的保养内容主要有：检查制动踏板高度及行程、检查驻车制动器、更换制动摩擦片和更换制动液等。

3. 混动卡罗拉的悬架系统采用前麦弗逊式悬架、后纵臂扭转梁式悬架的布置形式。

4. 混动卡罗拉转向及行驶系统的保养内容主要有：检查方向盘自由行程，检查前轮、后轮定位参数及轮胎检查。

# 混动卡罗拉车身及空调系统保养

## 任务导入

一辆混动卡罗拉轿车,要进行 40 000 km 保养。你知道混动卡罗拉 40 000 km 保养时,空调的保养项目有哪些吗?如何对其进行保养呢?

## 学习目标

1. 能够正确使用歧管压力表组进行空调系统压力检查。
2. 能够正确进行空调泄漏检查。
3. 能够正确应用 GTS 对空调系统进行定制。
4. 能够迅速更换空调滤芯。

## 理论知识

### 一、混动卡罗拉空调系统

混动卡罗拉空调制冷系统采用电动压缩机为动力源,暖风系统的热源是两部分:发动机冷却液和 PTC 加热器。电动压缩机由 HV 蓄电池供电,PTC 加热器由辅助蓄电池供电。

混动卡罗拉空调系统的性能参数见表 3-4-1。

表 3-4-1 混动卡罗拉空调系统的性能参数

| 名称 | 项目 | 单位 | 规格 |
| --- | --- | --- | --- |
| 制冷系统 | 冷却能力 | W | 4 650 |
| | 空气流量 | $m^3/h$ | 475 |
| | 功耗 | W | 240 |
| 暖风系统 | 加热器输出功率 | W | 5 100 |
| | 空气流量 | $m^3/h$ | 320 |
| | 功耗 | W | 195 |

混动卡罗拉车身及空调的保养计划和保养内容如表 3-4-2 所示，表中 I 表示检查，R 表示更换、更改或润滑。混动卡罗拉车身及空调的保养内容主要有车灯、喇叭、刮水器和喷洗器、空调滤清器、空调制冷剂量等。保养间隔以里程表读数或月数确定，以先到者为准。

表 3-4-2 混动卡罗拉车身及空调的保养计划和保养内容

| 保养间隔：里程表读数或月数，以先到者为准 | 里程表读数（10 000 km） | | | | | | | | 月数 |
| --- | --- | --- | --- | --- | --- | --- | --- | --- | --- |
| | 0.1 | 1 | 2 | 3 | 4 | 5 | 6 | 7 | 8 | |
| 车身及空调系统保养内容 | | | | | | | | | | |
| 车灯、喇叭、刮水器和喷洗器 | I | I | I | I | I | I | I | I | 6 |
| 空调滤清器 | | | R | | R | | R | | R | — |
| 空调制冷剂量 | | | I | | I | | I | | I | 12 |

注 1：行驶 80 000 km 或 48 个月后检查一次，之后每行驶 20 000 km 或每隔 12 个月检查一次。
注 2：行驶 160 000 km 更换一次，之后每行驶 80 000 km 更换一次。
注 3：行驶 240 000 km 更换一次，之后每行驶 80 000 km 更换一次。

除了上述保养内容以外还要进行 PTC 加热器继电器检查、空调系统检漏、空调系统定制参数等。通常情况下，PTC 加热器继电器检查应该在每年入冬之前进行，空调系统检漏在制冷剂量检查时进行，空调系统定制参数是根据客户需要进行的。

## 实践技能

## 二、检查制冷剂压力

进行制冷剂压力检查时要运行空调，因此要保证车辆在通风良好的环境中。

汽车空调制冷系统压力测试

### 1. 准备工作

（1）连接歧管压力表组件。
（2）打开所有车门。
（3）将电源开关置于 ON（READY）位置，然后打开空调。
（4）温度设定为最冷；鼓风机转速设定为高速。
注意：选择内循环时进气口温度应在 30℃ ~ 35℃。

### 2. 读取歧管压力表读数

正常情况下，低压侧的压力应在 150 ~ 250 kPa，高压侧压力应在 1 370 ~ 1 570 kPa。如果压力不正常，则说明空调制冷系统存在故障，具体情况如表 3-4-3 所示。

表 3-4-3 歧管压力表读数对应症状、可能原因及相应解决措施

| 压力表现象（读数） | 症状 | 可能原因 | 解决措施 |
|---|---|---|---|
| 低压侧压力在正常和真空之间循环 | 空调系统间断性制冷 | 空调系统内有湿气 | 1. 更换冷凝器干燥器；<br>2. 排除系统中的空气；<br>3. 重新加注适量制冷剂 |
| 低压侧和高压侧压力均低 | 空调系统不制冷或制冷效果不良 | 无制冷剂或制冷剂不足 | 1. 检查制冷剂是否泄漏；<br>2. 如果压力表读数接近0，维修泄漏部位后进行抽真空；<br>3. 向空调系统加注适量制冷剂 |
| 低压侧和高压侧压力均低 | 空调系统无法有效制冷且冷凝器至蒸发器的管路上结霜 | 冷凝器堵塞 | 更换冷凝器 |
| 低压侧显示真空，高压侧显示压力也很低 | 空调系统无法有效制冷（系统偶尔制冷），在储液罐或膨胀阀两侧管路上均能看到结霜 | 1. 空调系统存在湿气或污垢阻碍制冷剂流动；<br>2. 膨胀阀开度过小 | 1. 更换膨胀阀；<br>2. 更换冷凝器；<br>3. 排空空调并重新加注制冷剂 |
| 低压侧和高压侧压力过高 | 空调无法制冷且低压管路过热（烫手） | 空调系统存在空气 | 1. 更换冷凝器干燥器；<br>2. 排空空调系统并重新加注适量制冷剂 |
| 低压侧和高压侧压力过高 | 空调系统无法有效制冷且低压侧管路结霜或出现大量水珠凝结 | 1. 膨胀阀开度过大；<br>2. 制冷剂过量 | 1. 更换膨胀阀；<br>2. 排出适量制冷剂 |
| 低压侧和高压侧压力过高 | 空调制冷一会儿后不制冷 | 冷凝器脏污或冷却风扇转速过低 | 1. 清洁冷凝器；<br>2. 检查冷却风扇工作情况 |
| 低压侧压力过高或高压侧压力过低 | 空调无法有效制冷 | 压缩机内部泄漏 | 更换压缩机 |

## 三、检查制冷剂泄漏

进行制冷剂泄漏检查时，先检查各连接处是否存在油污，若连接处存在油污，则表明存在制冷剂泄漏。

用卤素检漏仪检查制冷剂泄漏时要在下列条件下进行：

（1）电源开关置于OFF位置；

（2）确保通风良好；

（3）重复检查2到3次；

（4）测量压力以确认空调系统内有制冷剂。（压缩机关闭时的压力应为392~588 kPa）

用卤素检漏仪检查制冷剂泄漏的步骤为:
(1)检查空调压力传感器附近是否泄漏。
断开空调压力传感器并放置约20 min,然后将卤素检漏仪靠近空调压力传感器进行检漏。
(2)检查冷凝器各接口是否泄漏。
将卤素检漏仪靠近冷凝器排放软管下,检查是否泄漏。
(3)检查空调总成是否泄漏。
①拆卸带风扇的鼓风机电动机分总成。
②检查空调总成是否泄漏。

## 四、空调定制参数和初始化

进行空调系统定制时要注意:
(1)客户要求改变某项功能时,首先确定该功能能够进行定制。
(2)进行定制前,务必记录下当前设定情况。
(3)对某项功能进行故障排除时,首先确定已将此项功能设定为默认值。

### 1. 使用 GTS 进行定制

使用 GTS 对空调系统进行定制的步骤是:
(1)连接 GTS。
(2)将电源开关置于 ON(IG)位置。
(3)打开 GTS。
(4)进入以下菜单:空调/工具/定制/Air Conditioner,如图 3-4-1 所示。

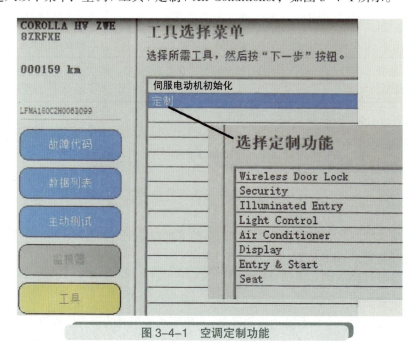

图 3-4-1 空调定制功能

（5）根据要求对空调系统进行定制。空调系统能进行定制的内容及值如表3-4-4所示，空调定制参数及其默认值如图3-4-2所示。

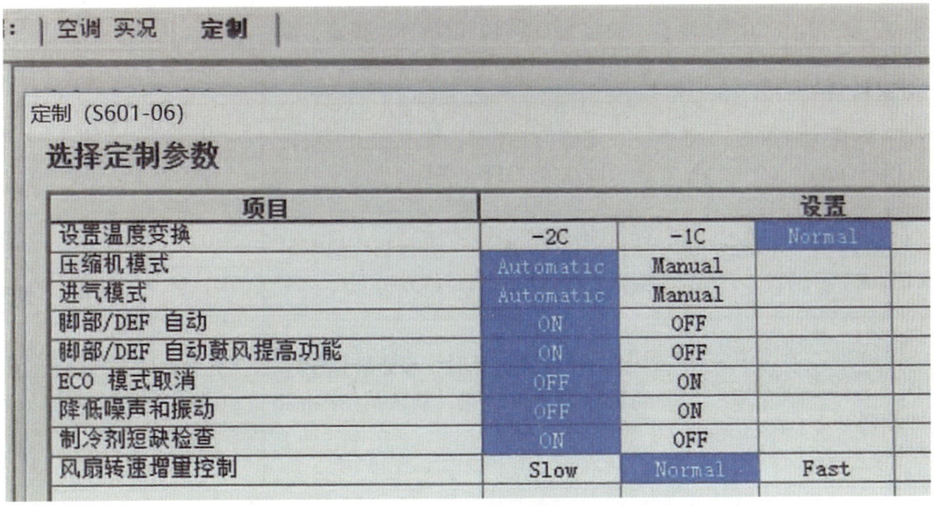

图 3-4-2　空调定制参数及默认值

注：图中深色部分是定制参数的默认值

表 3-4-4　使用 GTS 时空调定制内容及描述

| 检测仪显示 | 描述及默认值 | 设定值 | 对应描述 |
| --- | --- | --- | --- |
| 设置温度交换（Set Temperature Shift） | 该功能是根据显示的温度来控制温度的变化，默认值：Normal（常规） | 00001 | −2℃ |
| | | 00010 | −1℃ |
| | | 00100 | Normal（常规） |
| | | 01000 | +1℃ |
| | | 10000 | +2℃ |
| 压缩机模式（Compressor Mode） | 鼓风机打开且空调关闭时，通过按下 AUTO 按钮可自动打开空调，默认值：Automatic（自动） | 0 | Automatic（自动） |
| | | 1 | Manual（手动） |
| 进气模式（Air Inlet Mode） | 在打开空调时，自动切换至再循环模式，默认值：Automatic（自动） | 0 | Automatic（自动） |
| | | 1 | Manual（手动） |
| 脚步/除霜器自动模式（Foot/DEF Auto Mode） | AUTO 模式打开时，自动将出风切换至脚部/除霜器，默认值：ON（打开） | 0 | ON（打开） |
| | | 1 | OFF（关闭） |
| 脚步/除霜器自动鼓风提高功能（Foot/DEF Automatic Blow Up Function） | 除霜器打开时，自动增加鼓风机速度等级，默认值：ON（打开） | 0 | ON（打开） |
| | | 1 | OFF（关闭） |

续表

| 检测仪显示 | 描述及默认值 | 设定值 | 对应描述 |
|---|---|---|---|
| 环保模式取消（ECO Mode Cancel） | 设定为 ON 时，取消环保模式，默认值：ON（打开） | 0 | OFF（关闭） |
| | | 1 | ON（打开） |
| 降低噪声和振动（Noise and Vibration Reduction） | 设定值为 ON 时，能改变压缩机转速，默认值：OFF（关闭） | 0 | OFF（关闭） |
| | | 1 | ON（打开） |
| 制冷剂短缺检查（Refrigerant Shortage Check） | 设定值为 ON 时，进行制冷剂不足检查，默认值：ON（打开） | 0 | ON（打开） |
| | | 1 | OFF（关闭） |
| 风扇转速增量控制（Fan Speed Increment Control） | AUTO 模式打开时，设定转速已达到目标鼓风机转速，默认值：Normal（常规） | 001 | Slow（慢速） |
| | | 010 | Normal（常规） |
| | | 100 | Fast（快速） |

例如：风扇转速增量控制参数定制为 Fast，更改参数后 GTS 显示如图 3-4-3 所示。

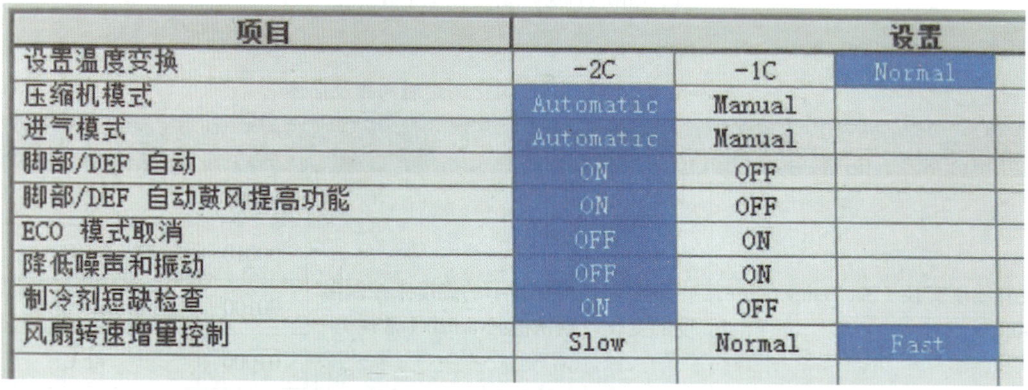

| 项目 | 设置 | | |
|---|---|---|---|
| 设置温度变换 | -2C | -1C | Normal |
| 压缩机模式 | Automatic | Manual | |
| 进气模式 | Automatic | Manual | |
| 脚部/DEF 自动 | ON | OFF | |
| 脚部/DEF 自动鼓风提高功能 | ON | OFF | |
| ECO 模式取消 | OFF | ON | |
| 降低噪声和振动 | OFF | ON | |
| 制冷剂短缺检查 | ON | OFF | |
| 风扇转速增量控制 | Slow | Normal | Fast |

图 3-4-3　风扇转速增量控制参数定制为 Fast 后 GTS 显示内容

## 2. 使用多功能显示屏进行定制

如果车辆带多功能显示屏，也可以使用多功能显示屏对空调部分功能进行定制。定制步骤为：

（1）将电源开关置于 ON（IG）位置。

（2）导航接收器车型进入以下菜单：MENU /Setup /Vehicle / Vehicle Customization /Climate Settings。收音机和显示器车型进入以下菜单：MENU / Vehicle / Vehicle Customization /Climate Settings。

（3）根据要求对空调系统进行定制。使用多功能显示屏能对空调系统进行的定制内容及值见表 3-4-5。

表 3-4-5 使用多功能显示屏时空调定制内容及描述

| 显示 | 描述 | 默认值 | 设定 |
|---|---|---|---|
| Auto A/C Mode | 鼓风机打开且空调关闭时,通过按下 AUTO 按钮可自动打开空调 | ON | ON 或 OFF |
| Efficient Ventilation Mode | 在打开空调时,自动切换至再循环模式 | ON | ON 或 OFF |

### 3. 空调系统初始化(初始化伺服电动机)

(1)将电源开关置于 OFF 位置。
(2)将 GTS 连接到 DLC3。
(3)将电源开关置于 ON(IG)位置。
(4)按下空调 OFF 开关。
(5)打开 GTS。
(6)进入以下菜单:空调 / 工具 / 伺服电动机初始化,如图 3-4-4 所示。

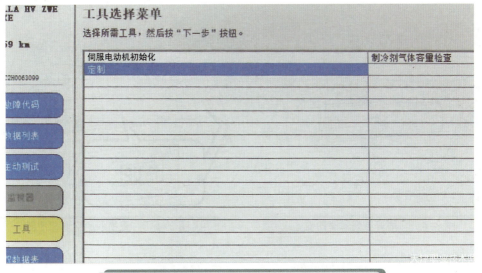

图 3-4-4 空调伺服电动机初始化

(7)根据 GTS 显示进行伺服电动机初始化。
初始化期间,AUTO 指示灯点亮,然后在完成初始化时熄灭。
(8)根据 GTS 显示,完成初始化。

## 五、更换空调滤芯

更换空调滤芯的步骤为:
(1)关闭电源开关。
(2)打开手套箱,滑下阻尼器,如图 3-4-5 所示。

（3）向里推手套箱的左右两侧以脱开卡爪，然后拉出手套箱并脱开下部卡爪，如图3-4-6所示。

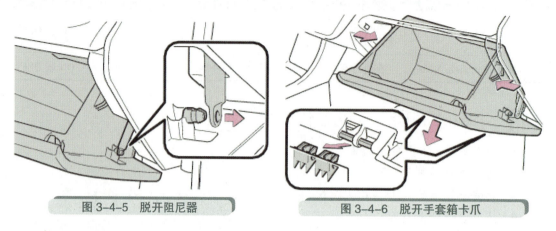

图3-4-5 脱开阻尼器　　　　　　图3-4-6 脱开手套箱卡爪

（4）拆下滤清器盖，如图3-4-7所示。

（5）拆下空调滤清器并用新的替换，注意滤清器上的"↑UP"标记应朝上，如图3-4-8所示。

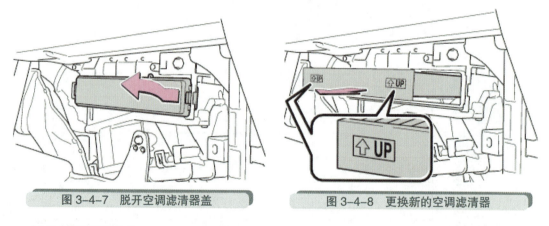

图3-4-7 脱开空调滤清器盖　　　　图3-4-8 更换新的空调滤清器

（6）安装滤清器盖。

（7）安装手套箱，并连接卡爪和阻尼器。

注意：在使用空调系统时，确保始终安装滤清器。使用未安装滤清器的空调系统可能会损坏系统。

## 六、PTC加热器继电器检查

测量3个PTC加热器继电器电阻。PTC加热器继电器位置位于发动机室1号继电器/接线盒（见图3-4-9）中，编号*7、*8、*9为PTC加热器继电器，如图3-4-10所示，端子连接如图3-4-11所示。

任务 4　混动卡罗拉车身及空调系统保养

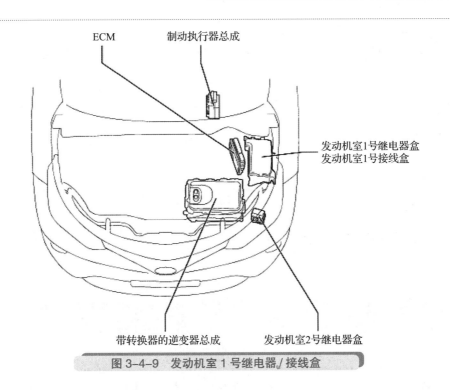

图 3-4-9　发动机室 1 号继电器/接线盒

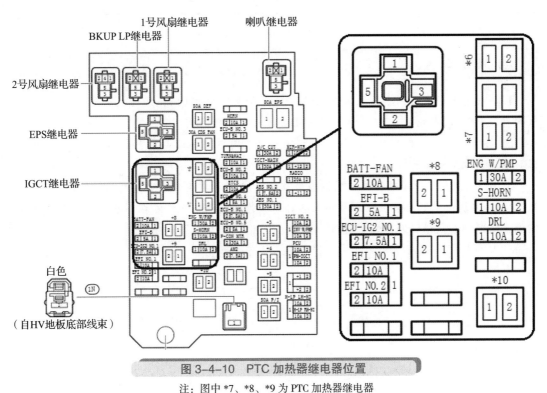

图 3-4-10　PTC 加热器继电器位置

注：图中 *7、*8、*9 为 PTC 加热器继电器

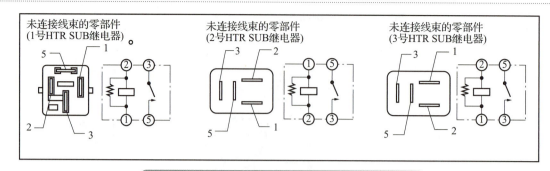

图 3-4-11　PTC 加热器继电器端子连接

测量条件及规定值如表 3-4-6 所示，如果测量结果不符合规定，则要更换 PTC 加热器继电器。

表 3-4-6　PTC 加热器继电器端子测量条件及规定值

| 测量点 | 条件 | 规定状态 |
| --- | --- | --- |
| 3 ~ 5 端子 | 未在 1、2 端子之间施加辅助蓄电池电压 | 10 kΩ 或更大 |
| 3 ~ 5 端子 | 在 1、2 端子之间施加辅助蓄电池电压 | 1 Ω 或更小 |

## 单元小结

1. 混动卡罗拉空调制冷系统采用电动压缩机为动力源，暖风系统的热源是两部分：发动机冷却液和 PTC 加热器。PTC 加热器由辅助蓄电池进行供电。

2. 混动卡罗拉车身及空调的保养内容主要有车灯、喇叭、刮水器和喷洗器、空调滤清器和空调制冷剂量等。

3. 还要进行 PTC 加热器继电器检查、空调系统检漏、空调系统定制参数等，通常情况下 PTC 加热器继电器检查应该在每年入冬之前进行，空调系统检漏在制冷剂量检查时进行，空调系统定制参数根据客户需要进行。

# 参考文献

[1] 节能与新能源汽车技术路线图战略咨询委员会. 节能与新能源汽车技术路线图[M]. 北京：机械工业出版社，2016.

[2] 包丕利. 新能源汽车维护与保养[M]. 北京：机械工业出版社，2018.

[3] 何泽刚. 新能源汽车认知与使用安全[M]. 北京：机械工业出版社，2019.

[4] 申荣卫. 混合动力汽车拆装与检测[M]. 北京：机械工业出版社，2019.

[5] 蔡志乾. 汽车保养与维护实训指导书[M]. 北京：北京理工大学出版社，2017.

# 目 录

**学习情境 1　新能源汽车维修基础** ·············································· 1
　任务工单 1.1　新能源汽车维护认知 ·············································· 1
　任务工单 1.2　5S/7S 管理 ······················································· 3
　任务工单 1.3　车间安全与环保 ·················································· 6
　任务工单 1.4　新能源汽车维护接待 ·············································· 9
　任务工单 1.5　新车交付检查 ··················································· 12

**学习情境 2　纯电动汽车保养与维护** ············································ 16
　任务工单 2.1　动力电池维护与保养 ············································· 16
　任务工单 2.2　驱动及冷却系统维护与保养 ······································· 19
　任务工单 2.3　比亚迪 e5 纯电动汽车底盘的维护与保养 ··························· 22
　任务工单 2.4　空调系统维护与保养 ············································· 27
　任务工单 2.5　纯电动汽车车身的维护与保养 ····································· 30

**学习情境 3　混合动力汽车保养与维护** ·········································· 34
　任务工单 3.1　混合动力汽车日常保养 ··········································· 34
　任务工单 3.2　混动卡罗拉发动机保养 ··········································· 37
　任务工单 3.3　混动卡罗拉底盘的保养 ··········································· 41
　任务工单 3.4　混动卡罗拉车身及空调系统保养 ··································· 44

# 学习情境 1　新能源汽车维修基础

## 任务工单 1.1　新能源汽车维护认知

| 任务名称 | 新能源汽车维护认知 | 学　时 | 4 | 班　级 | |
|---|---|---|---|---|---|
| 学生姓名 | | 学生学号 | | 任务成绩 | |
| 实训设备、工具及仪器 | 多媒体教学设备1套、比亚迪e5纯电动汽车4辆 | 实训场地 | 理实一体化教室 | 日　期 | |
| 客户任务描述 | 小王在新能源汽车某4S店进行实习，今天师傅接了一辆车，进行维护作业后告知小王需进行保养里程清零 | | | | |
| 任务目的 | 能明确比亚迪e5纯电动汽车的维护内容以及其与内燃机汽车维护的区别 | | | | |

### 一、资讯

1. 汽车维护是指_____汽车的技术性能，保证汽车具有良好的_____；具体来说，是指定期对汽车相关部分进行检查、清洁、补给、润滑、调整或更换某些零件的_____工作，又称汽车保养。
2. 汽车修理是指_____。修理是指_____，包括故障诊断、拆卸、鉴定、更换、修复、装配、磨合、试验等作业。
3. 汽车维护的目的在于保持车容整洁、_____，及时发现和消除_____，可以有效地延长汽车的_____，防止车辆早期损坏，从而达到下列要求：
（1）车辆经常处于_____，随时可以出车；
（2）在_____下，不会因机件损坏而影响行车安全；
（3）在运行过程中，降低_____、_____以及_____和_____的磨损；
（4）减少_____和_____对环境的污染；
（5）各部总成的技术状况尽量保持均衡，以延长汽车_____。
4. 新能源汽车维护一般可分为_____和_____两大类。定期维护分为_____、_____和_____三类；非定期维护主要是指_____。
5. 比亚迪e5纯电动汽车的维护保养周期是以_____（_____公里）或者_____（_____个月）为参考的，分为_____、_____；_____需增加项目；_____、_____或_____三种保养要求。

### 二、计划与决策

请根据任务要求，确定所需要的检测仪器、工具，并对小组成员进行合理分工，制订详细的工作计划。

1. 需要的检测仪器、工具：

2. 小组成员分工：

3. 计划：

## 三、实施

比亚迪 e5 电动汽车的维护内容：

（1）动力电池及充电系统的保养。

动力电池及充电系统的保养主要涉及_____、_____、_____、_____和_____。为了使动力电池处于最佳状态，需要_____（至少___个月_____km）对车辆进行满充满放，达到电池自我校正的目的。

（2）驱动及冷却系统的保养。

驱动及冷却系统的保养主要涉及_____检查、机舱及底盘_____检查、_____检查、_____检查、_____检查、_____检查、_____检查、_____检查、_____检查等。

（3）纯电动汽车底盘的保养。

纯电动汽车底盘主要保养内容涉及_____检查、_____测试、_____检查、_____检查、_____、_____及_____检查等。

（4）纯电动汽车空调系统的保养。

电动汽车空调系统主要保养内容涉及_____检查、_____测试、_____测试，_____的检查、_____的连接及固定，_____检查以及_____的检查及更换等。

## 四、检查

（1）检查动力电池型号：_____。

（2）检查低压蓄电池型号：_____。

（3）检查驱动电机型号：_____。

（4）检查电机控制器：_____。

（5）检查电动压缩机型号：_____。

（6）检查保养里程：_____。

## 五、评估

1. 请根据自己任务完成的情况，对自己的工作进行自我评估，并提出改进意见。

（1）_____

_____;

（2）_____

_____;

（3）_____

_____。

2. 工单成绩（总分为自我评价、组长评价和教师评价得分值的平均值）。

| 自我评价 | 组长评价 | 教师评价 | 总分 |
|---|---|---|---|
|  |  |  |  |

# 任务工单 1.2 5S/7S 管理

| 任务名称 | 5S/7S 管理 | 学 时 | 4 | 班 级 | |
|---|---|---|---|---|---|
| 学生姓名 | | 学生学号 | | 任务成绩 | |
| 实训设备、工具及仪器 | 多媒体教学设备 1 套、4 间实训室,设备和杂物若干、清扫工具若干、工作服若干 | 实训场地 | 理实一体化教室 | 日 期 | |
| 客户任务描述 | 小王刚到新能源汽车某 4S 店工作,第一天上班时经理告诉他本 4S 店实行的是 5S 管理制度,让他一定要遵守 | | | | |
| 任务目的 | 能够规范地完成实训室的整理、整顿、清扫清洁和安全管理及检查等任务 | | | | |

## 一、资讯

1. 制度是一个组织内大家共同遵守的_____,可以保证组织有效运转,是达成组织目标的_____,也是实现公平、公正、公开的_____。

2. 5S 管理制度的内容有_____、_____、_____、清洁和_____。

3. 5S 管理的对象是_____,对个人的行为规范有着深刻的影响,最终目的是要每一个员工形成良好的_____和_____,从而提高_____。

4. 对图中未标注名称的给予标注。

5. "CSI"是指_____,是以_____为基数编制的用以分析顾客满意程度的指数,是根据顾客对企业提供的产品和服务质量的评价,通过建立_____计算得出的。

## 二、计划与决策

请根据任务要求,确定所需要的检测仪器、工具,并对小组成员进行合理分工,制订详细的工作计划。

1. 需要的检测仪器、工具:

2. 小组成员分工:

3. 计划:

## 学习情境 1　新能源汽车维修基础

### 三、实施

1. 实训室的 5S 管理。

（1）实训室的整理。

实训室的功能：_____。

实训室的设备要求：_____。

实训室的设计格局（画简图）：









与实训室无关的物品有：_____。

（2）实训室的整顿。

设备档案的建立：_____。

设备操作记录本：_____。

制定设备的维护方案：_____
_____。

工具的取用和分配制度：_____。

（3）实训室的清扫清洁。

清扫清洁制度：_____。

检查审核制度：_____。

污染源：_____。

对污染源提出的改进措施或意见有哪些？_____
_____。

（4）实训室的安全。

安全制度：_____。

设立安全区并画出警戒线（在实训室格局简图上画出）。

实训室存在的安全隐患有：_____
_____。

改进措施有：_____
_____。

2. 根据以上方案对实训室进行改造。

经过改造的有：_____
_____。

未经改造的原因：_____
_____。

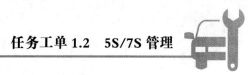

## 四、检查

1. 检查实训室的设计格局：_____
_____。
2. 检查设备档案、操作记录和维护方案：_____
_____。
3. 检查对污染源改进措施的可行性：_____。
4. 检查安全区的划分是否合理：_____。

## 五、评估

1. 请根据自己任务完成的情况，对自己的工作进行自我评估，并提出改进意见。
（1）_____
_____；
（2）_____
_____；
（3）_____
_____。

2. 工单成绩（总分为自我评价、组长评价和教师评价得分值的平均值）。

| 自我评价 | 组长评价 | 教师评价 | 总分 |
| --- | --- | --- | --- |
|  |  |  |  |

# 任务工单 1.3  车间安全与环保

| 任务名称 | 车间安全与环保 | 学 时 | 4 | 班 级 | |
|---|---|---|---|---|---|
| 学生姓名 | | 学生学号 | | 任务成绩 | |
| 实训设备、工具及仪器 | 多媒体教学设备 1 套、比亚迪 e5 纯电动汽车 4 辆、车间安全用具 4 套、个人安全防护用具 4 套、放电工装 4 套 | 实训场地 | 理实一体化教室 | 日 期 | |
| 客户任务描述 | 小王在新能源汽车某 4S 店实习，今天带队师傅告诉他要对某品牌纯电动汽车进行更换动力电池作业 | | | | |
| 任务目的 | 能够正确规范地完成纯电动汽车的下电、上电作业 | | | | |

一、资讯

1. 比亚迪 e5 高压部件主要有：_____、_____、电机控制器、_____、_____、空调压缩机和_____。

2. 高压互锁是指危险电压连锁回路_____（Hazardous Voltage Interlock Loop），即将_____封闭在一个_____中，通过使用_____号来检查整个高压系统的_____、_____，识别回路_____，及时断开_____。

3. 电动汽车设计高、低压互锁的目的主要有：
（1）_____；
（2）_____；
（3）_____。

4. 根据下图写出带高、低压互锁的高压插头的工作原理：_____。

5. 填写完成下表。

| 序号 | 名称 | 起点 | 终点 |
|---|---|---|---|
| 1 | 动力电池高压电缆 |  | 高压电控总成 |
| 2 | 电机控制器高压电缆 | 高压盒 |  |
| 3 | 快充线束 |  | 高压电控总成 |
| 4 | 慢充线束 |  | 高压电控总成 |
| 5 | 高压附件线束 |  | 空调 PTC |

## 二、计划与决策

请根据任务要求，确定所需要的检测仪器、工具，并对小组成员进行合理分工，制订详细的工作计划。

1. 需要的检测仪器、工具：

2. 小组成员分工：

3. 计划：

## 三、实施

1. 比亚迪 e5 下电操作。

（1）检查场地及安装警戒标志。

检查场地：_____。

检查自身：_____。

安装警戒标志：_____。

找至少一名安全监护人：_____。

（2）切断低压电源并拆除附件。

①将电源挡位退至_____挡，确保电源挡位处于_____位置。

②拔下钥匙，将_____移开车辆探测范围，放到_____中锁好。

③断开低压蓄电池_____端子。

④打开_____，拆下置物盒四个固定螺丝，取下置物盒。

（3）穿戴绝缘防护用具。

绝缘防护用具有：_____。

检查绝缘防护用具：_____。

（4）拆卸维修开关。
①解除维修开关锁，拔下_____并将_____放到储物箱中锁好。
②安装_____，如果没有替代安全塞，则建议用_____封住并装上中央置物盒。
2. 比亚迪 e5 上电操作。
（1）上电前防护工作。
①找一名_____。
②穿戴_____。
绝缘防护用具包括主要_____、_____、_____及_____。在穿戴绝缘防护用具时，最好按一定的顺序进行比如_____等，防止遗漏。
注意：在穿戴绝缘手套时要检查其绝缘等级及完好程度。绝缘等级应为_____以上，绝缘手套应不漏气。
（2）安装维修开关。
①抬起中央置物盒盖取下置物盒。
②从储物箱中取出维修开关。
③安装维修开关，锁止_____开关。
（3）安装置物盒。
安装置物盒及四个固定螺丝，盖好中央置物盒盖。
（4）连接_____电源，检查上电情况。
①安装蓄电池_____。
②踩住_____踏板，按下_____按钮，检查仪表盘上_____是否亮起，_____点亮，表明_____。

## 四、检查

1. 在对比亚迪 e5 进行下电的过程中，操作不规范的地方有：_____
_____。
2. 检查下电完成后在维修开关处和动力电池连接器处有无绝缘防护措施_____。
3. 检查下电完成后动力电池连接器两端的电压为：_____。
4. 在对比亚迪 e5 进行上电的过程中，操作不规范的地方有：_____
_____。
5. 踏住制动踏板后按下起动按钮，检查仪表盘显示状态：_____。

## 五、评估

1. 请根据自己任务完成的情况，对自己的工作进行自我评估，并提出改进意见。
（1）_____
_____；
（2）_____
_____；
（3）_____
_____。

2. 工单成绩（总分为自我评价、组长评价和教师评价得分值的平均值）。

| 自我评价 | 组长评价 | 教师评价 | 总分 |
| --- | --- | --- | --- |
|  |  |  |  |

# 任务工单 1.4  新能源汽车维护接待

| 任务名称 | 新能源汽车维护接待 | 学　时 | 4 | 班　级 | |
|---|---|---|---|---|---|
| 学生姓名 | | 学生学号 | | 任务成绩 | |
| 实训设备、工具及仪器 | 多媒体教学设备 1 套、比亚迪 e5 纯电动汽车 4 辆 | 实训场地 | 理实一体化教室 | 日　期 | |
| 客户任务描述 | 小王在新能源汽车某 4S 担任维修接待员,今天有一辆比亚迪 e5 来店做 3 万 km 保养,需要小王接待 | | | | |
| 任务目的 | 能够正确规范地完成客户接待任务,并给客户建立良好的店面形象 | | | | |

一、资讯

1. 接待员的着装规范有:
_____
_____
_____。

2. 接待员的仪容规范有:
_____
_____
_____。

3. 接待员的行为举止规范有:
_____
_____
_____。

4. 拨打电话的礼仪有:
_____
_____。

5. 接听电话的礼仪有:
_____
_____。

6. 画出汽车维修服务的流程:

7. 环车检查的目的：_____

8. 参照下图完成竣工检查流程

## 二、计划与决策

请根据任务要求，确定所需要的检测仪器、工具，并对小组成员进行合理分工，制订详细的工作计划。

1. 需要的检测仪器、工具：

2. 小组成员分工：

3. 计划：

## 三、实施

1. 比亚迪 e5 电动汽车维护接待。

（1）店面接待。

自我介绍：_____。

情况问询：_____。

登记车辆信息：_____。

（2）环车检查。

车内检查内容：_____。

车内检查情况记录：_____。

车外检查内容：_____

_____。

车外检查情况记录：_____。

（3）下维修委托单。

注意事项：_____

_____。

(4)维修、维护作业。
(5)竣工检查。
竣工检查内容:_____
_____。

(6)交车检查。
交车检查内容:_____
_____。

(7)结算。
注意事项:_____
_____。

(8)取车。
取车时的工作有:_____
_____。

## 四、检查

1. 环车检查时未发现的点:_____
_____。
2. 检查保养指示灯是否复位:_____。
3. 检查有无预约电话回访时间:_____。
4. 检查有无归还保养手册、行驶证和车钥匙:_____。

## 五、评估

1. 请根据自己任务完成的情况,对自己的工作进行自我评估,并提出改进意见。
(1)_____
_____;
(2)_____
_____;
(3)_____
_____。

2. 工单成绩(总分为自我评价、组长评价和教师评价得分值的平均值)。

| 自我评价 | 组长评价 | 教师评价 | 总分 |
| --- | --- | --- | --- |
|  |  |  |  |

# 任务工单 1.5　新车交付检查

| 任务名称 | 新车交付检查 | 学　时 | 4 | 班　级 | |
|---|---|---|---|---|---|
| 学生姓名 | | 学生学号 | | 任务成绩 | |
| 实训设备、工具及仪器 | 多媒体教学设备1套、比亚迪e5纯电动汽车4辆 | 实训场地 | 理实一体化教室 | 日　期 | |
| 客户任务描述 | 小王在新能源汽车某4S店进行工作，今天销售员卖出一辆新车后说要进行新车交付检查 | | | | |
| 任务目的 | 能够正确规范地完成新车交付检查，并记录检查结果 | | | | |

一、资讯

1. PDI 是指_____，一辆车在从出厂到客户手中之间一般要进行三次PDI，分别为_____、_____、_____，其中有两次PDI的检查单位是汽车经销商，这两次分别是_____、_____。

2. 为了防止新车在运输过程中发生问题，汽车在离开制造厂前，要将_____的零部件_____，对一些_____的部位加装_____等。因此，在进行新车交付检验时，新车必须恢复到_____，发挥汽车的正常功能，避免用户在使用中发生意外事故。

3. 将下图中空白处填上相应的作业。

| 责任单位 | 输入 | 出库PDI | 问题处理 |
|---|---|---|---|

销售管理部　　提前3天

服务管理部

制造工程部　　B级及以上同一问题是否超过10%　　2日内修复

质量管理部　　质量责任评判、界定，协调维修　　分析落实责任单位

出库

## 任务工单 1.5 新车交付检查

4. 比亚迪 e5 的新车交付检查项目包括_____、_____、前机舱检查和_____。

5. 完成比亚迪 e5 新车交付检查项目表。

| 检查项目 | 检查内容 | 检查结果 | 签字栏 |
| --- | --- | --- | --- |
| 配备检查 | | | 维修人 |
| 1.铭牌及随车资料 | 铭牌有粘贴；随车资料（导航手册）齐全，资料信息与车辆一致 | | |
| 2.随车工具 | （备胎，工具三件套，千斤顶）随车工具齐全 | | |
| 3.出租车 | 计价器及计价器遥控面板、顶灯及顶灯钥匙、空车牌、驾驶员信息栏、禁止吸烟贴、座套（两套） | | |
| 基本检查 | | | 维修人 |
| 1.外观检查 | 全车漆面，前后风挡，左右车窗，前后车灯表面无磕碰、划伤；车顶装饰条粘贴良好无损坏；车门、机盖、灯具安装各部缝隙均匀，过渡无明显阶差 | | |
| 2.轮胎 | 轮胎表面无割伤，胎压正常；轮辋及螺栓无划伤、生锈；翼子板内衬齐全 | | |
| 3.内饰检查 | 门内侧、门框、方向盘、仪表台、挡位、中央扶手箱、座椅、地毯、车顶内饰安装可靠，无划伤、无脏污，车内无杂物 | | |
| 前机舱内检查 | | | 维修人 |
| 1.目视检查 | 前机舱中的部件有无渗漏及损伤 | | |
| 2.冷却液液位 | 液位应在 MIN˜MAX | | |
| 3.制动液 | 储液罐及软管有无漏液或损伤，液位应在 MIN˜MAX | | |
| 4.玻璃水液位 | 液位应在 MIN˜MAX | | |
| 5.蓄电池 | 状态、电压，蓄电池接线螺栓是否紧固 | | |
| 6.线束 | 高压线束护套无破损；各插接件连接正常；DC/DC 负极与车身搭铁正常；快充线束低压端与车身搭铁正常 | | |

## 二、计划与决策

请根据任务要求,确定所需要的检测仪器、工具,并对小组成员进行合理分工,制订详细的工作计划。

1. 需要的检测仪器、工具:

2. 小组成员分工:

3. 计划:

## 三、实施

比亚迪 e5 销售 PDI:

1. 配备检查。

(1) 铭牌及随车资料。

铭牌位置:_____。

VIN 码位置:_____。

随车资料有:_____。

(2) 随车附件检查。

随车附件有:_____
_____。

2. 基本检查。

(1) 外观检查:_____
_____。

(2) 轮胎检查:_____
_____。

(3) 内饰检查:_____
_____。

3. 前机舱检查。

(1) 损伤及渗漏:_____
_____。

(2) 各液位检查:_____
_____。

(3) 蓄电池检查:_____
_____。

(4) 高低压线束检查:_____。

4. 车辆功能检查。

(1) 检查遥控器及车门_____。

(2) 检查电动车窗、门锁_____。

(3) 检查座椅及安全带_____。

(4) 检查方向盘及附件_____。

（5）检查导航仪及收音机_____。
（6）检查组合仪表_____。
（7）检查整车灯光_____。
（8）检查前后雨刮_____。
（9）检查空调_____。
（10）检查倒车雷达及后视镜_____。
（11）检查车顶灯_____。
（12）检查天窗功能_____。
（13）检查遮阳板及化妆镜_____。
（14）检查机舱盖、充电口盖开关状态_____。
（15）检查驻车制动器_____。
（16）检查挡位操纵旋钮_____。
（17）检查车载终端_____。
（18）检查车辆充电功能_____。

## 四、检查

1. 销售 PDI 时未发现的点有：_____
_____。

2. PDI 检查项目表是否正确填写_____。

## 五、评估

1. 请根据自己任务完成的情况，对自己的工作进行自我评估，并提出改进意见。
（1）_____
_____；
（2）_____
_____；
（3）_____
_____。

2. 工单成绩（总分为自我评价、组长评价和教师评价得分值的平均值）。

| 自我评价 | 组长评价 | 教师评价 | 总分 |
| --- | --- | --- | --- |
|  |  |  |  |

# 学习情境 2  纯电动汽车保养与维护

## 任务工单 2.1  动力电池维护与保养

| 任务名称 | 动力电池维护与保养 | 学　时 | 4 | 班　级 | |
|---|---|---|---|---|---|
| 学生姓名 | | 学生学号 | | 任务成绩 | |
| 实训设备、工具及仪器 | 多媒体教学设备1套，比亚迪e5纯电动汽车4辆，解码仪4套，车间安全用具4套，个人安全防护用具8套，兆欧表4个，红外测温仪4个 | 实训场地 | 理实一体化教室 | 日　期 | |
| 客户任务描述 | 小王在新能源汽车某4S店实习，今天带队师傅告诉他要对某品牌纯电动汽车动力电池进行维护作业 | | | | |
| 任务目的 | 能快速找到动力电池的安装位置、各标识的位置和插接件位置 | | | | |

**一、资讯**

1. 纯电动汽车用来考量动力电池的性能的评价指标包括_____（_____）、_____、_____、_____、_____5个关键指标。
2. 纯电动汽车对动力电池的要求有_____、_____、_____、_____。
3. 纯电动汽车的电能补充模式有_____和_____两种模式。
3. 纯电动汽车动力蓄电池放电后，用_____连接动力蓄电池，将_____转化为动力蓄电池的_____，使它恢复工作能力，这个过程称为动力蓄电池_____。充电电源电压必须_____动力蓄电池的总电动势。
4. 比亚迪e5的动力电池系统由_____、_____、_____、托盘、密封罩、_____组成，布置在_____下面，类型为_____电池，电量为_____kW·h。电池模组容量为_____Ah，额定电压为_____V。
5. 比亚迪e5采用分布式电池管理系统，由1个_____（BMC）和13个_____（BIC）及1套_____组成，电池管理控制器位于_____后部。
5. 比亚迪e5电动汽车有两种充电方式：_____充电和_____充电；具有两种充电模式：_____和_____两种充电模式。

**二、计划与决策**

请根据任务要求，确定所需要的检测仪器、工具，并对小组成员进行合理分工，制订详细的工作计划。
1. 需要的检测仪器、工具：

2. 小组成员分工：

3. 计划：

三、实施

1. 比亚迪 e5 充电系统维护。

（1）充电系统部件状态检查。

1）充电口舱门及快充和慢充充电口保护盖开关状态检查。

检查充电口舱门能否自动弹开。

检查结果：　　　　　　　　　　　处理措施：

检查慢充充电口保护盖能否正常缓慢打开。

检查结果：　　　　　　　　　　　处理措施：

检查快充充电口保护盖能否正常缓慢打开。

检查结果：　　　　　　　　　　　处理措施：

2）便携式交流充电连接装置检查。

检查便携式交流充电连接装置的供电插头、车辆插头、插头保护盖、充电线缆及缆上控制盒有没有壳体破裂、电缆磨损、插头生锈或有异物等异常情况。

检查结果：　　　　　　　　　　　处理措施：

3）车辆接座（充电口）端口检查。

检查车辆接座（充电口）端口内有没有水或外来物，金属端子有没有生锈或者腐蚀造成的破坏或者影响。

检查结果：　　　　　　　　　　　处理措施：

（2）DC/DC 功能测试。

用万用表测量蓄电池电压。

检查结果：　　　　　　　　　　　处理措施：

使用专用万用表电压挡位测量低压蓄电池的电压。

检查结果：　　　　　　　　　　　处理措施：

（3）充电口绝缘电阻检测。

用兆欧表测量慢充口正极与车身地之间的绝缘电阻。

检查结果：　　　　　　　　　　　处理措施：

用兆欧表测量慢充口负极与车身地之间的绝缘电阻。

检查结果：　　　　　　　　　　　处理措施：

用兆欧表测量快充口正极与车身地之间的绝缘电阻。

检查结果：　　　　　　　　　　　处理措施：

用兆欧表测量快充口负极与车身地之间的绝缘电阻。

检查结果：　　　　　　　　　　　处理措施：

## 学习情境 2　纯电动汽车保养与维护

2. 动力电池系统维护。
（1）外观检查。
1）检查动力电池底部有无磕碰、划伤、损坏的现象。
检查结果：　　　　　　　　　　处理措施：

2）检查动力电池高低压插接件有无变形、松脱、密封及损坏等情况。
检查结果：　　　　　　　　　　处理措施：

3）动力电池固定螺栓力矩检测。
检查结果：　　　　　　　　　　处理措施：

3. 使用诊断仪读取电池信息。
观察数据流，数据流显示 168 个电池电压采样状态和 40 个温度采样状态，观察状态是否正常。
检查结果：　　　　　　　　　　处理措施：

观察数据流，数据流显示模组的最低单节电池电压及编号、最高单节电池电压及编号、最低温度电池号及最低单节电池温度、最高温度电池号及最高单节电池温度。
检查结果：　　　　　　　　　　处理措施：

### 四、检查

1. 在对比亚迪 e5 充电系统进行维护的过程中，操作不规范的地方有：_____
_____。
2. 在对比亚迪 e5 动力电池维护的过程中，操作不规范的地方有：_____
_____。
3. 进行慢充操作，仪表盘显示为：_____。打开机舱盖，车载充电机指示灯状态为：_____。
4. 进行上电操作，检查能否正常上电_____。

### 五、评估

1. 请根据自己任务完成的情况，对自己的工作进行自我评估，并提出改进意见。
（1）_____
_____；
（2）_____
_____；
（3）_____
_____。

2. 工单成绩（总分为自我评价、组长评价和教师评价得分值的平均值）。

| 自我评价 | 组长评价 | 教师评价 | 总分 |
| --- | --- | --- | --- |
|  |  |  |  |

# 任务工单 2.2  驱动及冷却系统维护与保养

| 任务名称 | 驱动及冷却系统维护与保养 | | 学　时 | 4 | 班　级 | |
|---|---|---|---|---|---|---|
| 学生姓名 | | | 学生学号 | | 任务成绩 | |
| 实训设备、工具及仪器 | 多媒体教学设备1套，比亚迪e5纯电动汽车4辆，车间安全用具4套，个人安全防护用具4套，冰点测试仪4个，驱动桥油加注器4个 | | 实训场地 | 理实一体化教室 | 日　期 | |
| 客户任务描述 | 小王在新能源汽车某4S店实习，今天带队师傅告诉他要对某品牌纯电动汽车驱动系统进行维护作业 | | | | | |
| 任务目的 | 能快速找到驱动系统各零部件的安装位置、高低压线束及插接件位置 | | | | | |

一、资讯

1. 纯电动汽车驱动系统主要由＿＿＿＿、＿＿＿＿、＿＿＿＿、各种传感器（加速踏板位置传感器、＿＿＿＿、电机温度传感器等）、机械传动装置（变速器和差速器）和＿＿＿＿等组成。

2. 纯电动汽车驱动系统能够将＿＿＿＿输出的电能转换为车轮上的＿＿＿＿，驱动电动汽车行驶，并能够在汽车减速制动时，将车轮的动能转化为＿＿＿＿充入＿＿＿＿。

3. 比亚迪e5纯电动汽车的驱动系统是＿＿＿＿系统，主要包括＿＿＿＿系统和＿＿＿＿总成（减速驱动桥总成是一个＿＿＿＿与＿＿＿＿、＿＿＿＿组合在一起的总成）。驱动电机额定功率为＿＿＿＿kW，最大功率为＿＿＿＿kW；额定扭矩为＿＿＿＿N·m，最大扭矩为＿＿＿＿N·m。

4. 比亚迪e5驱动方式为＿＿＿＿，电机和变速箱都位于汽车＿＿＿＿处。电池输出经过＿＿＿＿后，驱动电机转动，经过＿＿＿＿传动到前轮带动后轮行进。

5. 比亚迪e5纯电动汽车的电机控制器全称为＿＿＿＿，具有＿＿＿＿功能。它可以将＿＿＿＿V高压直流电逆变成＿＿＿＿，驱动动力电机转动，也就是＿＿＿＿过程；也可以将电机制动过程中产生的＿＿＿＿或者交流充电设备注入的交流电，整流成＿＿＿＿，充入＿＿＿＿，也就是＿＿＿＿和交流充电过程。

6. 比亚迪e5纯电动汽车减速驱动桥采用＿＿＿＿挡＿＿＿＿减速比的减速器，外加＿＿＿＿构成。总减速比为＿＿＿＿。单挡变速箱采用＿＿＿＿润滑方式，变速箱润滑油量＿＿＿＿L，变速箱润滑油类型＿＿＿＿。

7. 新能源汽车冷却系统主要是对＿＿＿＿、＿＿＿＿、＿＿＿＿、DC/DC以及车载充电器等多个电器单元进行冷却。按照冷却方式可以分为＿＿＿＿、风冷散热和＿＿＿＿。

8. 比亚迪e5纯电动汽车的冷却系统分为两套独立的采用＿＿＿＿散热的冷却系统，一套负责动力系统的＿＿＿＿和＿＿＿＿的冷却，另一套负责供电系统的＿＿＿＿的冷却。

## 二、计划与决策

请根据任务要求，确定所需要的检测仪器、工具，并对小组成员进行合理分工，制订详细的工作计划。

1. 需要的检测仪器、工具：

2. 小组成员分工：

3. 计划：

## 三、实施

1. 减速驱动桥的维护保养。

（1）检查减速驱动桥总成漏油及液位。
检查结果：　　　　　　　　　　　　　处理措施：

（2）更换动力总成润滑油。
①整车下电。
②水平举升车辆，检查＿＿＿＿＿＿＿＿。
检查结果：　　　　　　　　　　　　　处理措施：

③拆下减速驱动桥＿＿＿＿＿＿＿＿，排放润滑油。
④在放油结束后拧紧放油螺塞（规定扭矩为＿＿＿＿＿＿＿＿N·m）。
⑤拆下加油螺塞。
⑥加注润滑油，直到＿＿＿＿＿＿＿＿，说明油位合适，停止加注。
⑦拧紧加油螺塞（规定扭矩为＿＿＿＿＿＿＿＿N·m），用抹布清洁减速器底部润滑油。
⑧试车运行一段时间后，重新检查加速驱动桥＿＿＿＿＿＿＿＿。
检查结果：　　　　　　　　　　　　　处理措施：

2. 冷却系统的维护保养。

（1）检查风扇及水泵是否工作正常。
检查结果：　　　　　　　　　　　　　处理措施：

（2）检查驱动电机冷却液渗漏及液位。
检查结果：　　　　　　　　　　　　　处理措施：

（3）更换驱动电机冷却液。
驱动电机冷却液建议更换频次为每＿＿＿＿＿＿年或＿＿＿＿＿＿km 更换＿＿＿＿＿＿冷却液，以先到者为准。冷却液型号为＿＿＿＿＿＿防冻液，整车加注量为＿＿＿＿＿＿L。
①上电让水泵运行约 5 min，然后＿＿＿＿＿＿，重复 2~3 次。用手触摸，确认＿＿＿＿＿＿和＿＿＿＿＿＿等已冷却。

②沿_____方向慢慢转动膨胀水箱盖，取下膨胀水箱盖。
③举升车辆。
④拧松_____，等待冷却液排净后，旋紧_____。
⑤降下车辆。
⑥将比亚迪公司指定的冷却液倒入膨胀水箱，直至达到_____的底端。
⑦盖上膨胀水箱盖，并_____，上电让水泵运转约 5 min，然后将其_____。
⑧待电机和散热器等已冷却，取下膨胀水箱盖，然后将比亚迪公司指定的冷却液注入膨胀水箱使其液面达到膨胀水箱_____标记处。
⑨重复⑦~⑧步骤，直至不需再添加_____。冷却系统的容量约为_____ L。
⑩盖上膨胀水箱盖并旋至_____，彻底_____并对其进行_____。
（4）冷却液冰点测试。
①冰点测试仪调零。
检查结果：　　　　　　　　　　处理措施：

②测试冷却液冰点。
检查结果：　　　　　　　　　　处理措施：


四、检查

1. 在对比亚迪 e5 纯电动汽车进行减速驱动桥的维护保养的过程中，操作不规范的地方有：_____
_____。
2. 在对比亚迪 e5 纯电动汽车进行冷却系统的维护保养的过程中，操作不规范的地方有：_____
_____。
3. 手工加注冷却液可能会导致实际加入量_____标准值，因为在此过程中，存在于_____及_____中的冷却液无法_____。

五、评估

1. 请根据自己任务完成的情况，对自己的工作进行自我评估，并提出改进意见。
（1）_____
_____；
（2）_____
_____；
（3）_____
_____。

2. 工单成绩（总分为自我评价、组长评价和教师评价得分值的平均值）。

| 自我评价 | 组长评价 | 教师评价 | 总分 |
| --- | --- | --- | --- |
|  |  |  |  |

# 任务工单 2.3　比亚迪 e5 纯电动汽车底盘的维护与保养

| 任务名称 | 比亚迪 e5 纯电动汽车底盘的维护与保养 | 学　时 | 4 | 班　级 | |
|---|---|---|---|---|---|
| 学生姓名 | | 学生学号 | | 任务成绩 | |
| 实训设备、工具及仪器 | 多媒体教学设备 1 套、比亚迪 e5 纯电动汽车 4 辆、车间安全用具 4 套、个人安全防护用具 4 套、制动液抽吸机 4 个 | 实训场地 | 理实一体化教室 | 日　期 | |
| 客户任务描述 | 小王在新能源汽车某 4S 店实习，今天带队师傅告诉他要对某品牌纯电动汽车进行制动液更换作业 ||||||
| 任务目的 | 能够正确、规范地对比亚迪 e5 纯电动汽车进行制动真空系统漏气检查、更换制动液作业 ||||||

一、资讯

1. 比亚迪 e5 纯电动汽车底盘主要包括_____系统、_____系统和_____系统。
2. 比亚迪 e5 纯电动汽车采用的是_____系统（EPS），由传感器（_____传感器、_____传感器）、控制器（_____）、执行器（_____）以及相关机械部件组成。
3. EPS 系统的功能有：_____控制功能、_____控制功能和_____控制功能。
4. 比亚迪 e5 纯电动汽车的前悬架为_____悬架，由_____、_____、下摆臂和横向稳定杆组成。后悬架为_____悬架，由_____、_____和_____组成。
5. 比亚迪 e5 纯电动汽车的前后轮胎使用的是_____轮胎，尺寸为_____，标准胎压为_____kPa。每个保养周期都要检查轮胎的_____以及_____情况。按照厂家要求定期_____以及做_____。
6. 比亚迪 e5 纯电动汽车的制动系统为_____系统，_____（EVP）为电动汽车的真空助力器提供_____，真空助力器驱动_____通过制动油管达到 4 个车轮的制动部件，前后车轮均为_____制动器。

二、计划与决策

请根据任务要求，确定所需要的检测仪器、工具，并对小组成员进行合理分工，制订详细的工作计划。
1. 需要的检测仪器、工具：

2. 小组成员分工：

3. 计划：

## 三、实施

1. 比亚迪 e5 纯电动汽车转向系统维护。

（1）转向盘自由行程的检查。
检查结果：　　　　　　　　　　处理措施：

（2）电动助力转向系统机械传动部件检查维护。
①检查转向管柱万向节固定螺栓力矩（检查力矩为_____N·m）。
检查结果：　　　　　　　　　　处理措施：

②检查转向管柱防尘套有无松脱、老化。
检查结果：　　　　　　　　　　处理措施：

③检查转向器固定螺栓有无松动。
检查结果：　　　　　　　　　　处理措施：

④检查在防尘罩上是否有龟裂或者损伤。
检查结果：　　　　　　　　　　处理措施：

⑤检查转向横拉杆球头及球头固定螺母开口销是否损坏。
检查结果：　　　　　　　　　　处理措施：

⑥通过摆动车轮和转向横拉杆来检查转向横拉杆球头间隙。
检查结果：　　　　　　　　　　处理措施：

（3）电动助力转向系统电动助力部件检查。
①检查电动助力转向系统搭铁。
检查结果：　　　　　　　　　　处理措施：

②检查电动助力转向系统 ECU 电源/CAN 信号接插件。
检查结果：　　　　　　　　　　处理措施：

③检查电动助力转向系统扭矩及转角传感器接插件。
检查结果：　　　　　　　　　　处理措施：

④检查电动助力转向系统电机电源接插件。
检查结果：　　　　　　　　　　处理措施：

⑤检查电动助力转向系统 ECU 外观。
检查结果：　　　　　　　　　　处理措施：

## 学习情境 2　纯电动汽车保养与维护

2. 比亚迪 e5 纯电动汽车行驶系统维护。
（1）前后悬架装置检查。
①悬架的基本状况检查。
检查结果：　　　　　　　　　　处理措施：

②前悬架元件的检查。
检查结果：　　　　　　　　　　处理措施：

③后悬架元件的检查。
检查结果：　　　　　　　　　　处理措施：

（2）车轮轴承轴向间隙的检测（轴承轴向间隙标准值：前轮：_____mm；后轮：_____mm）。
检查结果：　　　　　　　　　　处理措施：

（3）轮胎检查。
①轮胎充气压力及气门嘴的检查。
检查结果：　　　　　　　　　　处理措施：

②检查轮胎侧面有无划伤，胎冠面有无裂纹、鼓包的现象。
检查结果：　　　　　　　　　　处理措施：

③检查轮胎磨耗标记。
检查结果：　　　　　　　　　　处理措施：

④轮胎胎面的异常磨损检查。

检查结果：　　　　　　　　　　处理措施：

⑤检查轮胎表面有无嵌入或刺入异物。
检查结果：　　　　　　　　　　处理措施：

⑥检查备胎气压，注意防油蚀。
检查结果：　　　　　　　　　　处理措施：

3. 比亚迪 e5 纯电动汽车制动系统维护。
（1）制动系统管路和软管检查。
①检查制动主缸的油杯或油杯油封、管路接头、制动主缸和助力装置之间有无损坏或漏油迹象。
检查结果：　　　　　　　　　　处理措施：

②检查制动管路是否损坏或被碰弯、锈蚀及泄漏。
检查结果：　　　　　　　　　　处理措施：

③检查制动软管管路接头和与制动器连接端扁接头处。
检查结果：　　　　　　　　　　　处理措施：

④检查制动钳活塞密封、制动软管扁接头和排气阀螺钉处。
检查结果：　　　　　　　　　　　处理措施：

⑤检查 ESP 控制单元管路接头和液压单元处。
检查结果：　　　　　　　　　　　处理措施：

⑥检查电子真空泵和真空单向阀是否工作正常，真空管路及其接头密封性处。
检查结果：　　　　　　　　　　　处理措施：

（2）制动真空系统检查。
制动真空系统检查需要_____个人协助进行，因此在作业过程中应注意遵守操作规程，避免发生事故。
①维修工乙进入_____后，维修工甲_____车辆。
②维修工乙按下_____，仪表盘显示_____，连续___次完全踩下_____踏板。
③维修工甲检查制动电子真空泵。
检查结果：　　　　　　　　　　　处理措施：

（3）前轮制动摩擦片的更换。
如果检查发现前轮制动摩擦片磨损严重，则应建议客户进行更换。其作业流程为：
①松开车轮_____。
②举升车辆至_____高度，拆下_____，拆下车轮。
③举升车辆至某一较高高度，并_____。
④松开两个制动钳_____。
⑤旋转制动钳，取下_____。
⑥安装摩擦片，旋转制动钳到安装位置，安装_____。
⑦降下车辆至合适位置，安装车轮，安装_____。
⑧拧紧_____。
⑨降下车辆，按规定力矩拧紧_____，拧紧力矩为_____N·m。
（4）更换制动液。
比亚迪 e5 纯电动汽车使用的制动液型号为_____，不同型号的制动液不能混用。
更换制动液的作业流程为：
①打开车门，安装_____，打开机舱盖，安装_____及_____。
②打开_____并取出滤网。
③清洁吸液管路表面后将_____插入制动液储液罐，_____制动液抽吸机开关，将储液罐里抽出。
④补充新制动液至_____适宜高度，将适量 DOT 4 型制动液加入_____，安装制动液加注罐。
⑤举升车辆。
⑥取下左后制动分泵_____，将放油扳手套在_____上。
⑦将放油口连接器插入_____，将吸液管路连接到_____上。
⑧_____放油口螺栓。

## 学习情境 2　纯电动汽车保养与维护

⑨_____制动液抽吸机开关，将旧制动液_____，当看到有接近透明的_____流出时拧紧_____至规定扭矩。

⑩将连接器与制动分泵放油口分离，取下_____，安装左后制动分泵_____，_____制动液抽吸机开关。

⑪用同样的方法按照_____、_____和_____的顺序更换其余三个车轮制动管路中的制动液。

⑫降下车辆。

⑬踩下_____数次，应感觉制动踏板_____。否则需要重复上述过程_____。

⑭举升车辆。

⑮检查各轮_____有无漏油，如果有漏油则视情况处理。

⑯降下车辆。

⑰取下_____，检查液面是否达到 MAX（最高液位）标线处。

⑱安装_____、_____。

⑲取下_____及_____，关闭_____，打开车门，取下三件套。

### 四、检查

1. 在对比亚迪 e5 纯电动汽车进行转向系统维护的过程中，操作不规范的地方有：_____
_____。

2. 在对比亚迪 e5 纯电动汽车进行制动系统维护的过程中，操作不规范的地方有：_____
_____。

3. 必须使用纯正的_____制动液，使用非规定制动液可能会造成_____，并缩短系统使用寿命。请勿让制动液溅洒在车辆上，否则，可能损坏_____，如果制动液已经溅洒在漆层上，应立即_____。

### 五、评估

1. 请根据自己任务完成的情况，对自己的工作进行自我评估，并提出改进意见。

（1）_____
_____；

（2）_____
_____；

（3）_____
_____。

2. 工单成绩（总分为自我评价、组长评价和教师评价得分值的平均值）。

| 自我评价 | 组长评价 | 教师评价 | 总分 |
| --- | --- | --- | --- |
|  |  |  |  |

# 任务工单 2.4　空调系统维护与保养

| 任务名称 | 空调系统维护与保养 | | 学　时 | 4 | 班　级 | |
|---|---|---|---|---|---|---|
| 学生姓名 | | | 学生学号 | | 任务成绩 | |
| 实训设备、工具及仪器 | 多媒体教学设备1套，比亚迪e5纯电动汽车4辆，车间安全用具4套，个人安全防护用具8套，兆欧表4个 | | 实训场地 | 理实一体化教室 | 日　期 | |
| 客户任务描述 | 小王在新能源汽车某4S店实习，今天带队师傅告诉他要对某品牌纯电动汽车空调系统进行维护作业 | | | | | |
| 任务目的 | 能够正确、规范地对纯电动汽车进行电动压缩机异响检查、电动压缩机绝缘测试及更换空调滤芯作业 | | | | | |

一、资讯

1. 空调（Air Condition，缩写为_____）即_____，是指在封闭的空间内，对空气_____、湿度_____及空气的_____进行部分或全部调节的过程。

2. 汽车空调一般由_____、_____、电气控制系统和_____组成。

3. 纯电动汽车空调系统和传统汽车的空调系统有着很大的不同，传统汽车压缩机动力源自_____，暖风系统热源多数利用的是_____；而纯电动汽车压缩机由_____进行驱动，暖风系统采用_____进行解决。

4. 比亚迪e5纯电动汽车空调系统主要由_____、_____、_____、制冷管路、_____、暖风水管、风道、_____等零部件组成，具有_____、_____、_____、_____4种功能。制冷剂为_____，加注量_____g；冷冻油型号为_____，加注量_____ml。

5. 由空调驱动器驱动的电动压缩机将气态的制冷剂从_____中抽出，并将其泵入_____。高压气态制冷剂经冷凝器时液化而进行热交换（释放热量），热量被车外的空气带走。高压液态的制冷剂经_____的节流作用而降压，低压液态制冷剂在_____中气化而进行热交换（吸收热量），蒸发器附近被冷却了的空气通过_____吹入车厢。气态的制冷剂又被_____抽走，泵入_____，如此使制冷剂进行_____的循环流动。

6. 比亚迪e5纯电动汽车供暖系统采用_____模块，额定功率_____kW，PTC加热冷却液后供给_____；_____安装在电动压缩机上端。冷却液先由_____抽空调暖风副水箱总成内的冷却液泵进_____，加热后的冷却液流经_____，再回至空调暖风副水箱总成，如此循环。加热后的空气，通过_____鼓风将热量送至_____或_____，用以提高车厢内温度和除霜。

## 二、计划与决策

请根据任务要求，确定所需要的检测仪器、工具，并对小组成员进行合理分工，制订详细的工作计划。

1. 需要的检测仪器、工具：

2. 小组成员分工：

3. 计划：

## 三、实施

1. 比亚迪 e5 纯电动汽车空调制冷系统维护。

（1）检查压缩机异响。

检查结果：　　　　　　　　　　　处理措施：

（2）检查空调系统制冷能力。

检查结果：　　　　　　　　　　　处理措施：

2. 比亚迪 e5 纯电动汽车暖风系统保养与维护。

（1）检查暖风效果。

检查结果：　　　　　　　　　　　处理措施：

3. 更换空调滤芯：

（1）拆下_____前方的手套箱。

（2）取下空调滤清器盒盖板。

（3）取出_____支架。

（4）从支架上取出旧的空调滤清器，把_____滤清器安装到支架上。

（5）把空调滤清器支架放回_____。

（6）扣上_____。

（7）安装好_____。

比亚迪 e5 纯电动汽车空调滤芯建议每 7 500 km 或者 6 个月进行检查，必要时进行更换。

## 任务工单 2.4 空调系统维护与保养

**四、检查**

1. 在对比亚迪 e5 纯电动汽车进行冷系统维护的过程中，操作不规范的地方有：_____。

2. 在对比亚迪 e5 纯电动汽车进行汽车暖风系统保养与维护过程中，操作不规范的地方有：_____。

3. 在对比亚迪 e5 纯电动汽车进行更换空调滤芯的过程中，操作不规范的地方有：_____。

4. 比亚迪 e5 纯电动汽车空调系统的日常维护内容主要有：_____有无异响_____检查、_____检查、更换_____和空调系统除异味等。

**五、评估**

1. 请根据自己任务完成的情况，对自己的工作进行自我评估，并提出改进意见。

（1）_____
_____；

（2）_____
_____；

（3）_____
_____。

2. 工单成绩（总分为自我评价、组长评价和教师评价得分值的平均值）。

| 自我评价 | 组长评价 | 教师评价 | 总分 |
| --- | --- | --- | --- |
|  |  |  |  |

# 任务工单 2.5　纯电动汽车车身的维护与保养

| 任务名称 | 纯电动汽车车身的维护与保养 | 学　时 | 4 | 班　级 | |
|---|---|---|---|---|---|
| 学生姓名 | | 学生学号 | | 任务成绩 | |
| 实训设备、工具及仪器 | 比亚迪 e5 纯电动汽车 4 辆，车间安全用具 4 套，个人安全防护用具 4 套，冰点测试仪 4 个 | 实训场地 | 理实一体化教室 | 日　期 | |
| 客户任务描述 | 小王为新能源汽车某 4S 店维修工，今天有一辆某品牌纯电动汽车进店做保养，小王要对其车身进行维护与保养 | | | | |
| 任务目的 | 能够正确检查整车灯光、能够进行灯光调节、正确规范地检查座椅调节及安全带工作状况、检查玻璃水渗漏及冰点、检查车身低压电气工作情况 | | | | |

一、资讯

1. 汽车照明灯根据安装位置和用途不同，一般可分为：_____、_____。外部照明灯主要有_____、_____、_____牌照灯等；内部照明灯主要有_____、_____、顶灯等。

2. 汽车上用以指示其他车辆或行人的灯光信号标志，这些灯称为_____。信号灯也分为_____和_____，外部信号灯指_____、_____、_____、_____、_____，内部信号灯泛指仪表板的指示灯，主要有_____、_____、_____、制动、_____等仪表指示灯。

3. 汽车座椅的主要功能是为驾驶者或乘客提供便于_____、_____和_____的驾驶或乘坐座位。

4. 汽车安全带的作用是在车辆_____或_____时，将驾驶员和乘客紧缚在座椅上，以免前冲，从而保护驾驶员和乘客避免受_____造成伤害；当安全带受到的收束力超过一定限度时，安全带就会适当_____，保证人员胸部受力在一定范围之内。汽车事故调查表明，在发生正面撞车时，如果系了安全带，可使死亡率减少_____%，侧面撞车时可减少_____%，翻车时可减少_____%。

5. 纯电动汽车和插电式混合动力汽车在汽车起步且车速低于_____km/h 的时候，需要给出提示的声音。比亚迪 e5 纯电动汽车配置了一个_____来充当低速提示音系统。当车速小于_____km/h 时，模拟发动机声音，用来提醒行人车辆靠近，注意安全。

二、计划与决策

请根据任务要求，确定所需要的检测仪器、工具，并对小组成员进行合理分工，制订详细的工作计划。

1. 需要的检测仪器、工具：

2. 小组成员分工：

3. 计划：

## 三、实施

1. 照明与信号系统维护与保养。
（1）检查仪表各警报指示灯的工作状态。
检查结果：　　　　　　　　　　　处理措施：

（2）检查整车灯光及灯光调节功能。
①检查整车灯光。
检查结果：　　　　　　　　　　　处理措施：

②检查灯光调节功能。
检查结果：　　　　　　　　　　　处理措施：

（3）检查自动灯光功能。
检查结果：　　　　　　　　　　　处理措施：

2. 座椅及安全带系统维护与保养。
①检查驾驶员座椅靠背角度调节功能是否正常。
检查结果：　　　　　　　　　　　处理措施：

②检查驾驶员座椅前后调节功能是否正常。
检查结果：　　　　　　　　　　　处理措施：

③检查安全带回卷功能是否正常。
检查结果：　　　　　　　　　　　处理措施：

④检查安全带锁止功能是否正常。
检查结果：　　　　　　　　　　　处理措施：

⑤检查后排座椅是否松旷。
检查结果：　　　　　　　　　　　处理措施：

⑥检查后排座椅安全带是否正常。
检查结果：　　　　　　　　　　　处理措施：

⑦检查副驾驶座椅靠背角度调节功能是否正常。
检查结果：　　　　　　　　　　　处理措施：

⑧检查副驾驶座椅前后调节功能是否正常。
检查结果：　　　　　　　　　　　处理措施：

3. 车身低压电器维护与保养
（1）洗涤系统检漏与玻璃水添加。
①玻璃水箱渗漏检查。
检查结果：　　　　　　　　　　　　处理措施：

②玻璃水液位检查。
检查结果：　　　　　　　　　　　　处理措施：

③玻璃水冰点测试。
检查结果：　　　　　　　　　　　　处理措施：

4. 低压电器功能检查。
（1）检查中控门锁功能是否正常。
检查结果：　　　　　　　　　　　　处理措施：

（2）检查电动汽车车窗功能是否正常。
检查结果：　　　　　　　　　　　　处理措施：

（3）检查电动后视镜调整功能是否正常。
检查结果：　　　　　　　　　　　　处理措施：

（4）检查喇叭是否正常工作。
检查结果：　　　　　　　　　　　　处理措施：

（5）检查收音机能否正常使用。
检查结果：　　　　　　　　　　　　处理措施：

（6）检查导航能否正常使用。
检查结果：　　　　　　　　　　　　处理措施：

（7）检查前风挡玻璃雨刮是否正常工作。
检查结果：　　　　　　　　　　　　处理措施：

（8）检查后风挡玻璃雨刮及喷水角度是否正常。
检查结果：　　　　　　　　　　　　处理措施：

（9）检查天窗能否正常工作。
检查结果：　　　　　　　　　　　　处理措施：

## 四、检查

1. 在对比亚迪 e5 纯电动汽车进行照明与信号系统维护与保养的过程中,操作不规范的地方有:_____。

2. 在对比亚迪 e5 纯电动汽车进行座椅及安全带系统维护与保养的过程中,操作不规范的地方有:_____。

3. 在对比亚迪 e5 纯电动汽车进行车身低压电器维护与保养的过程中,操作不规范的地方有:_____。

4. 在对比亚迪 e5 纯电动汽车进行低压电器功能检查的过程中,操作不规范的地方有:_____。

## 五、评估

1. 请根据自己任务完成的情况,对自己的工作进行自我评估,并提出改进意见。
(1)_____
_____;
(2)_____
_____;
(3)_____
_____。

2. 工单成绩(总分为自我评价、组长评价和教师评价得分值的平均值)。

| 自我评价 | 组长评价 | 教师评价 | 总分 |
| --- | --- | --- | --- |
|  |  |  |  |

# 学习情境 3 混合动力汽车保养与维护

## 任务工单 3.1 混合动力汽车日常保养

| 任务名称 | 混合动力汽车日常保养 | 学　时 | 4 | 班　级 | |
|---|---|---|---|---|---|
| 学生姓名 | | 学生学号 | | 任务成绩 | |
| 实训设备、工具及仪器 | 多媒体教学设备1套，混动卡罗拉电动汽车4辆，解码仪4套，车间安全用具4套，个人安全防护用具8套，兆欧表4个，红外测温仪4个 | 实训场地 | 理实一体化教室 | 日　期 | |
| 客户任务描述 | 小王为丰田某4S店销售接待，今天有一客户想购买1辆混动卡罗拉轿车。客户询问小王"混动卡罗拉的保养项目有哪些？日常使用时要怎么进行保养？" | | | | |
| 任务目的 | 能正确对混合动力汽车进行日常维护作业。 | | | | |

一、资讯

1. 对于混动汽车而言，其保养工作大致相当于保养两个系统：＿＿＿＿＿系统和＿＿＿＿＿系统。
2. 对于燃油系统，需要＿＿＿＿＿，＿＿＿＿＿等；而对于电机系统，只需要定期对＿＿＿＿＿和＿＿＿＿＿进行常规检查和相应清洁工作即可。
3. 保养计划中主要保养内容：＿＿＿＿＿的保养、＿＿＿＿＿的保养、＿＿＿＿＿和＿＿＿＿＿系统的保养、＿＿＿＿＿和＿＿＿＿＿的保养。
4. 保养间隔是以＿＿＿＿＿或＿＿＿＿＿确定，以＿＿＿＿＿为准。
5. 日常保养的作业中心内容是＿＿＿＿＿、＿＿＿＿＿和＿＿＿＿＿。
6. 车辆的日常维护的主要内容是坚持＿＿＿＿＿、保持＿＿＿＿＿、防止＿＿＿＿＿、保持车容＿＿＿＿＿。

二、计划与决策

请根据任务要求，确定所需要的检测仪器、工具，并对小组成员进行合理分工，制订详细的工作计划。

1. 需要的检测仪器、工具：

2. 小组成员分工：

3. 计划：

## 三、实施

1. 发动机舱内日常保养。

（1）检查机油油位。

①在机油尺端部下方放一块抹布，拉出机油尺。
②将机油尺擦干净，并重新完全插入。
③在机油尺端部下方放一块抹布，重新拉出机油尺并检查油位是否正常。

检查结果：　　　　　　　　　处理措施：

（2）检查冷却液液位。

检查混合动力系统冷机时储液罐中的冷却液液位是否正常。

检查结果：　　　　　　　　　处理措施：

（3）目视检查散热器、软管、发动机/动力控制单元冷却液储液罐、放水开关以及水泵是否泄漏。

检查结果：　　　　　　　　　处理措施：

2. 车内日常保养。

检查仪表盘各警告灯状态，如果警告灯常亮，则需要进行相应处理。

检查结果：　　　　　　　　　处理措施：

3. 车外日常保养。

（1）检查轮胎外胎磨损标记。

检查结果：　　　　　　　　　处理措施：

（2）检查胎压和备胎状况，轮胎的标准气压为 2.3 bar。

检查结果：　　　　　　　　　处理措施：

## 四、检查

1. 在对混动卡罗拉轿车进行发动机舱内日常保养的过程中，操作不规范的地方有：_____
_____。
2. 在对混动卡罗拉轿车进行车内日常保养的过程中，操作不规范的地方有：_____
_____。
3. 在对混动卡罗拉轿车进行车外日常保养的过程中，操作不规范的地方有：_____
_____。
4. 检查发动机机油时，要保证发动机处于_____且已经_____。打开_____，进行暖机，将车辆停放在_____地面上。使发动机_____并关闭_____后等待_____分钟，以使_____回流到发动机底部。
5. 检查轮胎外胎磨损标记，如果轮胎上显示已经磨到外胎磨损标记，则需要_____
_____。

## 五、评估

1. 请根据自己任务完成的情况，对自己的工作进行自我评估，并提出改进意见。

（1）_____

_____；

（2）_____

_____；

（3）_____

_____。

2. 工单成绩（总分为自我评价、组长评价和教师评价得分值的平均值）。

| 自我评价 | 组长评价 | 教师评价 | 总分 |
| --- | --- | --- | --- |
|  |  |  |  |

# 任务工单 3.2　混动卡罗拉发动机保养

| 任务名称 | 混动卡罗拉发动机保养 | 学　时 | 4 | 班　级 | |
|---|---|---|---|---|---|
| 学生姓名 | | 学生学号 | | 任务成绩 | |
| 实训设备、工具及仪器 | 多媒体教学设备 1 套，混动卡罗拉电动汽车 4 辆，解码仪 4 套，车间安全用具 4 套，个人安全防护用具 8 套，兆欧表 4 个，红外测温仪 4 个 | 实训场地 | 理实一体化教室 | 日　期 | |
| 客户任务描述 | 一辆混动卡罗拉轿车，要进行 8 万 km 保养。你知道混动卡罗拉 8 万 km 保养时，发动机的保养项目有哪些吗？如何对其进行保养呢？ | | | | |
| 任务目的 | 能够正确完成混动卡罗拉发动机保养作业 | | | | |

一、资讯

1. 混动卡罗拉发动机采用的自然吸气发动机型号为_____，排量为____ml，压缩比为___∶___。
2. 阿特金森循环，是指_____大于_____的工作循环，以往是通过复杂的连杆机构使得活塞做功行程大于压缩行程来实现的，在 8ZR-FXE 发动机中，是通过_____方法，使吸入气缸的混合气再被"挤出"一些，来达到实质上的膨胀比大于压缩比。
3. 混动卡罗拉发动机的主要保养内容有_____及_____、检查_____、更换_____和_____等。

二、计划与决策

请根据任务要求，确定所需要的检测仪器、工具，并对小组成员进行合理分工，制订详细的工作计划。

1. 需要的检测仪器、工具：

2. 小组成员分工：

3. 计划：

## 学习情境 3　混合动力汽车保养与维护

### 三、实施

1. 更换发动机机油和机油滤清器。
（1）拆下发动机中央 4 号底罩。
（2）排空机油（放油螺塞，紧固力矩为_____N·m）。
步骤：



（3）拆卸机油滤清器分总成。
（4）安装机油滤清器分总成（机油滤清器分总成紧固力矩为_____N·m）。
步骤：



（5）加注新的发动机机油。
加注机油等级：_____。
加注机油容量：_____。
（6）检查是否泄漏。
检查结果：　　　　　　　　　　处理措施：


（7）检查机油油位。
检查结果：　　　　　　　　　　处理措施：


（8）安装发动机中央 4 号底罩。
2. 更换发动机冷却液。
（1）排空发动机冷却液。
①将内径为_____mm 的软管连接到散热器放水开关上。
②松开_____。
③拆下_____，然后排空发动机冷却液。
④用手紧固_____，并从放水开关上取下_____。
（2）加注发动机冷却液。
①加注发动机冷却液至储液罐总成的_____刻度线。
规定容量为：_____L。
②用手挤压散热器 1 号、2 号软管数次，然后检查发动机冷却液液位。
检查结果：　　　　　　　　　　处理措施：


③安装_____。
④将发动机置于_____模式（保养模式）。
⑤对冷却系统进行_____。
⑥关闭_____模式。
⑦等发动机冷却后，检查并确认发动机冷却液液位在_____刻度线和_____刻度线之间，如果低于_____刻度线，则加注冷却液至_____刻度线。
检查结果：　　　　　　　　　　处理措施：


3. 检查辅助蓄电池。
（1）外观检查。
①检查辅助蓄电池是否损坏和变形。
检查结果：　　　　　　　　　　处理措施：

②检查电解液液位。
检查结果：　　　　　　　　　　处理措施：

（2）检查辅助蓄电池端子及熔断丝（正负极端子紧固力矩均为_____N·m）。
①检查并确认辅助蓄电池端子未松动或腐蚀。
检查结果：　　　　　　　　　　处理措施：

②测量辅助蓄电池充电系统中各熔断丝电阻（正极处的熔断丝盒总成中熔断丝的电阻应小于_____Ω；DC/DC 熔断丝的电阻，应小于_____Ω）：
检查结果：　　　　　　　　　　处理措施：

（3）检查辅助蓄电池电压。
检查结果：　　　　　　　　　　处理措施：

4. 检查辅助蓄电池充电系统。
（1）检查 AMD 端子。
1）拆下维修塞把手。
①检查 DTC。
检查结果：　　　　　　　　　　处理措施：

②将电源开关置于_____位置，断开辅助蓄电池_____极端子。
③拆卸行李厢前装饰罩。
④从 HV 蓄电池上拆下 2 个螺母和 8 号 HV 蓄电池屏蔽板
⑤佩戴_____并顺序转动_____的手柄，拆下_____。
2）检查并确认 AMD 端子连接牢固且无接触故障。
检查结果：　　　　　　　　　　处理措施：

3）检查并确认 AMD 端子螺栓紧固至规定扭矩（扭矩值为_____5 N·m）。
4）安装_____。
①佩戴_____并安装_____。
②朝 HV 蓄电池转动_____的手柄_____，并沿向下滑动直至听到咔哒声，表示安装到位。
③用两个螺母安装 8 号 HV 蓄电池屏蔽板（紧固力矩为_____N·m）。
④安装行李厢前装饰罩。
5）连接辅助蓄电池_____极端子。
5. 检查 DC/DC 转换器功能。
1）将检测仪 AC/DC 400A 探针连接到辅助蓄电池_____极电缆上。
2）将电源开关置于_____位置并静置车辆直至流入辅助蓄电池的电流变为_____A 或更大。
3）打开_____、将鼓风机电动机开关转至_____位置并打开_____。
4）测量辅助蓄电池电压和辅助蓄电池流出的电流值。
检查结果：　　　　　　　　　　处理措施：

6. 检查燃油和排放控制系统。
（1）检查空气滤清器滤芯。
检查结果：　　　　　　　　　　处理措施：

（2）检查燃油箱盖，燃油管路、接头和燃油箱箍带。
检查结果：　　　　　　　　　　　处理措施：

（3）检查炭罐。
检查结果：　　　　　　　　　　　处理措施：

检查混合动力系统冷机时储液罐中的冷却液液位是否正常。
检查结果：　　　　　　　　　　　处理措施：

（4）目视检查散热器、软管、发动机/动力控制单元冷却液储液罐、放水开关以及水泵是否泄漏。
检查结果：　　　　　　　　　　　处理措施：

## 四、检查

1. 在对混动卡罗拉轿车进行发动机机油和机油滤清器更换的过程中，操作不规范的地方有：_____
_____。
2. 在对混动卡罗拉轿车进行发动机冷却液更换的过程中，操作不规范的地方有：_____
_____。
3. 在对混动卡罗拉轿车进行辅助蓄电池检查的过程中，操作不规范的地方有：_____
_____。
4. 在对混动卡罗拉轿车进行辅助蓄电池充电系统检查的过程中，操作不规范的地方有：_____
_____。
5. 在对混动卡罗拉轿车进行 DC/DC 转换器功能检查的过程中，操作不规范的地方有：_____
_____。
6. 在对混动卡罗拉轿车进行燃油和排放控制系统检查的过程中，操作不规范的地方有：_____
_____。
7. 在接触机油时应该穿戴_____和_____，只能在指定的_____处理用过的机油和机油滤清器。
8. 去除辅助蓄电池表面电荷的方法是将电源开关置于_____位置并点亮_____灯_____秒。

## 五、评估

1. 请根据自己任务完成的情况，对自己的工作进行自我评估，并提出改进意见。
（1）_____
_____；
（2）_____
_____；
（3）_____
_____。

2. 工单成绩（总分为自我评价、组长评价和教师评价得分值的平均值）。

| 自我评价 | 组长评价 | 教师评价 | 总分 |
| --- | --- | --- | --- |
|  |  |  |  |

# 任务工单 3.3　混动卡罗拉底盘的保养

| 任务名称 | 混动卡罗拉底盘的保养 | 学　时 | 4 | 班　级 | |
|---|---|---|---|---|---|
| 学生姓名 | | 学生学号 | | 任务成绩 | |
| 实训设备、工具及仪器 | 多媒体教学设备1套，混动卡罗拉电动汽车4辆，解码仪4套，车间安全用具4套，个人安全防护用具8套，兆欧表4个，红外测温仪4个 | 实训场地 | 理实一体化教室 | 日　期 | |
| 客户任务描述 | 一辆混动卡罗拉轿车，要进行4万km保养，要调节踏板高度、检查并调整前轮前束。你知道混动卡罗拉如何进行踏板高度调整，如何测量并调整前轮前束吗？ | | | | |
| 任务目的 | 能正确对混合动力汽车底盘进行保养作业 | | | | |

## 一、资讯

1. 混动卡罗拉采用了＿＿＿＿＿＿制动踏板行程传感器，功能是检测制动踏板＿＿＿＿＿＿并将其传输至＿＿＿＿＿＿。
2. 混动卡罗拉前后制动器的形式为前＿＿＿＿＿＿制动器、后＿＿＿＿＿＿制动器的布置形式。
3. 混动卡罗拉制动系统的保养内容主要有检查＿＿＿＿＿＿、检查＿＿＿＿＿＿、更换＿＿＿＿＿＿和更换＿＿＿＿＿＿等。
4. 混动卡罗拉的转向系统为＿＿＿＿＿＿，助力形式为＿＿＿＿＿＿；除了正常转向外还要和＿＿＿＿＿＿进行协同控制。
5. 混动卡罗拉的悬架系统采用前＿＿＿＿＿＿悬架、后＿＿＿＿＿＿悬架的布置形式。
6. 混动卡罗拉转向及行驶系统的保养内容主要有：检查＿＿＿＿＿＿、检查＿＿＿＿＿＿及＿＿＿＿＿＿。

## 二、计划与决策

请根据任务要求，确定所需要的检测仪器、工具，并对小组成员进行合理分工，制订详细的工作计划。

1. 需要的检测仪器、工具：

2. 小组成员分工：

3. 计划：

### 三、实施

1. 制动系统的保养。

（1）检查制动踏板。

1）拆卸 1 号前围板隔热垫。

2）检查制动踏板高度（制动踏板表面距离地板的高度应该在_____mm 至_____mm 之间）。

检查结果： 处理措施：

3）调节制动踏板高度（锁紧螺母的紧固力矩为_____N·m）。

（2）检查驻车制动器。

1）检查驻车制动杠杆行程（驻车制动杠杆行程在 200 N 时为_____个槽口）。

检查结果： 处理措施：

2）调节驻车制动杠杆行程。

3）检查后盘式制动器制动缸操作杆和制动器之间的间隙（间隙应小于_____mm）。

检查结果： 处理措施：

（3）检查前后制动器。

1）检查前、后盘式制动器衬块厚度（前盘式制动器衬块厚度标准值为_____mm，最小厚度_____mm；后盘式制动器衬块厚度标准值为_____mm，最小厚度_____mm）。

检查结果： 处理措施：

2）检查制动盘。

①检查前、后制动盘轴厚度（前制动盘标准厚度为_____mm，最小厚度为_____mm；后制动盘标准厚度为_____mm，最小厚度为_____mm）。

检查结果： 处理措施：

②检查前、后制动盘轴向跳动（前制动盘最大轴向跳动为_____mm，后制动盘最大轴向跳动量为_____mm）。

检查结果： 处理措施：

（4）检查或添加制动液。

将电源开关置于_____位置时，检查制动液液位是否高于_____线。如有必要，在电源开关置于_____位置时，加注制动液至_____线。

混动卡罗拉制动液型号为_____或_____。

2. 转向及行驶系统的保养。

（1）检查方向盘自由行程（方向盘的最大行程为_____mm）。

检查结果： 处理措施：

（2）检查转向传动机构。

检查结果： 处理措施：

## 任务工单 3.3 混动卡罗拉底盘的保养

（3）检查前后悬架。

①检查前轮定位（前轮定位主要检查转向轴线_____、_____和_____，进行检查时要保证是_____状态。）

检查结果：　　　　　　　　处理措施：

②检查前束（进行前轮前束检查要保证是_____状态，前轮前束的规定值 $B-A$ 为：_____mm）。

检查结果：　　　　　　　　处理措施：

③检查前轮转角。

检查结果：　　　　　　　　处理措施：

## 四、检查

1. 在对混动卡罗拉轿车进行制动系统的保养的过程中，操作不规范的地方有：_____。
2. 在对混动卡罗拉轿车进行转向及行驶系统的保养的过程中，操作不规范的地方有：_____。
3. 如果后盘式制动器制动缸操作杆和止动器之间的间隙不符合规定，则更换后盘式制动器制动缸总成。
4. 如果前、后盘式制动器衬块厚度小于_____值，则更换相应衬块。如果前、后制动盘厚度小于_____值，则更换相应制动盘。
5. 如果车轮左右内侧转角不在规定范围内，则检查并调节_____。

## 五、评估

1. 请根据自己任务完成的情况，对自己的工作进行自我评估，并提出改进意见。

（1）_____；

（2）_____；

（3）_____。

2. 工单成绩（总分为自我评价、组长评价和教师评价得分值的平均值）。

| 自我评价 | 组长评价 | 教师评价 | 总分 |
| --- | --- | --- | --- |
|  |  |  |  |

# 任务工单 3.4　混动卡罗拉车身及空调系统保养

| 任务名称 | 混动卡罗拉车身及空调系统保养 | 学　时 | 4 | 班　级 | |
|---|---|---|---|---|---|
| 学生姓名 | | 学生学号 | | 任务成绩 | |
| 实训设备、工具及仪器 | 多媒体教学设备1套，混动卡罗拉电动汽车4辆，解码仪4套，车间安全用具4套，个人安全防护用具8套，兆欧表4个，红外测温仪4个 | 实训场地 | 理实一体化教室 | 日　期 | |
| 客户任务描述 | 一辆混动卡罗拉轿车，要进行4万km保养。你知道混动卡罗拉4万km保养时，空调的保养项目有哪些吗？如何对其进行保养呢？ | | | | |
| 任务目的 | 能正确对混合动力汽车进行车身及空调系统保养作业 | | | | |

## 一、资讯

1. 混动卡罗拉空调制冷系统采用_____为动力源，暖风系统的热源是两部分：_____和_____。
2. 电动压缩机由_____供电，PTC加热器由_____供电。
3. 混动卡罗拉空调系统中制冷系统的冷却能力是_____W，暖风系统中加热器输出功率是_____W。
4. 混动卡罗拉车身及空调的保养内容主要有_____、_____、_____和_____，_____，_____等，保养间隔以_____或_____确定，以_____为准。
5. 通常情况下PTC加热器继电器检查应该在_____之前进行，空调系统检漏在_____时进行，空调系统定制参数根据_____进行。

## 二、计划与决策

请根据任务要求，确定所需要的检测仪器、工具，并对小组成员进行合理分工，制订详细的工作计划。

1. 需要的检测仪器、工具：

2. 小组成员分工：

3. 计划：

## 三、实施

1. 检查制冷剂压力。
（1）准备工作。
1）连接歧管压力表组件。
2）打开所有车门。
3）将电源开关置于_____位置然后打开空调。
4）温度设定为_____；鼓风机转速设定为_____。
（2）读取歧管压力表读数（正常情况下，低压侧的压力应在_____kPa，高压侧压力应在_____kPa）。
检查结果：　　　　　　　　　　处理措施：

2. 检查制冷剂泄漏。
（1）检查空调压力传感器附近是否泄漏。
检查结果：　　　　　　　　　　处理措施：

（2）检查冷凝器各接口是否泄漏。
检查结果：　　　　　　　　　　处理措施：

（3）检查空调总成是否泄漏。
检查结果：　　　　　　　　　　处理措施：

3. 更换空调滤芯。
（1）关闭_____。
（2）打开手套箱，滑下_____。
（3）向里推手套箱的左右两侧以脱开卡爪，然后拉出手套箱并脱开下部卡爪。
（4）拆下_____。
（5）拆下空调滤清器并用新的替换，注意滤清器上的"↑UP"标记应朝_____。
（6）安装_____。
（7）安装手套箱，并连接卡爪和_____。

4. 检查PTC加热器继电器。
测量三个PTC加热器继电器电阻。
检查结果：　　　　　　　　　　处理措施：

## 四、检查

1. 在对混动卡罗拉轿车进行制冷剂压力检查的过程中，操作不规范的地方有：_____
_____。
2. 在对混动卡罗拉轿车进行制冷剂泄漏检查的过程中，操作不规范的地方有：_____
_____。
3. 在对混动卡罗拉轿车进行空调滤芯更换的过程中，操作不规范的地方有：_____
_____。

## 学习情境 3　混合动力汽车保养与维护

4. 在对混动卡罗拉轿车进行 PTC 加热器继电器检查的过程中，操作不规范的地方有：_____
_____。

5. 进行制冷剂压力检查时要运行空调，因此要保证车辆在_____的环境中。

6. 进行制冷剂泄漏检查时，先检查各连接处是否_____，若连接处_____表明存在_____。

**五、评估**

1. 请根据自己任务完成的情况，对自己的工作进行自我评估，并提出改进意见。

（1）_____
_____；

（2）_____
_____；

（3）_____
_____。

2. 工单成绩（总分为自我评价、组长评价和教师评价得分值的平均值）。

| 自我评价 | 组长评价 | 教师评价 | 总分 |
| --- | --- | --- | --- |
|  |  |  |  |